ENZYKLOPÄDIE
DEUTSCHER
GESCHICHTE
BAND 39

D1726180

ENZYKLOPÄDIE
DEUTSCHER
GESCHICHTE
BAND 39

HERAUSGEGEBEN VON
LOTHAR GALL

IN VERBINDUNG MIT
PETER BLICKLE,
ELISABETH FEHRENBACH,
JOHANNES FRIED,
KLAUS HILDEBRAND,
KARL HEINRICH KAUFHOLD,
HORST MÖLLER,
OTTO GERHARD OEXLE,
KLAUS TENFELDE

NATIONAL-SOZIALISTISCHE HERRSCHAFT

VON

ULRICH VON HEHL

2. Auflage

R. OLDENBOURG VERLAG
MÜNCHEN 2001

Die Deutsche Bibliothek – CIP-Einheitsaufnahme

Enzyklopädie deutscher Geschichte / hrsg. von Lothar Gall in
Verbindung mit Peter Blickle ... – München : Oldenbourg.

Hehl, Ulrich /von:
Nationalsozialistische Herrschaft / von Ulrich von Hehl. – 2. Aufl. . –
München : Oldenbourg, 2001
(Enzyklopädie deutscher Geschichte ; Bd. 39)
ISBN 3-486-56580-X

© 2001 Oldenbourg Wissenschaftsverlag GmbH, München
Rosenheimer Straße 145, D - 81671 München
Internet: http://www.oldenbourg-verlag.de

Umschlaggestaltung: Dieter Vollendorf, München

Gesamtherstellung: R. Oldenbourg Graphische Betriebe Druckerei GmbH, München

ISBN 3-486-56580-X

Vorwort

Die „Enzyklopädie deutscher Geschichte" soll für die Benutzer – Fachhistoriker, Studenten, Geschichtslehrer, Vertreter benachbarter Disziplinen und interessierte Laien – ein Arbeitsinstrument sein, mit dessen Hilfe sie sich rasch und zuverlässig über den gegenwärtigen Stand unserer Kenntnisse und der Forschung in den verschiedenen Bereichen der deutschen Geschichte informieren können.

Geschichte wird dabei in einem umfassenden Sinne verstanden: Der Geschichte in der Gesellschaft, der Wirtschaft, des Staates in seinen inneren und äußeren Verhältnissen wird ebenso ein großes Gewicht beigemessen wie der Geschichte der Religion und der Kirche, der Kultur, der Lebenswelten und der Mentalitäten.

Dieses umfassende Verständnis von Geschichte muß immer wieder Prozesse und Tendenzen einbeziehen, die säkularer Natur sind, nationale und einzelstaatliche Grenzen übergreifen. Ihm entspricht eine eher pragmatische Bestimmung des Begriffs „deutsche Geschichte". Sie orientiert sich sehr bewußt an der jeweiligen zeitgenössischen Auffassung und Definition des Begriffs und sucht ihn von daher zugleich von programmatischen Rückprojektionen zu entlasten, die seine Verwendung in den letzten anderthalb Jahrhunderten immer wieder begleiteten. Was damit an Unschärfen und Problemen, vor allem hinsichtlich des diachronen Vergleichs, verbunden ist, steht in keinem Verhältnis zu den Schwierigkeiten, die sich bei dem Versuch einer zeitübergreifenden Festlegung ergäben, die stets nur mehr oder weniger willkürlicher Art sein könnte. Das heißt freilich nicht, daß der Begriff „deutsche Geschichte" unreflektiert gebraucht werden kann. Eine der Aufgaben der einzelnen Bände ist es vielmehr, den Bereich der Darstellung auch geographisch jeweils genau zu bestimmen.

Das Gesamtwerk wird am Ende rund hundert Bände umfassen. Sie folgen alle einem gleichen Gliederungsschema und sind mit Blick auf die Konzeption der Reihe und die Bedürfnisse des Benutzers in ihrem Umfang jeweils streng begrenzt. Das zwingt vor allem im darstellenden Teil, der den heutigen Stand unserer Kenntnisse auf knappstem Raum zusammenfaßt – ihm schließen sich die Darlegung und Erörterung der Forschungssituation und eine entsprechend gegliederte Auswahlbibliographie an –, zu starker Konzentration und zur Beschränkung auf die zentralen Vorgänge und Entwicklungen. Besonderes Gewicht ist daneben, unter Betonung des systematischen Zusammenhangs, auf die Abstimmung der einzelnen Bände untereinander, in sachlicher Hinsicht, aber auch im Hinblick auf die übergreifenden Fragestellungen, gelegt worden. Aus dem Gesamtwerk lassen sich so auch immer einzelne, den jeweiligen Benutzer besonders interessierende Serien zusamenstellen. Ungeachtet dessen aber bildet jeder Band eine in sich abgeschlossene Einheit – unter der persönlichen Verantwortung des Autors und in völliger Eigenständigkeit gegenüber den benachbarten und verwandten Bänden, auch was den Zeitpunkt des Erscheinens angeht.

Lothar Gall

Inhalt

Vorwort des Verfassers

Vorliegender Band ist ursprünglich als Beitrag zum Herrschafts*system* des Dritten Reiches angekündigt worden. Wenn er nunmehr unter verändertem Titel erscheint, so liegt dem die Überlegung zugrunde, daß die amorphe Herrschaftsstruktur des NS-Regimes mit ihrer Zentrierung auf Hitler und dessen weltanschauliche Obsessionen kaum als „System", d. h. als ein „einheitlich geordnetes Ganzes" (DUDEN) beschrieben werden kann. Dies will die neue Titelfassung „Nationalsozialistische Herrschaft" zum Ausdruck bringen.

Natürlich wird damit nicht der Anspruch erhoben, eine Gesamtskizze des Dritten Reiches zu bieten. Das ergibt sich schon aus dem Charakter der Reihe, resultiert aber auch aus dem Umstand, daß der nationalsozialistischen Außenpolitik ein eigener Band gewidmet ist, den Marie-Luise Recker vorgelegt hat. Wirtschaftliche und soziale Aspekte der NS-Herrschaft werden sodann in den Bänden von Gerold Ambrosius, Toni Pierenkemper und Gerhard Schildt berücksichtigt; ihre Behandlung konnte somit knapp ausfallen. Trotz dieser Entlastung blieb ein Mißverhältnis zwischen der Breite des Themas und dem vorgegebenen, gnadenlos knappen Umfang. Das zwang zur Konzentration auf zentrale Felder der nationalsozialistischen Herrschaftstechnik, erforderte aber auch Kürzungen, die lediglich mit philosophischem Gleichmut zu ertragen waren, „since brevity is the soul of wit".

Daß das Manuskript trotz aller Verzögerungen, wie sie namentlich mit dem Wechsel nach Leipzig verbunden waren, abgeschlossen werden konnte, ist der Mithilfe vieler zu verdanken. Hier sind vor allem Wolfgang Dierker und Dr. Markus Huttner zu nennen, die sich in allen Stadien der Arbeit, von der Beschaffung, Sichtung und Auswertung der Literatur über die konzeptionellen Überlegungen bis zur Niederschrift und Korrektur, als unentbehrliche Helfer und Diskussionspartner erwiesen haben. Ihnen danke ich nachdrücklich.

Dankbar bin ich aber auch für die stetige Hilfe der Kommission für Zeitgeschichte in Bonn, ohne deren Bibliothek die Literaturrecherchen nicht so problemlos möglich gewesen wären. Hierfür weiß ich mich namentlich Dr. Karl-Joseph Hummel, Dr. Christoph Kösters und

Frau Margit Lindsay verbunden. In Leipzig war Frau Rosa Schlosser der gute Geist bei der Übertragung der handschriftlichen Vorlagen in eine lesbare Form. Ihr sowie Wolfgang Tischner M.A. und Andreas Schöne bin ich für ihre Unterstützung sehr dankbar.

Zu Beginn der Arbeit war der Rat von Prof. Dr. Dieter Rebentisch, Frankfurt am Main, hilfreich. Besonders danke ich jedoch dem verantwortlichen Betreuer des Bandes, Prof. Dr. Klaus Hildebrand, Bonn, und dem Herausgeber der Gesamtreihe, Prof. Dr. Lothar Gall, Frankfurt, für nachdrückliche Ermunterung, milde Nachsicht hinsichtlich des mehrfach verschobenen Abgabetermins und die aufmerksame Lektüre des Manuskripts. Ihre Hinweise und Empfehlungen sowie die sorgfältige Lektorierung durch Dr. Adolf Dieckmann vom Oldenbourg-Verlag sind der Druckfassung zugute gekommen.

Das Manuskript wurde im November 1995 abgeschlossen; seither erschienene Literatur konnte nicht mehr berücksichtigt werden.

Leipzig, im Juni 1996   Ulrich von Hehl

I. Enzyklopädischer Überblick

1. Machtübertragung und Machtsicherung

Als Adolf Hitler am 30. Januar 1933 von Reichspräsident von Hindenburg zum Chef eines Präsidialkabinetts der „nationalen Konzentration" ernannt wurde, war dies erst der Beginn der nationalsozialistischen „Machtergreifung". Während der nächsten eineinhalb Jahre gelang es der Hitler-Bewegung sowohl durch (schein-)legale wie durch offen gewalttätige Aktionen, ihre Widersacher auszuschalten und die politische Verfassung des Deutschen Reiches umzustürzen. Seit dem 14. Juli 1933 war Deutschland ein Einparteistaat, und mit dem Tode Hindenburgs am 2. August 1934 vereinigte Hitler in seiner Person auch die Machtbefugnisse des Reichspräsidenten. An die Stelle der pluralistischen, parlamentarisch regierten Demokratie war der totalitäre „Führerstaat" getreten.

Die „nationalsozialistische Revolution", welche die Ideen von 1789 „völkisch" zu überwinden suchte, hat sich – im Rückblick – scheinbar zwangsläufig ergeben, denn die Weimarer Republik – schon durch die Hypothek des verlorenen Krieges „ein Staat von jedermanns Vorbehalt" [K. D. BRACHER] – hatte dem Ansturm ihrer Gegner seit dem Ausbruch der Weltwirtschaftskrise 1929/30 nur wenig entgegenzusetzen. Während die demokratischen und bürgerlich-liberalen Parteien in die Minderheit gerieten bzw. einem rapiden Wählerschwund unterlagen, hatten die Kommunisten und vor allem die Nationalsozialisten großen Zulauf. Letztere konnten ihren prozentualen Stimmenanteil bei den Reichstagswahlen der frühen 30er Jahre von 2,6% (1928) über 18,3% (1930) auf immerhin 37,3% (31. Juli 1932) steigern; sie wurden damit zur weitaus stärksten Kraft im Reichstag. Die Kommunisten nahmen im gleichen Zeitraum von 10,6% auf 14,3% der Wählerstimmen zu. Als Protestparteien bündelten beide Kräfte das Aggressionspotential, die existentiellen Ängste, aber auch die Hoffnungen breiter Bevölkerungsschichten, die KPD vor allem im Spektrum ihrer traditionellen Anhängerschaft, die kometenhaft aufsteigende NSDAP in allen sozialen Schichten mit freilich unverkennbarem Schwerpunkt im mittelstän-

„Machtergreifung" der Nationalsozialisten

Zerstörung der Weimarer Republik

disch-kleinbürgerlichen und protestantisch geprägten Wählerbereich. Mit den Juli-Wahlen 1932 erlangten beide Flügelparteien eine destruktive Verweigerungsmehrheit; das Reich wurde dadurch parlamentarisch unregierbar.

Verfassungskrise

Zu dieser allgemeinen Krise von Staat und Gesellschaft trat eine Verfassungskrise, die sich aus der ausufernden Handhabung des „Diktaturparagraphen" (Art. 48) der Weimarer Reichsverfassung ergab, den Hindenburgs Berater spätestens, seitdem die Große Koalition im März 1930 auseinandergefallen war, zum autoritären Umbau der Reichsverfassung einzusetzen suchten. Ein folgenreicher Schritt in diese Richtung war der „Preußenschlag" vom 20. Juli 1932, durch den Reichskanzler Franz von Papen mit Hilfe einer präsidialen Notverordnung die Regierungsgewalt in Preußen an sich riß; damit leistete er der späteren Eroberung der Macht durch die Nationalsozialisten in verhängnisvoller Weise Vorschub.

Rolle der alten Eliten

Überhaupt trugen große Teile der (alten) politischen Eliten nicht unerheblich zur Destabilisierung Weimars bei. Mit ihrer Unterstützung erstrebte die Regierung Papen die Errichtung eines autoritären Obrigkeitsstaates, ohne doch die Entschlossenheit zum offenen Verfassungsbruch zu besitzen. Um die Jahreswende 1932/33 intrigierte Papen in der Umgebung des Reichspräsidenten gegen seinen Amtsnachfolger Kurt von Schleicher, um das Ziel eines „parteifreien" Staates mit Hilfe der Hitler-Bewegung zu erreichen. Wenn auch durch die Wahlen vom 6. November 1932, bei denen ihr Stimmenanteil auf 33,1% zurückging, sowie durch innerparteiliche Flügelkämpfe geschwächt und von der Macht scheinbar weiter denn je entfernt, verfügte die NSDAP doch über den für Papens Pläne unentbehrlichen Massenanhang. So ist es nicht irgendwelchen verfassungs- oder staatspolitischen Zwängen, sondern allein dem Intrigenspiel Papens und seiner Freunde zuzuschreiben, daß der zunächst widerstrebende Hindenburg die Macht an Hitler und seine Partei auslieferte.

*

Frühgeschichte der NSDAP

Die NSDAP, die sich damit den Deutschen als Retter aus der Not präsentierte, war 1919/20 im völkisch-nationalistischen Milieu Münchens entstanden und hatte erst in den Krisenjahren der Republik ihre atemberaubenden Stimmenzuwächse erzielt. Ihr Erscheinungsbild war uneinheitlich, ja widersprüchlich. Die 25 Punkte des Parteiprogramms von 1920 waren ein krauses Gemisch aus nationalistischen, rassistisch-antisemitischen, antiliberalen, auch sozialistischen, ja sozialrevolutionären Versatzstücken, denen A. HITLER 1925/26 mit seinem Buch „Mein Kampf" [21] ein autoritatives Fundament gab.

Den Kern seiner Weltanschauung bildeten ein primitiver, den My- *Hitlers Welt-*
thos von Rasse, Blut und Boden beschwörender Biologismus, die *anschauung*
gleichfalls nicht originelle sozialdarwinistische Vorstellung vom
Kampf der zur Herrschaft berufenen Arier gegen die „minderwertigen"
Rassen und die für überlebensnotwendig erklärte Eroberung von
neuem Siedlungsraum im Osten. Hitlers Feindbild kulminierte im „Juden", dem „ewige[n] Parasit[en]" und „Schmarotzer", in dessen angeb-
lichem Streben nach „Weltherrschaft" – „sei es auf dem Umweg einer
sogenannten westlichen Demokratie oder in der Form der direkten Be-
herrschung durch russischen Bolschewismus" [EBD., 723] – er eine Gefahr von geradezu kosmischen Ausmaßen sah.

In seiner Agitation beschränkte Hitler sich jedoch nicht darauf, *Politische Agitation*
diese weltanschaulichen Grundpositionen zu entfalten, sondern er konzentrierte sich ganz auf die Abrechnung mit den „Novemberverbre-
chern" und „Systembonzen" als den am Niedergang Deutschlands vermeintlich Schuldigen. Seine auf Beeinflussung der Massen berechneten
plakativen Vereinfachungen fanden vor allem deshalb breite Resonanz,
weil sie an die in der Bevölkerung vorhandene Ressentiments anknüpfen
konnten und ein weitverbreitetes Krisenbewußtsein artikulierten, dabei
aber hinreichend vage blieben, um unterschiedlichsten Anhängern Ret-
tung aus Not und Hoffnungslosigkeit zu verheißen. Hitler propagierte
eine von politischen und sozialen Konflikten freie „Volksgemeinschaft", auch dies ein von disparatem Bedeutungsinhalt erfülltes
Schlagwort der Zeit, das dem unpolitischen Sinn vieler Deutscher, ihrem Unbehagen an der gesellschaftlichen Zerklüftung und dem weithin
vernehmbaren Ruf nach starker Führung entgegenkam.

In ihren Anfängen war die NSDAP eine kleine Kaderpartei; erst
nach 1930 setzte die Entwicklung zur Massenpartei mit – bei Kriegsende – sechs Millionen Mitgliedern ein. Das Bild der Partei bestimmten
jedoch weiterhin die altgedienten „Kameraden" der „Kampfzeit", deren auf Treue beruhende Bindung an ihren „Führer", dem die Ernennung aller Amtsträger zustand, auch in der Organisationsstruktur zum
Ausdruck kam. Stärker als Statuten und Parteiämter entschied das per- *Die NSDAP als*
sönliche und direkte Verhältnis zu Hitler über die Verteilung von Macht *Führerpartei*
und Einfluß, die freilich – dem Härte- und Ausleseprinzip der Bewegung gemäß – durch ständig bewiesenes Durchsetzungsvermögen zu
behaupten und auszubauen waren. Die „Reichsleitung" der Partei war
ein loser Personenverband, dessen Mitglieder Hitler unmittelbar und
ausschließlich verantwortlich waren.

Ebenso „führerunmittelbar", selbstbewußt und weitgehend unabhängig von Weisungen zentraler Parteiinstanzen waren die Gauleiter, die den größten regionalen Untereinheiten der Partei vorstanden. Die Gaue wiederum waren untergliedert in Kreisleitungen, Ortsgruppen, Blocks und Zellen. Reichsleitung und Gauleiter bildeten zusammen mit anderen Parteidienststellen die Politische Organisation (PO) als Kernstück der Partei. Hinzu kam eine Vielzahl von *Gliederungen* und *angeschlossenen Verbänden*, die unterschiedliche Aufgaben in der Partei wahrnahmen bzw. der umfassenden Organisation und Mobilisierung der Bevölkerung dienen sollten.

NS-Verbände und -Gliederungen

Besonders spannungsreich gestaltete sich das Verhältnis der PO zu der von Ernst Röhm befehligten „Sturmabteilung" (SA), dem 1933 fast eine halbe Million Männer starken Wehrverband der Partei; ihm war bis 1934 auch die Elitetruppe der „Schutzstaffeln" (SS) unter ihrem „Reichsführer" Heinrich Himmler unterstellt, die bei der „Machtergreifung" ca. 50000 Mitglieder umfaßte und bis 1939 auf 240000 anwuchs. Neben dem 1926 gegründeten „Nationalsozialistischen Deutschen Studentenbund" (NSDStB) und der Hitlerjugend (HJ) entstanden in den Folgejahren zahlreiche weitere Sonderorganisationen der NSDAP, darunter der seit 1930 aufgebaute „Agrarpolitische Apparat", die „Nationalsozialistische Betriebszellenorganisation" (NSBO, 1931) und, als bei weitem größte von allen, die „Deutsche Arbeitsfront" (DAF, 1933). Mit ihrer Hilfe gelang es der Partei, in die unterschiedlichsten Bereiche gesellschaftlicher Interessenvertretung vorzudringen und diese nach 1933 zu monopolisieren.

Polykratische Parteistrukturen

Trotz des hohen Organisationsgrades der NSDAP entsprachen ihre Strukturen in keiner Weise den Grundsätzen rationaler bürokratischer Parteiverwaltung. Der starken Führerstellung an der Spitze korrespondierte vielmehr ein vielfach unkoordiniertes, dezentrales und von vielen Kompetenzüberschneidungen und Rivalitäten geprägtes Beziehungsgefüge innerhalb der Partei. Dies führte nach der „Machtübernahme" zur „nationalsozialistischen Polykratie", zumal viele Parteifunktionäre jetzt zusätzlich staatliche Ämter oder Funktionen übernahmen und durch diese Verbindung von Partei- und Staatsamt ihre Machtansprüche weiter steigern konnten.

*

Bei Hitlers Regierungsantritt hatte es den Anschein, als seien die drei nationalsozialistischen Kabinettsmitglieder Hitler, Frick und Göring durch das Übergewicht der acht deutschnationalen bzw. konservativen Minister wirkungsvoll „eingerahmt". Die Erwartung Papens, Hit-

ler werde sich in der Regierungsverantwortung „zähmen" lassen, er- Das Scheitern des
füllte sich aber nicht. Ganz im Gegenteil setzten die Nationalsozialisten Zähmungskonzepts
mit ihrem Machtantritt revolutionäre Kräfte frei, die innerhalb kürze-
ster Zeit die überkommene Staatsordnung hinwegfegten. Noch am
Tage seiner Ernennung erlangte Hitler gegen den Widerstand Hugen-
bergs die Auflösung des Reichstages und die Ausschreibung von Neu-
wahlen für den 5. März 1933, die nach Lage der Dinge nur die NSDAP
stärken konnten. In der Tat erreichte die NSDAP einen Anteil von
43,9% der Wählerstimmen und besaß mit den 8% ihres deutschnationalen Koalitionspartners die absolute Mehrheit. Eine erste – schon unter
der Regierung Papen entworfene – Notverordnung vom 4. Februar
1933 schränkte die Presse- und Versammlungsfreiheit ein und sah (vor-
beugende) Schutzhaft bei staatsfeindlicher Tätigkeit vor. In Preußen
faßte Göring Polizei, SA und Stahlhelm zu gemeinsamer „Gegnerbe- Politische „Gegner-
kämpfung" zusammen. Gewalt und Terror richteten sich im Wahl- bekämpfung"
kampf vor allem gegen Kommunisten und Sozialdemokraten, aber
auch gegen Angehörige der Zentrumspartei und der BVP, gegen Ge-
werkschafter und Juden. Es kam zu zahllosen Verboten von Zeitungen,
zu Haussuchungen, Plünderungen, Mißhandlungen und Morden. Die
vielerorts von der SA errichteten „wilden" Konzentrationslager (KZ)
füllten sich rasch.

In diesen Unterdrückungsmaßnahmen, die den Rahmen des rechtlich Zulässigen weit überschritten, zeigt sich bereits ein grundlegendes
Strukturelement der inneren Verfassung des Dritten Reiches: der Aufbau außernormativer, verfassungsmäßig nicht umgrenzter, nur der
Willkürherrschaft der politischen Führung dienender Exekutivorgane,
die mit ihren *Maßnahmen* ständig neue Fakten schufen und neben den Maßnahmenstaat
weiterbestehenden *normativen* Institutionen das Wesen des national- statt Normenstaat
sozialistischen „*Doppelstaates*" [127: E. FRAENKEL] ausmachten.

Nach dem Brand des Reichstagsgebäudes am Abend des 27. Februar 1933 erklärte die NS-Führung in für sie charakteristischer Aus-
nutzung günstiger Gelegenheiten den Vorfall zum Auftakt eines kommunistischen Aufstandsversuchs. Am 28. Februar wurde eine Notverordnung „zum Schutz von Volk und Staat" erlassen, die mit einem Fe-
derstrich den Rechtsstaat beseitigte und den *zivilen* Ausnahmezustand
verhängte. Hierdurch verblieb die vollziehende Gewalt bei der Reichsregierung. Die wichtigsten Grundrechte wurden „bis auf weiteres" außer Kraft gesetzt, und Hitler wurde zu Eingriffen in die Rechte der Länder ermächtigt.

Diese „Reichstagsbrandverordnung" war die entscheidende
Grundlage der Terrorherrschaft Hitlers; sie behielt bis zum Ende des

Dritten Reiches ihre Gültigkeit. Vor allem dehnte sie den Anwendungs-
bereich der „Schutzhaft" enorm aus, des Hauptinstruments polizeili-
cher „Gegnerbekämpfung", das überdies richterlicher Überprüfung
entzogen war. Damit erhielt der noch in der Brandnacht verschärfte
Terror, in dessen Vollzug Tausende von KPD-Funktionären verhaftet
wurden, eine scheinlegale Basis. Ergänzend stellte die „Heimtückever-
ordnung" vom 21. März 1933 jede Kritik an der „Regierung der nationalen Erhebung" unter Strafe.

   Zugleich war jedoch Hitlers Bemühen unverkennbar, seine Herrschaft unter die Parole der „nationalen Versöhnung" zu stellen. Dem

diente vor allem der „Tag von Potsdam" (21. März 1933), an dem der
greise Reichspräsident und Hitler durch ihren Händedruck vor den Grä-
bern der Hohenzollern die Verbindung der alten preußisch-deutschen
Traditionen mit dem Aufbruchwillen der jungen, dynamischen NS-Bewegung symbolisierten. Die Nationalsozialisten wußten sich seit den
Märzwahlen von breitem Rückhalt in der Bevölkerung und von einer
nationalen Aufbruchsstimmung getragen, wie sie zuletzt in den Au-
gusttagen 1914 geherrscht hatte.

   Durch das „Ermächtigungsgesetz" vom 24. März 1933, dem lediglich die Sozialdemokraten nicht zugestimmt hatten, entledigte sich
Hitler aller legislativen Fesseln. Reichsgesetze konnten künftig „auch

durch die Reichsregierung beschlossen werden" und in bestimmten
Fällen sogar von der Reichsverfassung abweichen. Damit waren
Reichstag und Reichsrat ausgeschaltet, vor allem aber auch das Notver-
ordnungsrecht des Reichspräsidenten entwertet, das bis dahin den Einfluß des deutschnationalen Koalitionspartners garantiert hatte.

   Die politischen Parteien und Organisationen zeigten sich dem Ansturm der NS-Bewegung nicht gewachsen. Die allseitige Zustimmung
zu Hitlers außenpolitischer Reichstagserklärung vom 17. Mai 1933 war
ein Eingeständnis dieser Schwäche. Nachdem die SPD schon am

22. Juni verboten worden war (ein förmliches Verbot der KPD erfolgte
dagegen nie, doch waren ihre Funktionäre inhaftiert, und ihr Vermögen
wurde am 26. Mai eingezogen), lösten sich unter dem Eindruck massiver Pressionen sämtliche anderen Parteien auf, als letzte am 5. Juli die
Zentrumspartei. Das „Gesetz gegen die Neubildung von Parteien" vom
14. Juli 1933 schloß diesen Prozeß ab; die am gleichen Tag gesetzlich
verankerten Volksabstimmungen sollten künftig der Führerherrschaft
akklamatorische (Schein-)Legitimation verschaffen. Schon unmittelbar
nach der feierlichen Proklamation des 1. Mai zum „Tag der nationalen

Arbeit" waren in einem Überraschungscoup die Gewerkschaften zerschlagen worden; ihre Mitglieder wurden in die am 10. Mai gegründete

DAF überführt. Auch die Interessenorganisationen von (Groß-)Industrie, Handel, Handwerk und Landwirtschaft verfielen der „Gleichschaltung".

Waren die traditionellen Führungsschichten auf diese Weise von der *politischen* Willensbildung ausgeschlossen, so behielten sie ihr Gewicht in Verwaltung und Justiz, Reichswehr und Wirtschaft weitgehend bei. Ohne ihre Mitwirkung wäre der rasche Umbau des politischen Systems nicht möglich gewesen. Die durch das „Gesetz zur Wiederherstellung des Berufsbeamtentums" vom 7. April 1933 legalisierten politischen und rassischen „Säuberungen" trugen dazu bei, aus der Staatsbürokratie ein gefügiges Instrument der neuen Machthaber zu machen.

Politische „Säuberungen"

Für die Herrschaftsverhältnisse im Dritten Reich wurde bedeutsam, daß nun massenhaft Parteifunktionäre in staatliche Ämter gelangten, die sie oftmals zu eifersüchtig gehüteten Bastionen ihrer persönlichen Macht ausbauten. Vor allem Gauleiter und höhere SA-Führer sicherten sich leitende Posten. Als Inhaber eines Staatsamtes in Personalunion mit ihrem Parteiamt wurden sie vielfach zu selbstherrlichen Regionalfürsten. Auf die Funktionsfähigkeit der Verwaltungsapparate wurde bei den oft brutalen „Säuberungen" und Ämterbesetzungen keine Rücksicht genommen.

Die politische „Gleichschaltung" setzte sich im gesamten Reichsgebiet fort. Das Ziel schien die vollständige Beseitigung des Föderalismus und seine Ersetzung durch den straff zentralisierten „Führerstaat" zu sein. In Preußen waren bereits am 6. Februar 1933 die sozialdemokratisch geführte Landesregierung durch eine Notverordnung vollends entmachtet und der Landtag aufgelöst worden („Zweiter Preußenschlag"). Die „Machtübernahme" in den übrigen Ländern und Kommunen setzte nach den Wahlen vom 5. bzw. 12. März ein. Zum Druck von unten traten Gleichschaltungsmaßnahmen der Reichsregierung; sie setzte mit weitreichenden Vollmachten ausgestattete Reichskommissare ein, um in den Ländern „geordnete Zustände" herzustellen. Entscheidende Bedeutung hatte dabei jeweils der Zugriff auf die Polizei; in Bayern begann damals mit der Ernennung Himmlers zum Polizeipräsidenten von München die Eroberung der politischen Polizei durch die SS. Diesem von zwei Seiten vorgetragenen Angriff vermochte keine der Landesregierungen standzuhalten. Den neuen, von den Nationalsozialisten beherrschten Landesregierungen erteilte am 31. März das sogenannte erste Gleichschaltungsgesetz die Ermächtigung, ohne Beteiligung der Landtage Gesetze zu beschließen.

„Gleichschaltung" der Länder

Die lokale bzw. regionale Machtübernahme verlief so diffus und uneinheitlich, daß von einer geordneten Regierung und Aufsicht über die Verwaltung schon bald nicht mehr die Rede sein konnte. Die NS-Führung und vor allem Hitler sahen wohl, daß ihre Machtausübung durch die „Bildung neuer partikularer Machtschwerpunkte in den Ländern" [47: M. BROSZAT, Staat Hitlers, 147] und die ungezügelte revolutionäre Dynamik Schaden zu nehmen drohte. Dem suchte die Reichsregierung mit dem zweiten Gleichschaltungsgesetz vom 7. April 1933 zu steuern, wodurch das Amt der Reichsstatthalter eingeführt wurde, die in den Ländern „für die Beachtung der vom Reichskanzler aufgestellten Richtlinien der Politik" zu sorgen hatten. In einer für den Staatsaufbau des Dritten Reiches typischen Weise war damit ein zentrales, führerunmittelbares und außerhalb der behördlichen Instanzenzüge stehendes Instrument der Machtausübung geschaffen. Hitler ernannte fast ausschließlich Gauleiter zu Reichsstatthaltern. Auch dies förderte den Aufbau neuer regionaler Machtbasen.

Nach der Unterwerfung des politischen Systems unter den Willen der neuen Staatsführung bemühte sich das Regime um Zentralisierung und Stabilisierung der Machtverhältnisse. Während der Reichstag als Akklamationsorgan bestehen blieb, wurde der Reichsrat am 14. Februar 1934 beseitigt, nachdem das „Gesetz über den Neuaufbau des Reiches" vom 30. Januar 1934 bereits die Landtage aufgehoben und die Hoheitsrechte der Länder auf das Reich übertragen hatte. Gleichzeitig wurden die zunächst führerunmittelbaren Reichsstatthalter der Dienstaufsicht des Reichsinnenministers unterstellt, von Hitler aber gleichzeitig zum Kampf um Macht und Einfluß aufgefordert, ein bemerkenswerter Hinweis auf die tatsächlichen Herrschaftsmechanismen im NS-Staat.

Unterdessen wurde in den Reihen der SA die Forderung nach einer „zweiten Revolution" lauter. Bereits im Juni 1933 hatte Röhm verlangt, Staat und Gesellschaft am Bewegungs-Prinzip des Nationalsozialismus auszurichten. Hitler stellte sich diesem Ansinnen ebenso wie den in der SA verbreiteten antikapitalistischen Strömungen entgegen. Da er zur Aufrüstung Deutschlands und zur Revision der Versailler Nachkriegsordnung entschlossen war, brauchte er Stabilität im Innern sowie die Unterstützung von Wirtschaft und Reichswehrführung. Er warnte daher am 6. Juli 1933 vor einer Fortsetzung der Revolution und rief zu evolutionärer Umgestaltung der Verhältnisse auf, bei der Sachkenntnis und die „innere Erziehung" des Menschen im Vordergrund stehen müßten. Für die Reichswehr stellte der Anspruch der SA, unter Einverleibung des 100 000-Mann-Heeres zu einer radikalen Volksmiliz zu werden, eine existentielle Bedrohung dar. Sie hielt daher am Bündnis mit der neuen Staatsführung fest.

Marginalien:

Erstes Reichsstatthaltergesetz

„Gesetz über den Neuaufbau des Reiches"

SA und „Zweite Revolution"

Gleichwohl blieb die SA ein Unruhefaktor. Auch in weiten Teilen der Bevölkerung wuchs seit Herbst 1933 die Unzufriedenheit über wirtschaftliche Stagnation sowie Korruption und Postenschieberei in der Partei. Was sich an allgemeiner Besorgnis und Unwillen angestaut hatte, artikulierte Franz von Papen mit unverkennbar kritischem Unterton am 17. Juni 1934 in einer Rede in Marburg. In dieser sich zur Regimekrise auswachsenden Hochspannung faßte Hitler den Entschluß, Röhm und das revolutionäre Potential der SA gewaltsam auszuschalten. Auf seinen Befehl hin führten SS und Polizei mit Unterstützung von Gegnern Röhms in Partei und Reichswehr am 30. Juni 1934 einen mörderischen Doppelschlag, dem neben Röhm und vielen Mitgliedern seines Führungsstabs auch etliche konservative Oppositionelle zum Opfer fielen, darunter der frühere Reichskanzler Kurt von Schleicher und der Verfasser von Papens Marburger Rede, Edgar Jung. Unmittelbare Folge dieser Mordaktion war die Entlassung der SS aus ihrem Unterordnungsverhältnis unter die SA. Damit begann der rasante Aufstieg Heinrich Himmlers, dem in den Monaten zuvor überdies der Zugriff auf die Politischen Polizeien aller Länder gelungen war.

„Röhm-Putsch"

Die Ausschaltung der SA wurde in der Bevölkerung überwiegend als Ruhe und Ordnung sichernde Tat begrüßt. Hitler selbst präsentierte sich als „oberster Gerichtsherr" des deutschen Volkes, der sich entschlossen einer den Staat bedrohenden Meuterei entgegengestellt habe. Die zahlreichen Gewalttaten im Verlauf dieser Mordaktion machen jedoch deutlich, daß es sich in Wirklichkeit um eine zynische Mißachtung allen Rechtes handelte. Hitlers absolute Führerstellung erlangte am 2. August 1934, dem Todestag Hindenburgs, Gesetzeskraft, als die Ämter des Reichspräsidenten und Reichskanzlers in seiner Person vereinigt wurden. Fortan war er der „Führer und Reichskanzler". Ohne zwingende Notwendigkeit veranlaßte die Reichswehrführung die Vereidigung der Truppe auf Hitler persönlich. Damit war im Sommer 1934 die Errichtung des „Führerstaats" vollendet.

Tod Hindenburgs – Hitler „Führer und Reichskanzler"

Wie schon den Austritt Deutschlands aus dem Völkerbund am 14. Oktober 1933 ließ Hitler auch die Zusammenlegung der politischen Spitzenämter durch eine Volksabstimmung nachträglich bestätigen (Plebiszite vom 12. November 1933 und 19. August 1934). Noch zweimal (29. März 1936 und 10. April 1938) – nach der Besetzung des entmilitarisierten Rheinlands und dem „Anschluß" Österreichs – suchte er sich durch Volksabstimmungen bzw. manipulierte Reichstagswahlen jene pseudodemokratische Legitimität zu verschaffen, welche für die Fiktion einer Identität von Führung und Geführten unabdingbar war. Trotz aller mit diesen Plebisziten verbundenen tatsächlichen und psy-

Plebiszitäre Bestätigungen

chologischen Zwänge lassen die Ergebnisse keinen Zweifel daran, daß
Hitlers Politik bei der großen Mehrheit der Deutschen auf wachsende
Zustimmung stieß. Die innen-, wirtschafts- und außenpolitischen Erfolge trugen erheblich zur raschen Konsolidierung des Regimes bei.
Eben damals begann sich der Glaube an die überragende Führungs-
kraft Hitlers im Wechselspiel mit deren propagandistischer Verbreitung
zum „Führer-Mythos" zu verfestigen, dessen gesellschaftliche Integrationskraft zu einem Eckpfeiler der nationalsozialistischen Herrschaft
wurde.

2. Regierung, Verfassung, Verwaltung

Ungeachtet der im August 1934 erreichten Konzentration aller entscheidenden Machtfunktionen auf die Person des „Führers" fand das
Dritte Reich, verglichen mit traditionalen Staaten, bis zu seinem Ende
nicht zu einer fest umrissenen Ordnung seiner Regierung und Verwaltung. Vielmehr bildete sich ein Regime heraus, das durch ständige Rivalitäten, Macht- und Kompetenzverschiebungen gekennzeichnet war
und treffend als „autoritäre Anarchie" [W. PETWAIDIC] gekennzeichnet
worden ist. Als Parteiführer, Regierungschef, Staatsoberhaupt und
Oberbefehlshaber der Wehrmacht war Hitler das Gravitationszentrum
einer eigentümlich amorphen Herrschaftsstruktur, die kaum als „System" begriffen werden kann. Dabei fällt es einem von Zweckmäßig-
keitskriterien bestimmten Blick oft schwer, die radikalen weltanschaulichen Wirkkräfte freizulegen, die alles politische Handeln bestimmten.

Amorphe Struktur des Führerstaats

In Hitlers Weltanschauung war der Staat nicht Selbstzweck, sondern lediglich „eine der Organisationsformen völkischen Lebens" [zit.
in 125: P. DIEHL-THIELE, Partei und Staat, 20]. Daraus resultierte die
zentrale Aufgabe, der arischen „Herrenrasse" den erforderlichen „Lebensraum" zu erobern und ihr die Kraft zur Vernichtung ihrer „Feinde"
zu verschaffen. Dieser Auffassung vom „völkischen Staat" als Lebens-
und Kampfgemeinschaft mußte die herkömmliche Regierungsappara-
tur überholt erscheinen. Namentlich Verwaltung und Justiz standen für
Eigenschaften, die Hitlers Grundüberzeugungen zuwiderliefen: Ihre
Normsetzungen behinderten eine schrankenlose Machtausübung, ihre
Regelhaftigkeit und ihr bürokratischer Aufbau hemmten eine unter
weltanschaulichen Vorzeichen agierende Führung. Letzlich sollte die
gesamte Verwaltungsordnung aufgelöst und durch das Prinzip nationalsozialistischer „Menschenführung" ersetzt werden.

Hitlers Staats-auffassung

Dennoch kam es über die Übernahme staatlicher Ämter durch NS-Funktionäre hinaus nicht zur förmlichen Verschmelzung von Partei- und Staatsapparat. Auch das „Gesetz zur Sicherung der Einheit von Partei und Staat" vom 1. Dezember 1933 oder die 1934 aufkommende Formel „Die Partei befiehlt dem Staat" signalisierten lediglich einen Trend zu parasitärer Vereinnahmung, begründeten aber keine klare Vorrangstellung der NSDAP. Vielmehr blieb ein Neben-, oft auch Gegeneinander von Partei und Staat charakteristisch für Hitlers Herrschaft. Dieser „strukturelle Dualismus" [D. REBENTISCH] erhielt die radikale Dynamik der Bewegung am Leben und sicherte zugleich die unangefochtene Autorität Hitlers. Allerdings ging die Tendenz dahin, den Staatsapparat auf untergeordnete Routineaufgaben zu beschränken. Dualismus von Partei und Staat

Das zeigt sich besonders deutlich an der Gesetzgebung. Hatte das Reichskabinett durch das Ermächtigungsgesetz (24. März 1933) und die Gleichschaltung der Länder (31. März/7. April 1933) seinen Einfluß zunächst beträchtlich steigern können, so erwies sich dies als vorübergehende Erscheinung. Kabinettssitzungen fanden immer seltener, nach dem 5. Februar 1938 überhaupt nicht mehr statt. Die Zustimmung der Reichsminister zu Gesetzentwürfen erfolgte bald nur noch im Umlaufverfahren. Indem Hitler die oberste Gesetzgebungs- und Vollzugskompetenz für sich beanspruchte und allein der „Führerwille" rechtsetzend wurde, sanken die Ressortchefs zu bloßen Fachexperten für begrenzte Aufgabenfelder herab. Verfassungsgrundlagen wie das Verordnungsrecht des Reichspräsidenten waren für die Praxis der „Führererlasse" gegenstandslos. Entmachtung des Reichskabinetts

Die „Führergesetzgebung" bestand nach Hitlers Willen nur noch in der Vorgabe allgemeiner Grundsätze, deren konkrete Ausgestaltung den Fachressorts oblag. Ihm selbst sollten nur unterschriftsreife Erlasse vorgelegt werden. In der Praxis tat er jedoch seinen Willen oft bis in kleinste Detailfragen kund, sofern ihn die Materie interessierte, oder drängte spontan auf neue Gesetze und Verordnungen wie etwa im Falle der „Nürnberger Gesetze", die anläßlich des Reichsparteitages 1935 überstürzt entworfen wurden. Das letzte Wort behielt Hitler sich grundsätzlich vor; Entscheidungen von größerer Tragweite konnten nicht gegen seinen Willen getroffen werden. „Führergesetzgebung"

Mit dem Bedeutungsverlust des Kabinetts gingen die fortschreitende Zersplitterung der obersten Reichsspitze sowie die Neugruppierung zentraler Kompetenzen in der Hand von führerunmittelbaren „Sonderbeauftragten" einher. Im März 1933 wurde das „Reichsministerium für Volksaufklärung und Propaganda" geschaffen, im Mai 1934 das Reichserziehungsministerium, im Juli 1935 wurde Hanns Kerrl Die Zersplitterung der obersten Reichsführung zum Reichsminister „für die kirchlichen Angelegenheiten" ernannt, wobei die Zuständigkeitsbereiche der neuen Ressorts ohne exakte Abgrenzung im Einzelfall aus den traditionellen Ministerien ausgegliedert wurden. Eine besondere Fülle von Kompetenzen konnte Hermann Göring, Hitlers designierter Nachfolger, auf seine Person vereinigen: Er übernahm im April 1933 das neugeschaffene Luftfahrtministerium, 1935 auch den Oberbefehl über die Luftwaffe, hatte neben den Ämtern des Preußischen Ministerpräsidenten und Innenministers auch die Würden eines „Reichsjäger-" und „Reichsforstmeisters" inne, wurde 1938 zum Feld- und 1940 zum Reichsmarschall ernannt und erlangte mit dem Amt des „Beauftragten für den Vierjahresplan" (1936) großen Einfluß auf die Rüstungswirtschaft, ohne daß er freilich diese Machtfülle konsequent und effizient genutzt hätte.

Die Einsetzung solcher Sonderbeauftragten, zu denen auch der „Reichsarbeitsführer" oder der „Generalinspekteur für das deutsche Straßenwesen" zählten, verkleinerte die Bedeutung der herkömmlichen Regierungsgewalt. Zu weiterer Aufsplitterung führte die Verschränkung von Partei- und Staatsfunktionen. In immer stärkerem Maße nahm die Partei mit ihren Gliederungen und angeschlossenen Verbänden öffentliche Aufgaben als „Hoheitsträger" wahr. Hitler förderte trotz mancher Vorbehalte die personelle und institutionelle Verklammerung von Partei- und Staatsapparat, wenn dies der Durchsetzung seines Führerwillens dienlich war. Die Ernennung Heinrich Himmlers zum „Reichsführer SS und Chef der Deutschen Polizei im Reichsministerium des Innern" (17. Juni 1936) war ein solcher Fall, bei dem die führerunmittelbare Stellung zusammen mit der Verbindung von Partei- und Staatsamt zum bestimmenden Kriterium der Amtsgewalt wurde.

Zwischen Partei- und Staatsinstanzen kam es ständig zu Konflikten, aber auch verschiedene Parteistellen und einzelne Ministerien lagen untereinander im Streit. Infolge des ausufernden Verordnungswesens schotteten sich die Fachverwaltungen ab und suchten ihre Kompetenzen zu Lasten konkurrierender Auftragsinhaber auszudehnen. Die meisten Sonderbeauftragten bauten eigene Verwaltungen auf, so daß eine zunehmende Bürokratisierung auch bei denjenigen Instanzen festzustellen ist, die primär mit ideologisch motivierten Aufgaben betraut waren. Die Folge war „ein gewaltiger Kräfteverschleiß durch mangelhafte Planung und Koordination.

Bei allen Klagen über das Ausmaß der Streitigkeiten richtete sich die Kritik nicht gegen den „Führer" selbst, obwohl dessen bohèmehafter Lebens- und Regierungsstil in erster Linie für diese Entwicklung verantwortlich war. Es zeigte sich, daß die einzelnen Unterführer ge-

---

Marginalien:

Schaffung von
Sondergewalten

Verklammerung
von Partei- und
Staatsapparat

rade wegen des Kompetenzenwirrwarrs, in dem sie sich zu behaupten hatten, der von der Spitze ausgehenden Legitimationskraft bedurften.

Hitler war in solchem Maße integrierendes Element und Gegenstand allgemeiner Verehrung, daß Kritiker sich sofort isoliert hätten. Bis in die letzten Kriegsjahre hinein blieb Hitlers Machtstellung über dem „organisierten Chaos" [J. GOEBBELS] unantastbar; sie war außerstaatlich legitimiert, verfassungsrechtlich nicht definiert, vom Regierungssystem losgelöst und theoretisch grenzenlos. *Hitler als Gravitationszentrum*

Hitlers Führungsstil entsprechend wuchs den Kanzleien besonderes Gewicht bei der Vermittlung und Exekution des „Führerwillens" zu. Für alle an Hitler persönlich gerichteten Eingaben war die im November 1934 eingerichtete „Kanzlei des Führers der NSDAP" unter Reichsleiter Philipp Bouhler zuständig. Die 1934 übernommene Präsidialkanzlei wurde auf reine Repräsentationsaufgaben beschränkt. An Bedeutung wurden beide Behörden durch die Reichskanzlei unter Hans Heinrich Lammers übertroffen, die als Verbindungsstelle zwischen Reichskanzler und Ministerien immer mehr die täglichen Regierungsgeschäfte übernahm und ein Mindestmaß an normenstaatlichen Elementen in Regierung und Verwaltung zu wahren versuchte. *Stellung der Kanzleien*

Der in stetiger Konkurrenz zu Lammers agierende Stab des „Stellvertreters des Führers" unter Rudolf Heß konnte erst nach der Umbenennung in „Parteikanzlei" (1941) unter Heß' Nachfolger Martin Bormann entscheidende Bedeutung erlangen. Dagegen sah sich der führungsschwache Heß bei seinem Anspruch auf Alleinvertretung der Partei gegenüber den obersten Staatsbehörden in erbitterte Konflikte mit einigen Gauleitern und mit der Reichsleitung der Partei verstrickt. Mit einigem Erfolg engagierte sich Heß in der Personalpolitik. Sein Ziel war, den Einfluß der traditionellen Staatsbürokratie durch eine rigorose Kontrolle durch die Partei zurückzudrängen und ideologischen Kategorien oberste Priorität zu verschaffen. Vor allem mit dem Instrument der „politischen Beurteilung", durch die die zuständigen Parteistellen über alle Bewerber Auskunft zu geben hatten, sollte gewährleistet werden, daß weltanschauliche und rassische Gesichtspunkte ausschlaggebend waren. Es gelang dem Reichsinnenministerium jedoch, die völlige Öffnung des höheren Dienstes für nicht qualifizierte Parteimitglieder zu verhindern. *Heß als „Stellvertreter des Führers"*

Dagegen scheiterten Fricks ehrgeizige Pläne für eine Reichsreform, die eine Neugliederung des Reiches unter zentraler Leitung von Staat und Verwaltung sowie die Abwehr unkontrollierter Zugriffe durch Dienststellen der Partei vorsahen, am Widerspruch Hitlers. Hitler begünstigte nach der Ausschaltung der SA-Führung eine personale und *Scheitern der Reichsreformpläne*

partikulare Herrschaftsstruktur. Die Vorstellungen der Ministerialbürokratie von einer normenstaatlichen Ordnung liefen seinen Vorstellungen zuwider, eine Modifizierung seiner Stellung ließ er nicht zu. So
lehnte er beim Auslaufen des „Ermächtigungsgesetzes" auch jede Eingrenzung seiner Befugnisse zur Rechtsetzung ab und bestand auf dessen Verlängerung (1937, 1941, 1943).

Ebensowenig konnte Frick eine einheitliche Kontrolle über die
Mittelinstanzen der Verwaltung erreichen. In Preußen kamen bis 1944
die Ämter der Oberpräsidenten in die Hände von Gauleitern, ebenso in
den übrigen Ländern mit Ausnahme Bayerns die Ämter der Reichsstatthalter. Hitler relativierte die Dienstaufsicht des Reichsinnenministers, indem er den Reichsstatthaltern bei „Fragen besonderer politischer Bedeutung" [Zit. in 47: M. BROSZAT, Staat Hitlers, 153] direkte
Führerbesprechungen zusicherte. Auch der Versuch des Innenministers, den Reichsstatthaltern generell die Führung der weiter amtierenden Länderregierungen zu übertragen, um auf diese Weise die Verwaltung zu straffen und zugleich die Gauleiter/Reichsstatthalter einzubin-
den, schlug fehl. Auf Hitlers Intervention hin sah das Zweite Reichsstatthaltergesetz vom 30. Januar 1935 lediglich die Möglichkeit vor,
beide Ämter zu vereinigen; dazu kam es dann nur in Hessen und Sach-
sen.

In den Gauleitern, meist „alten Kämpfern", die sich bis auf wenige Ausnahmen vollkommen auf Hitlers Unterstützung verlassen
konnten, sah der „Führer" in durchaus „kalkulierte[r] Loyalität" [103:
P. HÜTTENBERGER, Gauleiter, 198] ein weltanschaulich geschlossenes
und ihm treu ergebenes Führerkorps, das seine Autorität namentlich gegenüber der zentralistischen Staatsapparatur abstützte. Eine wiederholt
erwogene territoriale Neugliederung der mit staatlichen Verwaltungs-
einheiten nicht übereinstimmenden Gaue lehnte Hitler gleichfalls ab;
sie hätte das prekäre Machtgefüge zwischen den einzelnen Gauleitern
und ihren unterschiedlichen staatlichen Zuständigkeitsbereichen nur
gefährden können. Die Unterbindung der Reichsreform verstetigte somit die vielfältigen Überschneidungen der Hoheitsgebiete von Partei
und Staat sowie das Ämterchaos des Dritten Reiches und stärkte die
Gauleiter als die überragenden Machthaber der Mittelinstanz.

Die administrative Eingliederung neuer Gebiete in das Reich
brachte eine noch stärkere Hervorhebung führerunmittelbarer Partiku-
largewalten mit sich. Hierbei wurde das verfassungspolitische Modell
des „Reichsgaues" maßgeblich, das eine personelle und räumliche Zusammenlegung der Reichsverwaltung mit der regionalen Parteigliede-
rung vorsah. Im Saarland, das 1935 wieder zu Deutschland kam, be-

Verlängerung des
„Ermächtigungs-
gesetzes"

Zweites Reichsstatt-
haltergesetz

Die Gauleiter

Die Reichsgaue

trieb der rheinpfälzische Gauleiter Josef Bürckel als „Reichskommissar" energisch die Zusammenlegung seiner beiden Parteigaue. Eine konkrete Realisierung erfuhr das Reichsgaumodell mit der administrativen Neuordnung Österreichs nach dem 13. März 1938, als wiederum Bürckel mit der politischen Angleichung an das Reich beauftragt wurde. Auch die Neugliederung der Verwaltung im 1938 annektierten Sudetenland folgte dem Reichsgau-Modell.

Der Beginn des Krieges markiert einen deutlichen Einschnitt in der innenpolitischen Entwicklung Deutschlands. Mit wachsender Ideologisierung und Brutalisierung wurde die Macht immer stärker durch führerunmittelbare Sondergewalten ausgeübt; damit ging eine Entmachtung der in Bürokratie, Diplomatie, Justiz und Militär bislang noch einflußreichen traditionellen Führungsschichten einher. Auch dies hatte sich bereits vor Beginn des Krieges mit dem Rücktritt des Wirtschaftsministers Schacht (1937), seiner Entlassung als Reichsbankpräsident (1939) und der Ersetzung des konservativen Außenministers von Neurath durch Hitlers Gefolgsmann von Ribbentrop (1938) angekündigt. Die Bildung des Oberkommandos der Wehrmacht (OKW) und die Übernahme des direkten Oberbefehls durch Hitler (4. Februar 1938) stärkten dessen Stellung gegenüber der militärischen Führungsspitze. Fortan waren die Generale, die – mit wenigen Ausnahmen – die außenpolitischen und militärischen Zielsetzungen Hitlers weiterhin unterstützten, auf die Rolle einer politisch einflußlosen technokratischen Elite verwiesen.

[Randglosse: Entmachtung der alten Eliten im Krieg]

Die Reichsregierung wurde im Kriege zu einem bloßen Ausführungsorgan der absoluten Führergewalt. Hitler beschäftigte sich immer unregelmäßiger mit Fragen der laufenden Verwaltung, während er in allen weltanschaulich relevanten Bereichen die Zügel fest in der Hand behielt. Als oberster Feldherr verweilte er über lange Zeiträume in seinen jeweiligen Führerhauptquartieren. Einwände gegen seine Weisungen ertrug er nicht. Nach dem Fall Stalingrads (31. Januar 1943) steigerten sich Abkapselung und Isolation. Daher wurde der persönliche Zugang zum „Führer" für die obersten Funktionsträger immer entscheidender, denn nichts vermochte einer Anordnung stärkere Durchsetzungskraft zu verleihen als die direkte Beauftragung durch Hitler.

[Randglosse: Reichsregierung im Krieg]

Dieser Umstand gab den Kanzleien und Adjutanten ausschlaggebende Bedeutung für die Information und Beratung des „Führers" sowie bei der Weitergabe des Führerwillens. Eine überragende Stellung wuchs, je länger der Krieg dauerte, Martin Bormann zu. Dank seiner ständigen Präsenz in der Umgebung des „Führers", seiner Aktenkenntnisse, immensen Arbeitskraft, Zuverlässigkeit und absoluten Ergeben-

[Randglosse: Die Rolle Martin Bormanns]

heit in den Willen Hitlers stieg er zu dessen engstem Mitarbeiter auf, wie seit April 1943 auch in der Bezeichnung „Sekretär des Führers" zum Ausdruck kam.

Nach Hitlers Willen war Bormann als Leiter der Parteikanzlei an allen grundsätzlichen Fragen im Verkehr zwischen obersten Reichsbehörden und Parteistellen zu beteiligen. Dies führte dazu, daß parallel zum Aufstieg der Parteikanzlei Lammers' Reichskanzlei an Bedeutung verlor.

Seine eigentliche Macht bezog Bormann aus seinem engen persönlichen Vertrauensverhältnis zu Hitler, auf Grund dessen er in den letzten Kriegsjahren faktisch bedeutende Teile der Regierung übernahm. Dennoch gelang es ihm nicht, die Parteikanzlei zur zentralen Führungsinstanz der NSDAP zu machen. Vielmehr konnte sich aufgrund des Führer- und Persönlichkeitsprinzips und ihrer machtvollen, führerunmittelbaren Stellung eine Vielzahl von Gau- und Reichsleitern gegen die Monopolansprüche Bormanns behaupten.

Verwaltungschaos im Krieg

Die im Verlauf des Krieges weiter fortschreitende Personalisierung und Entregelung der Staatsführung führte somit nicht zu einer Rationalisierung der Mechanismen von Regierung und Verwaltung. Der zur kriegsmäßigen Zusammenfassung der zivilen Reichsressorts geschaffene Reichsverteidigungsrat tagte insgesamt nur zweimal, und die Einrichtung eines Ministerrats für die Reichsverteidigung unter Führung Görings stellte gleichfalls kein machtvolles Kriegskabinett dar, nicht zuletzt, weil Hitler sich das Recht, jederzeit einzugreifen, vorbehalten hatte und verschiedentlich davon Gebrauch machte. Auch agierten Sonderbehörden wie die Ernährungsverwaltung oder der Generalbevollmächtigte für den Arbeitseinsatz am Ministerrat vorbei.

Gauleiter als Reichsverteidigungskommissare

Eine innere Kriegsmaßnahme ganz anderer Art war die Ernennung von Reichsverteidigungskommissaren, die mit Weisungsrechten gegenüber fast allen Behörden ihres Wirkungskreises ausgestattet waren. Mit diesem Amt wurden ausschließlich Gauleiter betraut, doch führte dies nur zu neuen Kompetenzkonflikten, da die Wehrkreise sich weder mit den Grenzen der Gaue noch mit denen der Regierungsbezirke oder Provinzen deckten. Erst 1942 wurden die Grenzen der Wehrkreise denen der Gaue angepaßt sowie alle Gauleiter zu Reichsverteidigungskommissaren ernannt; die Kompetenzen der Reichsstatthalter und (preußischen) Oberpräsidenten gingen damit nahezu vollständig an die Gauleiter über.

Verwaltung der annektierten Gebiete im Westen

In den annektierten Gebieten erreichte die Entwicklung weitgehend autonomer, von der NSDAP dominierter Partikularherrschaften eine neue Dimension. Schon in Luxemburg, dem Elsaß und Lothringen, die nach dem Frankreich-Feldzug verwaltungsmäßig dem „Alt-

reich" angegliedert worden waren, stand die Nazifizierung und „Ein-
deutschung" der Bevölkerung im Vordergrund. Hierfür konnten nach
Hitlers Dafürhalten nur Exponenten der Partei geeignet sein, weshalb
er mit Gustav Simon, Josef Bürckel und Robert Wagner drei altgediente
Gauleiter zu Chefs der Zivilverwaltungen bestellte und sie von den
Weisungen der Ministerialbürokratie weitgehend befreite.

Vollends deutlich wurde der Primat der Weltanschauung an der
Kriegführung und Ausrottungspolitik im Osten, die – nach eher verhal-
tenem Auftakt im Reichsprotektorat Böhmen und Mähren – mit der Eroberung Polens auf breiter Front einsetzte. Die Verfolgung und Vernichtung der polnischen Führungsschicht, der Juden und anderer für   Ausrottungs- und
rassisch minderwertig erklärter Bevölkerungsgruppen und die Vertrei-   Germanisierungs-
bung der Polen aus den westlichen Gebieten wurden den Organen der   politik im Osten
Partei, vor allem der SS und der von ihr beherrschten Polizei, übertragen. Die zentralen Kompetenzen für die Germanisierungs- und Rassenpolitik übernahm Heinrich Himmler. Aus den besetzten Teilen Polens
wurden die Reichsgaue Danzig-Westpreußen und Wartheland (bis
29. Januar 1940: Posen) sowie das „Generalgouvernement" gebildet.
Der Hitler direkt unterstellte Generalgouverneur Hans Frank beherrschte, weitgehend unabhängig von der Reichsregierung, aber in
ständigen Querelen mit Himmler und der SS, ein faktisches „Neben-
land" des Reiches, während sich die neugeschaffenen Reichsgaue unter
den Gauleitern/Reichsstatthaltern Forster und Greiser zu führerunmittelbaren Territorialherrschaften entwickelten. Die Verschmelzung von
Partei- und Staatsamt griff hier auf die unteren Ebenen durch und führte
zur unangefochtenen Dominanz der NSDAP.

In den letzten Kriegsjahren setzte sich die Herrschaft der Parteidienststellen auch im „Altreich" immer ungehinderter durch. Die Mo-   Parteiherrschaft im
bilisierung der Bevölkerung zu äußersten Kraftanstrengungen war im   totalen Krieg
totalen Krieg eine Aufgabe der Partei, der sie bis in die letzten Kriegs-
tage nachkam. Namentlich die Gauleiter konnten ab 1944 ihren Einfluß
noch steigern. Ein Zeichen der Entschlossenheit war auch die Ersetzung von Reichsinnenminister Frick durch Heinrich Himmler (1943).
Daß Propagandaminister Goebbels nach dem Attentat vom 20. Juli
1944 zum „Reichsbevollmächtigten für den totalen Kriegseinsatz" ernannt wurde, dürfte nicht zuletzt eine auf politisch-propagandistische
Wirkung zielende Maßnahme gewesen sein, zumal er zwar Weisungs-
rechte, aber keine Rechtsetzungsbefugnisse gegenüber den Verwal-
tungsbehörden und Parteidienststellen erhielt. Der Machtaufstieg loka-
ler Parteigliederungen in der letzten Kriegsphase war kaum noch das
Ergebnis planmäßigen Handelns, sondern die Folge zerrütteter

Kriegseinwirkungen, der Machtlosigkeit zentraler Behörden und der Bedürfnisse des alltäglichen Lebens, die von anderen Organen nicht mehr zu befriedigen waren.

Gleichwohl zerbrach die nationalsozialistische Herrschaft nicht an ihren inneren Widersprüchen und den unleugbaren Tendenzen, sich selbst lahmzulegen, sondern erst unter dem Ansturm ihrer militärischen Gegner. Nicht trotz, sondern gerade wegen der unübersehbaren Funktionsstörungen des Regimes konnten Hitlers Einmann-Herrschaft und die hochideologisierte Eroberungs- und Vernichtungswut seiner Bewegung bis in die letzten Kriegswochen andauern. Gerade „durch die konsequente Auflösung des Staats als Regierungs*system* wurde die Stellung des ‚Führers' für das Funktionieren des Regimes als Ganzes unentbehrlich. ... Insofern war die Schwäche der einzelnen Teile des ‚Systems' die Stärke der Hitlerschen Autorität" [65: I. KERSHAW, Hitlers Macht, 230].

Verwaltungschaos und Führerautorität

3. Terror und Verfolgung

Terror und Verfolgung waren Eckpfeiler der nationalsozialistischen Herrschaft. Sie resultierten aus dem totalitären Verfügungsanspruch des Regimes und hatten eine legislatorische Grundlage in dem mit der Reichstagsbrandverordnung verhängten permanenten Ausnahmezustand, den die NS-Führung nutzte, um die zentralen rechtsstaatlichen Normen schrittweise zu zerstören. Der „improvisierte" Terror der „Machtergreifungs"-Phase wurde dadurch zur systematischen Bekämpfung tatsächlicher und ideologisch definierter Gegner gesteigert.

Wichtigstes Organ dieses zunehmend perfektionierten Terror- und Verfolgungsapparates wurde die *SS*. Als Instrument der Führerexekutive erlangte sie die Herrschaft über die *(politische) Polizei* und die Konzentrations- und Vernichtungslager und besaß im *SD* einen eigenen Sicherheits- und Bespitzelungsdienst. Die Bereiche der Volkstums- und Rassenpolitik betrachtete Himmler gleichfalls als seine Domäne. Die SS entfaltete ferner umfangreiche wirtschaftliche Aktivitäten und stellte im Krieg mit der „Waffen-SS" eine zweite militärische Kraft. Verglichen mit dem ansonsten vorherrschenden Kompetenzenchaos erlangte das SS-Imperium mit seiner Alleinzuständigkeit für die „innere Sicherheit" eine geradezu untypische Monopolstellung und ist zum Inbegriff nationalsozialistischer Willkürherrschaft geworden.

Systematisierung des Terrors durch die SS

Himmlers Aufstieg vollzog sich von Bayern aus. Der entscheidende Zugriff auf die politischen Polizeien der anderen Länder gelang am 20. April 1934. Mit der Ernennung zum Stellvertretenden Chef und Inspekteur der preußischen Geheimen Staatspolizei (Gestapo) vereinigte er alle politisch-polizeilichen Befugnisse des Reiches in seiner Hand. Sein engster Mitarbeiter Reinhard Heydrich übernahm gleichzeitig die Leitung des Geheimen Staatspolizeiamtes (Gestapa) in Berlin, das jetzt zur (zunächst noch inoffiziellen) Reichszentrale für die Politische Polizei ausgebaut und 1939 infolge der Zusammenfassung von Sicherheitspolizei und SD in „Reichssicherheitshauptamt" umbenannt wurde. Die Himmler darüber hinaus mit Führererlaß vom 17. Juni 1936 übertragene „einheitliche Zusammenfassung" aller sicherheits- *und* ordnungspolizeilichen Aufgaben im Reich schloß die „Verreichlichung" der deutschen Polizei ab. Vor allem aber drückte Himmlers neue Dienstbezeichnung „Reichsführer SS und Chef der Deutschen Polizei" die ausdrücklich gewollte Vereinnahmung der (staatlichen) Polizei durch die (parteieigene) SS aus; dies stärkte zugleich seine Stellung im innerparteilichen Machtgefüge, da die mit den polizeilichen Aufgaben verbundenen staatlichen Gelder ihn in hohem Maße von der Politischen Organisation der NSDAP unabhängig machten.

Himmlers Zugriff auf die Polizei

Mit der Verklammerung von SS und Polizei setzte ein unaufhaltsamer Prozeß ideologischer Überformung ein; er kam im Bereich der politisch relevanten Sicherheitspolizei rascher voran als bei der Ordnungspolizei. Dies zeigte sich vor allem darin, daß für die staatspolizeiliche Praxis der außernormative, weltanschaulich motivierte Auftrag entscheidend war. Bei der Ermittlung und Ausspähung der „Gegner" wurde die Politische Polizei vom SD und seinem Netz von Zuträgern und V(ertrauens)-Leuten unterstützt, dem anstelle der Beschaffung von Informationen jedoch mehr und mehr die Sammlung und Auswertung von Stimmungsberichten aus der Bevölkerung zufiel („Meldungen aus dem Reich"). In erheblichem Ausmaß konnte das Regime auch auf Denunziationen zurückgreifen, die eine spezifische Ausdrucksform sozialer Aggressionen in einem Klima totaler Politisierung und Normierung des Alltagslebens darstellen, namentlich unter den Bedingungen des Krieges.

V-Leute und Denunzianten

Je stärker sich die Politische Polizei von einem Hilfsorgan der Justiz zu einem Instrument außernormativer Führerexekutive und rassenstaatlicher Ordnungsvorstellungen entwickelte, desto mehr wuchs ihr Bestreben, die Justiz bei der „Gegnerbekämpfung" bewußt auszuschalten. Ihren „politischen" Zuständigkeitsbereich bestimmte sie dabei selbst. In der Verhängung von „Schutzhaft" besaß die Gestapo ein au-

Gestapo und Justiz

ßerordentlich wirksames Druckmittel, das ebenso präventiv wie als „Ersatzstrafe" oder nachträgliche Urteilskorrektur eingesetzt werden konnte. In minder schweren Fällen beließ sie es bei Ausweisungsverfügungen, der Verhängung von Sicherungsgeldern oder anderen Maßnahmen; im Wiederholungsfall drohte meist die KZ-Einweisung. Noch größerer Ermessensspielraum bestand bei der sogenannten Vorbeugehaft, die vornehmlich gegen „Asoziale" und „Gewohnheitsverbrecher" angewandt wurde. Wie alle staatspolizeilichen Maßnahmen unterlag sie nicht der gerichtlichen Nachprüfung; ihr Vollzug in den der SS unterstehenden KZs entzog sie gleichfalls dem Arm der Justiz.

System der Konzentrationslager Die nach der Mordaktion vom 30. Juni 1934 erlangte Verfügungsgewalt über sämtliche KZs nutzte Himmler dazu, sie nach dem „Dachauer Modell" zu vereinheitlichen und planmäßig weiter auszubauen; auch stellte er SS-eigene Wachmannschaften auf. Im Kriege dienten die KZs auch als riesige Zwangsarbeitslager und Stätten der (Rüstungs-) Produktion. Bei der „Gegnerbekämpfung" verbanden sich somit Elemente politischer Herrschaftssicherung mit rassistisch-weltanschaulichen Utopien und wirtschaftlichen Interessen zu einem schwer entwirrbaren Knäuel.

Trotz der nach außen dringenden Nachrichten über unhaltbare Zustände in den Lagern gelang es Himmler stets, konkurrierende Ansprüche von Justiz und Verwaltung abzuwehren. Dem entsprach, daß (Politische) Polizei und SS im Oktober 1939 von der allgemeinen Gerichts- **Verschärfung des** barkeit ausgenommen wurden. Während des Krieges verschärfte sich **SS-Terrors im Krieg** die außernormative Verfolgungspraxis von Polizei und SS noch mehr; dies reichte bis zur außergerichtlichen Anordnung und Durchführung von Exekutionen. In den eroberten Ostgebieten besaß Himmler ohnehin eine nahezu uneingeschränkte Herrschaftsgewalt, die allenfalls gegenüber machtbewußten Regionalfürsten zu behaupten war. Hingegen vermochten die am 13. November 1937 in allen Wehrkreisen des „Altreiches" eingesetzten Höheren SS- und Polizeiführer, die im Mobilmachungsfall eine zentrale und einheitliche Führung der Polizei- und SS-Kräfte gewährleisten sollten, nur eine vergleichsweise geringe Wirkung zu entfalten.

In zähem Ringen mit der Wehrmachtsführung bildete sich endlich noch eine dritte Stütze von Himmlers Machtfülle aus: die Aufstellung **Die Waffen-SS** bewaffneter SS-Einheiten, deren Kern die „Leibstandarte Adolf Hitler" war. Eine deutliche zahlenmäßige Ausweitung der SS-Verfügungstruppen gelang aber erst mit ihrer am 17. August 1938 von Hitler verfügten verfassungsrechtlichen Sonderstellung als eine Art „innerer Staatstruppenpolizei". Zu ihr zählten auch die KZ-Wachverbände, die 1936 be-

ziehungsreich in „SS-Totenkopfverbände" umbenannt worden waren.
Während des Krieges wurde die „Waffen-SS", sehr zum Mißbehagen
der Wehrmacht, zu einem Korps für den äußeren Schutz des Staates
ausgebaut. Bei Kriegsende umfaßte sie nahezu 1 Million Mann.

Während sich die Politische Polizei zu einem Organ des terroristischen Maßnahmenstaats katexochen entwickelte, entfalteten die *Justiz*-
behörden gegenüber der Aufweichung rechtsstaatlicher Normen ein
gewisses Beharrungsvermögen. Anzeichen opportunistischer Anpas-
sungsbereitschaft waren jedoch frühzeitig erkennbar und dürften nicht
zuletzt Folge der republikfeindlichen Einstellung vieler Justizangehöri-
ger gewesen sein. Die Bereitschaft zur Hinnahme rechtlich fragwürdi-
ger, doch politisch erwünschter Entscheidungen oder zur Berücksichtigung des „gesunden Volksempfindens" bei der Strafzumessung resultierte aber auch aus massiver Urteilsschelte Hitlers und der NSDAP
und aus Bestrebungen zur Selbstbehauptung gegenüber der Gestapo
und gegen deren Eindringen in den Bereich der Justiz.

Der Weg von der Politisierung der Strafverfolgung zur Herausbil- Die Politisierung
dung einer politischen Justiz verlief weitgehend in Reaktion auf den der Justiz
Ausbau des Verfolgungsapparats von SS und Polizei. Schon mit der
Heimtücke-Verordnung und der sogenannten lex van der Lubbe vom
21. bzw. 29. März 1933 sowie dem Gesetz „gegen heimtückische Angriffe auf Staat und Partei" vom 20. Dezember 1934 war die Einbahn-
straße der Umformung des Strafrechts in ein Instrument politischer
Verfolgung betreten worden, da nunmehr jegliche Art von Regimekri-
tik kriminalisiert war. Unter den Bedingungen des Kriegsstrafrechts
wurden die „politischen" Straftatbestände weiter vermehrt und zugleich die Strafen drakonisch verschärft, wie sich insbesondere an der
sprunghaft ansteigenden Zahl der Todesurteile aufzeigen läßt.

Die 1933 zur Ahndung von Heimtückevergehen geschaffenen Die Justiz als
Sondergerichte, namentlich aber der 1934 errichtete *Volksgerichtshof*, Instrument des
vor dem Hoch- und Landesverratsdelikte zu verhandeln waren, sollten Führerwillens
mit ihrer Fähigkeit zu rascher und harter Urteilsfindung das Mißtrauen
der NS-Führung in die Justiz abbauen. Entscheidungen dieser Gerichte
konnten auf herkömmliche Weise nicht angefochten, wohl aber auf au-
ßernormativem Weg von der Gestapo „korrigiert" werden. Richtschnur
der Urteilsfindung sollte die Devise sein: „Recht ist, was dem deutschen Volke nützt". Sie wurde namentlich ab 1941 im Sinne einer Aus-
lieferung der Justiz an den Führerwillen verstanden. Durch „Weisungen" und „Richterbriefe" suchte das Reichsjustizministerium im Krieg
die Rechtsprechung zu beeinflussen. Bei all dem ist das Bestreben unverkennbar, gegenüber der Verfolgungshysterie von SS und Gestapo

nicht den Anschluß zu verlieren. Gleichwohl war es ein Eingeständnis eigener Ohnmacht, daß die strafrechtliche Verfolgung von „Asozialen" und Juden, „Fremdvölkischen" und Zigeunern, Polen und Russen 1942/43 offiziell auf SS und Polizei überging.

*

Politisch-ideologische Verfolgung

Im Zuge der „Machtergreifung" richtete sich der Terror zunächst gegen die *politisch-ideologischen Gegner.* Zehntausende *Kommunisten* saßen Ende 1933 in Konzentrationslagern oder Gefängnissen, viele wurden ermordet oder hingerichtet. Auch in den Folgejahren kam es immer wieder zu spektakulären Verhaftungsaktionen, da es der Gestapo gelungen war, tief in das Organisationsgefüge der kommunistischen und sozialistischen Arbeiterbewegung einzudringen. Darüber hinaus wurden mehrere zehntausend politische Gegner, aber auch Schriftsteller, Publizisten und bildende Künstler in die Emigration getrieben.

Bekämpfung der Kirchen und Religionsgemeinschaften

Mit zunehmender Festigung des Regimes wandten sich die Verfolgungsorgane jenen Bevölkerungsgruppen zu, die sich dem totalen Verfügungsanspruch der NS-Bewegung aus religiös-weltanschaulichen Gründen oder aufgrund ihrer Verwurzelung in traditionellen gesellschaftlichen Milieus zumindest in wichtigen Teilbereichen verweigerten. *Katholiken*, die mit dem früheren Zentrum, der BVP oder dem katholischen Verbandswesen in Verbindung gebracht werden konnten, bewußte Anhänger der *Evangelischen Bekennenden Kirche, Zeugen Jehovas*, die durch ihre kompromißlos pazifistische Einstellung auffielen, aber auch Mitglieder *alternativer Jugendcliquen* wurden argwöhnisch beobachtet und in zahllosen Fällen belangt. Vermutlich ein Drittel der 25 000 – 30 000 Zeugen Jehovas war während des Dritten Reiches inhaftiert, 2000 davon in KZs. Die Zahl der Todesfälle wird auf 1200 geschätzt, darunter 250 Hinrichtungen wegen Kriegsdienstverweigerung.

Verfolgung aus rassischen Gründen

Neben den Terror aus politisch-weltanschaulichen Gründen trat seit 1933 die *rassenideologisch motivierte Verfolgung* sogen. Erbkranker sowie der Juden und anderer stigmatisierter Bevölkerungsgruppen wie der Zigeuner, Sorben und Kaschuben, der „Rheinlandbastarde" und Homosexuellen und, namentlich im Krieg, der psychisch Kranken und geistig Behinderten. Ihre Verfolgung resultierte aus dem hochideologisierten „sozialhygienischen" Anspruch, die „Volksgemeinschaft" von „minderwertigen", „rassenfremden" oder „erbkranken" Elementen zu „säubern". Die Einbeziehung von „Asozialen", „Gewohnheitsverbrechern" und „Gemeinschaftsfremden" in den Kreis der aus rassischen Gründen Verfolgten zeigt indes, daß dem Rassebegriff auch eine sozi-

aldisziplinierende Funktion zukommen konnte, insofern er zur Bekämpfung gesellschaftlichen „Andersseins" schlechthin diente.

Hier
wie dort war er Ausdruck unerbittlicher Entschlossenheit, eine von
Rassekriterien wie angepaßtem Sozialverhalten gleichermaßen bestimmte uniforme „Volksgemeinschaft" mit den Mitteln des terroristischen Maßnahmenstaates zu erzwingen.

Im Unterschied zum jüdischen „Rassenfeind" wurden die *Homo-*   Homosexuelle
sexuellen als Teil der „arischen" Herrenrasse zwar auch verfolgt und
mißhandelt, doch ging es Himmler vor allem um die Ausrottung der
Homosexualität. Umerziehung und Rückführung in die „Volksgemeinschaft" galten prinzipiell als möglich. Ein unverkennbar schärferes
Vorgehen nach Kriegsbeginn, das zu zahlreichen KZ-Einweisungen
führte, dürfte der allgemeinen Radikalisierung geschuldet sein. Über
die Verbindung von Straftat und (vermeintlich) erblicher Vorbelastung
wurden „*Gewohnheitsverbrecher*" und völlig willkürlich definierte   „Gewohnheits-
„*Asoziale*" in den Kreis der „Ausmerzepolitik" hineingezogen. Die   verbrecher" und
Zentralisierung der polizeilichen Kompetenzen in der Hand Himmlers   „Asoziale"
führte auch hier zu härterem Durchgreifen, wie mehrere reichsweite
Verhaftungsaktionen deutlich machen.

Erste *rassenhygienische* Maßnahmen waren bereits frühzeitig
auf normenstaatlichem Wege erfolgt. So führte das „Gesetz zur Verhütung erbkranken Nachwuchses" vom 14. Juli 1933, erweitert durch das
erste Änderungsgesetz vom 26. Juni 1935, zu ca. 360 000 Zwangssteri-   Zwangssterilisie-
lisierungen, die jeweils von ärztlich dominierten „Erbgesundheitsge-   rungen
richten" verfügt wurden. Hiervon waren auch zahlreiche „Asoziale"
und „Gewohnheitsverbrecher" betroffen. Das „Erbgesundheitsgesetz"
vom 18. Oktober 1935 verbot zudem Eheschließungen, wenn bestimmte Krankheiten vorlagen.

Wie sich zeigte, war der Übergang zur Vernichtung sogenannten
„lebensunwerten Lebens" fließend, auch wenn sie in großem Umfang
erst unter dem Deckmantel des Krieges erfolgte. Nach der eher unauf-
fälligen Tötung von mindestens 5000 behinderten Kleinkindern durch
Nahrungsentzug oder medikamentöse Behandlung wurden 1940/41 in
der „Aktion T 4" mit personeller und materieller Unterstützung durch
die SS über 70 000 psychisch Kranke und geistig Behinderte vergast.   „Euthanasie"-
Dieser Massenmord wurde verharmlosend als „*Euthanasie*" umschrie-   Morde
ben; er erfolgte auf eine schriftliche Anweisung Hitlers, die, kaum zu-
fällig, auf den Tag des Kriegsbeginns zurückdatiert war. Da die Morde
trotz größter Geheimhaltung zu erheblicher Unruhe in der Bevölkerung
und scharfen kirchlichen Protesten (Bischof von Galen u. a.) führten,
wurde die Aktion im August 1941 eingeschränkt. Die „Sonderbehand-

lungen" gingen jedoch auf weniger spektakuläre Weise weiter, vor allem im besetzten Osten. Die Gesamtzahl der Opfer wird auf 100 000 geschätzt. Auch das „T 4"-Personal kam weiter zum Einsatz. Die Euthanasie-Morde sind somit eine „Vorstufe zur ‚Endlösung der Judenfrage'" [446: H.-W. SCHMUHL, Rassenhygiene, 364].

*

Hitlers Judenhaß

Die *Juden* waren für Hitler der Feind schlechthin. Gleichwohl standen die ersten Jahre der Judenverfolgung eher im Zeichen einer unsystematischen Abfolge von Maßnahmen, bei denen sich gelenkte Pogrome mit schrittweise erfolgender Entrechtung, Ausplünderung und Verdrängung auf dem Verordnungs- und Gesetzgebungsweg verbanden. Nach dem reichsweiten Boykott vom 1. April 1933, der wegen negativer Wirkung im Ausland abgebrochen wurde, sorgten die „Nürnberger Gesetze" vom 15. September 1935, das sogenannte „Reichsbürger-" und das „Blutschutzgesetz", für neues Aufsehen. Sie bedeuteten in gewisser Hinsicht zwar eine Kodifizierung behördlicher Willkür, nahmen den Juden aber ihre bürgerlichen Rechte und verboten ihnen Eheschließungen mit „Staatsangehörigen deutschen oder artverwandten Blutes". Die „Verordnung zur Ausschaltung der Juden aus dem deutschen Wirtschaftsleben" vom 12. November 1938, die besondere Kennzeichnung ihrer Pässe (5. Oktober 1938), die Vornamen-Regelung (17. August 1938) oder schließlich die Polizeiverordnung über das Tragen des Judensterns in der Öffentlichkeit (1. September 1941) waren weitere Schritte einer immer stärker greifenden gesellschaftlichen Stigmatisierung. Eine lineare, zwangsläufig auf den späteren Völkermord zulaufende Entwicklung ist gleichwohl nicht zu erkennen.

Stufen der Entrechtung

Die Pogromnacht 1938

Im Herbst 1938 kündigte sich indes mit der Pogromnacht des 9./10. November eine bedrohliche Verschärfung der judenfeindlichen Maßnahmen an. In ihrem Verlauf wurden nahe an 100 jüdische Deutsche ermordet, über 26 000 Männer in Konzentrationslager verschleppt, Hunderte von Synagogen in Brand gesetzt und Tausende von Geschäften und Wohnungen geplündert und zerstört. Mit allen Mitteln sollten die Juden aus Deutschland hinausgedrängt werden. Immerhin 320 000 der ursprünglich 500 000 deutschen Juden wurden auf diese Weise vertrieben, ehe eine Geheimverfügung vom 23. Oktober 1941 die weitere Auswanderung „für die Dauer des Krieges" verbot, da inzwischen der Entschluß zur Ermordung aller im deutschen Einflußbereich lebenden Juden getroffen worden war.

Ungeachtet von Hitlers Drohung vom 30. Januar 1939, ein künftiger Krieg werde die „Vernichtung der jüdischen Rasse in Europa" bringen, dürfte die Entscheidung für den Genozid erst im Frühsommer 1941 gefallen sein, in zeitlicher Nähe zum Überfall auf die Sowjetunion, als Hitler glauben mochte, seine zentralen Ziele – Eroberung von „Lebensraum" im Osten, Vernichtung des Bolschewismus und „Gesamtlösung der Judenfrage" – auf einmal erreichen zu können; ein schriftlicher Mordbefehl liegt jedoch nicht vor (vgl. hierzu unten, 66–71). Man wird die Entschlußbildung daher nicht einem seit langem bestehenden „Programm", sondern eher der inneren Logik eines Prozesses von kumulativer Radikalisierung zuschreiben, der aus Hitlers Vernichtungswahn wie aus der ideologischen Verbohrtheit, Beflissenheit und Kompetenzgier seiner Umgebung zu erklären ist. Die Verantwortlichen zeigten sich bei der Realisierung ihres Vorhabens trotz der ungeheuren organisatorischen Probleme und dem enormen Bedarf an Arbeitskräften in der Rüstungswirtschaft keinerlei „rationalen", geschweige denn humanitären Einwänden zugänglich, vielmehr beschleunigte die sich abzeichnende militärische Niederlage nur noch die Vernichtungsaktion.

Der Entschluß zur Ermordung der Juden

Mit dem Entschluß zur systematischen Ausrottung der Juden war die Grundsatzentscheidung verbunden, die Massenmorde außerhalb des Gesichtskreises der deutschen Bevölkerung durchzuführen, und zwar zumeist in speziellen Vernichtungslagern im besetzten Osten wie Chelmno, Sobibor, Belzec, Treblinka, Majdanek und Auschwitz, mit deren Errichtung im Herbst 1941 begonnen wurde. Die sogenannte Wannsee-Konferenz vom 20. Januar 1942 regelte lediglich noch die Mitwirkung wichtiger Reichs- und Parteibehörden. Die für die NS-Herrschaft so charakteristischen Rivalitäten und Kompetenzkonflikte blieben zwar auch beim Vollzug der „Endlösung" nicht aus, doch liefen alle entscheidenden Befehlsstränge bei Himmler zusammen. Mit nahezu 6 Millionen Opfern übersteigt die Bilanz dieses Völkermordes jedes Vorstellungsvermögen.

Die Durchführung des Massenmordes

*

Bevor die Todesfabriken zu arbeiten begannen, waren spezielle Einsatzgruppen der Sicherheitspolizei und des SD damit beauftragt, die eroberten Gebiete des Ostens von all jenen Bevölkerungsschichten zu „säubern", die den rassischen Neuordnungsvorstellungen Himmlers nicht entsprachen oder einer dauerhaften Etablierung der deutschen Vorherrschaft hätten gefährlich werden können. Eine weitere Steigerung erreichte der „Rassenkrieg" mit dem Einfall in die Sowjetunion, in dessen Verlauf die vier Einsatzgruppen mehr als eine halbe Million Menschen ermordeten. Der sogenannte Kommissarbefehl des OKW

„Rassenkrieg" im Osten

vom 6. Juni 1941 ordnete die sofortige Erschießung aller politischen Kommissare der Roten Armee an. Auch waren mit Führererlaß vom 13. Mai 1941 vorsorglich die Kriegsgerichtsbarkeit ausgeschaltet und Straffreiheit für gesetzwidrige Übergriffe gegen die russische Bevölkerung dekretiert worden.

Himmler, durch geheimen Führererlaß vom 7. Oktober 1939 zum „Reichskommissar für die Festigung des deutschen Volkstums" ernannt, setzte ein riesiges Kolonisierungs- und Germanisierungsprogramm in Gang, in dessen Verlauf rund 720 000 Reichs- und Volksdeutsche umgesiedelt und ca. 360 000 Polen und gegen 500 000 Juden deportiert wurden. In Ermangelung eines eigenen Exekutivapparates vor Ort bediente sich Himmler dabei der unterschiedlichsten Behörden und Parteidienststellen. Gleichzeitig wurde ein Millionenheer sowjetischer Kriegsgefangener und russischer und polnischer Zwangsarbeiter ins Reich verbracht, die dort in die alleinige Zuständigkeit Himmlers und seines Verfolgungsapparates gegeben waren. In einem „Generalplan Ost" vorgesehene Bevölkerungsumwälzungen von noch monströserem Ausmaß kamen infolge des Kriegsverlaufs nicht mehr zustande.

Auch die *Zigeuner* wurden nach Kriegsbeginn ein bevorzugtes Objekt der Verfolgung. Das Regime war schon 1937/38 mit Zwangssterilisierungen und massenhaften Einweisungen in Konzentrationslager gegen sie vorgegangen. Während des Krieges sank die Hemmschwelle namentlich in den eroberten Ostgebieten weiter. Nach vorliegenden Schätzungen wurden mehrere Hunderttausend Zigeuner vergast.

Anders als die Euthanasie-Morde löste die Verfolgung der Juden (und Zigeuner) keine allgemeine Unruhe in der deutschen Bevölkerung aus. Freilich blieben Tatsache, Ausmaß und Einzelheiten der „Endlösung" auch weitgehend unbekannt. Auch kam die Masse der Opfer nicht aus dem Gesichtskreis der Deutschen. Dennoch spielten sich die Deportationen vor aller Augen ab, und zahlreiche Fronturlauber müssen von Massenerschießungen oder anderen Verbrechen gewußt haben. So fehlte es nicht an Ahnungen und Gerüchten, doch besaßen nur wenige den Mut, den Geschehnissen fern im Osten nachzuspüren. Ohnehin waren die Juden so total und nachhaltig aus der deutschen Gesellschaft ausgegrenzt, daß sie des Schutzes einer Solidargemeinschaft entbehrten. Und neben der Abstumpfung durch die psychischen und physischen Belastungen des Krieges sorgte ein allgegenwärtiger Terror des Regimes für angepaßtes Wohlverhalten. „Auschwitz", so scheint es, wurde erst wahrgenommen, als der Krieg zu Ende war.

Himmlers Germanisierungsprogramm

Die Verfolgung der Zigeuner

„Endlösung" und deutsche Bevölkerung

4. Mobilisierung der Gesellschaft

So bedeutsam Zwang und Terror für den Erhalt der NS-Herrschaft waren, beruhte Hitlers Macht bis in die Kriegsjahre hinein doch vor allem auf der Zustimmung der meisten Deutschen, trotz aller Vorbehalte, die bestimmten NS-Führern oder Aktionen des Regimes entgegengebracht wurden. Diesen weitgehenden Konsens zu erhalten und den Gleichklang von „Führer" und Geführten stets von neuem unter Beweis zu stellen, war die zentrale Aufgabe der nationalsozialistischen *Propaganda* und ihres Konzeptes von „Lockung und Zwang" [248: A. KRA-NIG]. *Aufgabe und Institutionalisierung der Propaganda*

Schon in „Mein Kampf" hatte Hitler sich ausführlich über die Notwendigkeit der Massenbeeinflussung verbreitet. Dem entsprachen rasche, zielstrebige Maßnahmen nach der Übernahme der Regierung. Nachdem der unmittelbar einsetzende Wahlkampf durch Indienstnahme des Rundfunks und Verbote zahlreicher Zeitungen bereits einen Vorgeschmack künftiger Monopolisierung der Meinungen gegeben hatte, schuf die Neugründung des Ministeriums für Volksaufklärung und Propaganda unter Joseph Goebbels (13. März 1933) den institutionellen Rahmen für die angestrebte totale weltanschauliche Erfassung und Beeinflussung der Deutschen. Goebbels' Bemühungen zielten auf die Instrumentalisierung des gesamten Kulturbetriebs im Sinne der Machthaber.

Die mit Gesetz vom 22. September 1933 ins Leben gerufene *Reichskulturkammer* war mit ihren sieben Einzelkammern für die Bereiche Bildende Künste, Film, Musik, Presse, Rundfunk, Schrifttum und Theater ein Zwangskartell für alle Angehörigen kultureller Berufe; die Versagung oder Aberkennung der Mitgliedschaft kam einem „Berufsverbot" gleich. Das Schriftleitergesetz vom 4. Oktober 1933 regelte ergänzend die Ausbildung und Zulassung zu den *Presse*berufen und machte die „Schriftleiter" dem Staat verantwortlich. *Reichskulturkammer*

Von dieser institutionell-berufsständischen sind eine ökonomisch-verlegerische sowie eine inhaltliche Ebene der Presselenkung zu unterscheiden. Die wirtschaftlichen Lenkungsmaßnahmen bestanden vor allem in dem Versuch, die Besitzstrukturen des deutschen Pressewesens schrittweise umzugestalten. Initiator und treibende Kraft war Max Amann, Direktor des parteieigenen Franz-Eher-Verlages, der seine Ämterkumulation als NS-Reichsleiter, Vorsitzender des Verlegerverbandes und Präsident der Reichspressekammer skrupellos ausnutzte. Am Ende des Dritten Reiches besaß der Eher-Konzern einen Marktan- *Wirtschaftliche Presselenkung* teil von 82,5% der Gesamtauflage aller deutschen Tageszeitungen. Von den ca. 3400 Zeitungen des Jahres 1933 erschienen 1944/45 lediglich noch etwa 975, die meisten bekannten Organe und zahllose Provinz- oder (ehemals) konfessionelle Blätter waren vom Markt verschwunden.

Inhaltliche Presse-
lenkung

Diesem Konzentrationsprozeß korrespondierte auf einer inhaltlichen Lenkungsebene die weitgehend regimekonforme Ausrichtung des Pressewesens. Sie bestand weniger in einer rigorosen Zensur- und Verbotspraxis, der allerdings im Frühjahr 1933 die kommunistische und sozialdemokratische, seit der Jahresmitte 1933 schrittweise die (ehemalige) Zentrumspresse zum Opfer gefallen waren, als vielmehr in der Monopolisierung des Zugangs zu den Nachrichten und in verbindlichen „Sprachregelungen" und Anweisungen durch das Propagandaministerium. Diese verdeckt-indirekte Form der Medienlenkung führte zu unübersehbarer Uniformierung der Inhalte und erheblichem Rückgang der Gesamtauflagenhöhe.

Kompetenz-
konflikte in der
Presselenkung

Im übrigen zeigen sich die für das NS-Regime charakteristischen Kompetenzkonflikte auch im Bereich der Presselenkung. So gab es ständige Rivalitäten zwischen Goebbels und dem Reichspressechef der NSDAP Otto Dietrich, der seit 1937 zugleich als Pressechef der Reichsregierung und Staatssekretär im Propagandaministerium amtierte. Goebbels lag aber auch mit Max Amann, – der seinerseits gleichfalls in Querelen mit Dietrich verstrickt war –, mit dem Parteiideologen Alfred Rosenberg, mit lokalen oder regionalen Parteiinstanzen sowie seit 1938 mit dem Auswärtigen Amt unter Ribbentrop, das den Bereich der Auslandspropaganda eigenständig ausbaute, in einem Dauerstreit um Zuständigkeiten und Einfluß.

Der Rundfunk als
Propaganda-
instrument

Neben der Presse wurde der *Rundfunk* mit seinen Möglichkeiten der Übermittlung aktueller Informationen zum bevorzugten Propagandamittel des Regimes. Der Zugriff war durch die extrem staatsnahe Organisation dieses Mediums erleichtert. Noch im März 1933 übernahm Goebbels die Kompetenzen für Personalpolitik und Programmkontrolle, blieb aber darauf bedacht, nicht durch übermäßige Politisierung der Sendungen Langeweile aufkommen zu lassen. Sowohl im Rundfunk als auch bei der Filmproduktion wurde daher den Unterhaltungsbedürfnissen der Bevölkerung Rechnung getragen. Seinem Ziel einer flächendeckenden Verbreitung des neuen Mediums kam Goebbels namentlich mit dem billigen „Volksempfänger VE 301" ein gutes Stück näher. Nach nur 25% Ende 1933 waren bei Kriegsbeginn ungefähr 75% der deutschen Haushalte über ein eigenes Rundfunkgerät erreichbar.

Nach frühen „Arisierungsmaßnahmen" gingen die wichtigsten *Film*gesellschaften 1937 in den Besitz des Reiches über. 1942 wurde die gesamte Filmproduktion auf Weisung des Propagandaministeriums in der „Ufa-Film GmbH" monopolisiert. Angesichts der enormen Bedeutung, die der Film für die Unterhaltung der Massen gewann, fällt eine unverkennbare Zurückhaltung des Regimes auf: Zwar wurden zahlreiche propagandistische, politische und auch hetzerische Filme gedreht, doch dominierten, nicht zuletzt seit dem Kriegswinter 1941/42, unpolitische, die Stimmung aufheiternde Themen. Immerhin war die gelenkte Berichterstattung in den Wochenschauen seit 1938 Pflichtprogramm bei allen Aufführungen. *Die Rolle des Films*

*

In ihrem Anspruch war die nationalsozialistische Propaganda durch die Ambivalenz von Sympathiewerbung und sozialer Kontrolle gekennzeichnet. Sie suchte einerseits auf (möglichst) uneingeschränkte Zustimmung der Bevölkerung hinzuwirken, andererseits durch versteckte oder direkte Androhung von Gewalt das gewünschte Verhalten zu erzwingen. Das geschah im Zeichen eines unablässig beschworenen Ideals von „Volksgemeinschaft", mit dessen Hilfe gesellschaftliche Verkrustungen und wirtschaftliche Not überwunden werden sollten. Spezielle Aktionen zielten auf die Ausgrenzung „Gemeinschaftsfremder" oder auf die Diffamierung mißliebiger Bevölkerungsgruppen oder Institutionen, die sich nicht-nationalsozialistischen Loyalitäten verpflichtet fühlten. Während des Krieges überwogen Parolen, die an der jeweils gegebenen Kriegslage bzw. vorherrschenden Stimmung ausgerichtet waren und das Vertrauen in den „Endsieg" zu stärken suchten. *Propaganda und „Volksgemeinschaft"*

Zu den unbezweifelbaren Erfolgen der Propaganda in der Vorkriegszeit zählt die Stilisierung Hitlers zu einer den Grabenkämpfen und oftmals brutalen Realitäten seines Regimes entrückten Führergestalt, die dank einer ebenso risikofreudigen wie erfolgreichen (Außen-) Politik eine beispiellose Popularität in der Bevölkerung genoß. Trotz eines unverkennbaren Stimmungseinbruchs 1942/43 wirkte dieser Führer-Mythos bis in die letzten Kriegsmonate hinein als entscheidender Integrationsfaktor. In anderen Fällen stieß die Wirkung der Propaganda an klar erkennbare Grenzen. Beispiele hierfür sind der politische Witz, die verbreitete Abneigung gegen das „Bonzentum" zahlloser NS-Führer oder fehlgeschlagene Verleumdungsfeldzüge gegen die Kirchen, die nur ein im Kirchenvolk ohnehin vorhandenes Mißtrauen gegen die Partei verstärkten. Bezeichnend ist auch, daß alle antisemitische Propa- *Inszenierung des Führer-Mythos* ganda es nicht vermochte, die Hemmschwelle gegen tätliche Übergriffe auf Juden zu überwinden, und daß 1938/39 trotz jahrelanger psychologischer Kriegsvorbereitung in der Bevölkerung Kriegsangst und Friedenswille vorherrschten.

*

Über die systematische Indienstnahme aller Massenkommunikationsmittel hinaus läßt die Omnipräsenz nationalsozialistischer Parolen in Öffentlichkeit und Alltagswelt auch den totalitären weltanschaulichen Formungsanspruch eines Regimes erkennen, das sich als quasi-religiöse *Heilsbewegung* verstand. Das zeigt sich bereits im *Hitler-Gruß* oder im Bestreben nach permanenter Emotionalisierung der Massen durch Feiern, Versammlungen und Aufmärsche, die ein hohes Maß an inszenatorischer Perfektion erreichten und ihren Höhepunkt bei den jährlichen Nürnberger Reichsparteitagen und der nachgerade kultischen Zelebrierung des 9. November in München fanden. Mit ihrem auffälligen Rückgriff auf liturgische Elemente und der Herausstellung Hitlers als des „Erlösers" und „Retters" der Nation zielten sie unverkennbar auf eine „Sakralisierung der Führerherrschaft" [H. G. Hok-KERTS, Mythos, Kult und Feste, in 317: München – „Hauptstadt der Bewegung", 331–341, Zitat 332], welch letztere dazu bestimmt schien, das die Moderne kennzeichnende Auseinanderfallen von politischer Welt*gestaltung* und religiöser Welt*deutung* in einer neuen Synthese zu überwinden.

Nationalsozialismus als Religion

*

Der emotionalen Beeinflussung der Massen korrespondierte ein ebenso umfassender Erziehungsanspruch, der auf den „neuen", „nationalsozialistischer Staatsauffassung" verpflichteten Menschen zielte. Im Blick auf die dauerhafte Etablierung seines Regimes hielt Hitler in einer Rede vom 6. Juli 1933 diese „innere Erziehung" sogar für wichtiger als den äußeren Akt der „Machtübernahme" [zit. nach 10: W. MICHALKA, Deutsche Geschichte 1933–1945, 32]. Die Erfassung der *Jugend* war hierfür von entscheidender Bedeutung.

Nationalsozialistischer Erziehungsanspruch

Das zeichnete sich bereits in den Monaten der „Gleichschaltung" ab, als Baldur von Schirach, am 17. Juni 1933 zum „Jugendführer des Deutschen Reiches" ernannt, mit allen ihm zu Gebote stehenden Mitteln auf die Zerschlagung noch bestehender (konfessioneller) Jugendverbände drängte. Mit dem Gesetz über die *Hitlerjugend* vom 1. Dezember 1936 und der ergänzenden Jugenddienstverordnung vom 25. März 1939 wurde die HJ, die bis dahin nur ca. 60% der Jugendli-

Erfassung der Jugend

chen erfaßt hatte, zur Pflichtorganisation für die gesamte männliche und weibliche Jugend, wobei die 10–14jährigen im Deutschen Jungvolk bzw. Jungmädelbund, die 14–18jährigen in der Hitlerjugend (HJ) bzw. im Bund Deutscher Mädel (BDM) zusammengefaßt wurden.

Mit der Devise „Jugend soll von Jugend geführt werden" formulierte die HJ-Führung in bewußter Anknüpfung an Ideale und Lebensformen der Jugendbewegung (Gemeinschaftssinn, Gefolgschaftstreue, eigenständige Freizeitaktivitäten) ein scheinbar modernes und populäres Erziehungsziel; sie uniformierte und politisierte aber die vorhandene Meinungs- und Ausdrucksvielfalt und instrumentalisierte sie im Sinne der Ideologie der „Volksgemeinschaft". Oberste Leitlinie der Erziehung der Jungen war die „Wehrertüchtigung", während die Mädchen auf ihre künftigen Aufgaben als „Gefährtin und Mutter" vorbereitet werden sollten. Während des Krieges wurden die HJ-Angehörigen in „Wehrertüchtigungslagern" vormilitärisch ausgebildet, vielfach zu Arbeitseinsätzen oder Hilfsdiensten an der „Heimatfront" eingesetzt oder schließlich klassenweise zur Bedienung von Flugabwehrkanonen eingezogen. *Aktivitäten der HJ*

Es blieb nicht aus, daß der zeitraubende HJ-Dienst mit wachsender weltanschaulicher Indoktrinierung in Konkurrenz zu Erziehungsansprüchen von Elternhaus, Schule und Kirche trat, aber auch solche Jugendlichen abstieß, die sich – bei aller Identifizierungsbereitschaft – durch ein Übermaß an Beeinflussung, Gängelei oder Drill abgestoßen fühlten. Die „totale" Erfassung und ideologische Sozialisation stieß namentlich dort an Grenzen, wo (Zwangs-)Mitglieder aus politisch oder konfessionell resistenten gesellschaftlichen Milieus stammten und sich ein entsprechendes Maß an Beharrungsvermögen bewahrt hatten. *Grenzen der HJ-Erfassung*

Nach dem Ende ihrer Mitgliedschaft bei der HJ hatten die männlichen Jugendlichen zwischen 18 und 25 Jahren seit dem 26. Juni 1935 einen halbjährigen *Arbeitsdienst* im Rahmen des staatlichen *Reichsarbeitsdienstes* abzuleisten, auch dies eine Pflichtorganisation, die neben der Durchführung gemeinnütziger Arbeiten zu ideologischer Beeinflussung und vormilitärischer Ausbildung bestimmt war. (Seit 1939 gab es auch ein soziales Pflichtjahr für Frauen.) Auf den Arbeitsdienst folgte mit Wiedereinführung der allgemeinen Wehrpflicht am 16. März 1935 der zunächst ein-, seit dem 24. August 1936 zweijährige *Wehrdienst*, der die Vereinnahmung und Militarisierung der männlichen Jugend, zumindest dem organisatorischen Anspruch nach, komplettierte. *Reichsarbeits- und Wehrdienst*

*

Schulen im Dritten
Reich

Der nationalsozialistische Zugriff auf die allgemeinbildenden *Schulen* schlug sich vor allem in der ideologischen Überformung solcher Fächer nieder, die wie Geschichte, Deutsch oder Biologie als weltanschaulich relevant galten und um Rassen- und Vererbungslehre erweitert wurden. Ein Feld ständiger Auseinandersetzungen war der Religionsunterricht, zumal das Regime hier den Einfluß der Kirchen auszuschalten suchte. Auch die Entfernung der Kreuze aus den Schulen – gegen die es im oldenburgischen Münsterland und in Bayern zu spektakulären Unmutsbezeugungen kam –, die Umwandlung konfessioneller Volks- in nationalsozialistische Deutsche Schulen sowie die Auflösung der Schulen in freier Trägerschaft hatten eine dezidiert weltanschauliche Stoßrichtung.

Probleme beim
Umbau des Schul-
wesens

In der einheitlichen weltanschaulichen „Ausrichtung" der Lehrerschaft tat sich der Nationalsozialistische Lehrerbund (NSLB) hervor, der wiederholt zu spektakulären Aktionen aufrief. Aber ungeachtet der Einführung neuer Lehrpläne (seit 1937) kann von einem grundlegenden Umbau des Schulwesens keine Rede sein. Er scheiterte schon an der mangelnden Durchsetzungskraft von Reichserziehungsminister Rust, der sich konkurrierender Einflüsse seitens der HJ-Führung, der DAF, der SS und anderer nicht erwehren konnte. Die Eingriffe des Regimes in den Schulbereich wirkten sich vor allem störend aus. Umwälzender waren die Auswirkungen des (Bomben-)Krieges und der Einsatz der Schulpflichtigen für militärische und andere Aufgaben.

Nationalsozialisti-
sche Auslese-
schulen

Deutlicher als beim allgemeinbildenden Schulwesen kamen nationalsozialistische Erziehungs- und Elitevorstellungen im Aufbau politischer Ausleseschulen zum Ausdruck, die der Ausbildung künftiger Führungskader dienen sollten. Allerdings blieben die in Konkurrenz von Staat (Nationalpolitische Erziehungsanstalten) und Partei (Adolf-Hitler-Schulen) geschaffenen neuen Bildungseinrichtungen sowie die von der DAF unterhaltenen Ordensburgen und die SS-eigenen Junkerschulen in Zahl wie Wirkung begrenzt. Der Aufbau eines genuin nationalsozialistischen Erziehungssystems gelangte über Ansätze nicht hinaus.

*

Gleichschaltung der
Universitäten

Im Bereich der *Hochschulen* und *Universitäten* führte die „Machtergreifung" der Nationalsozialisten zur Entlassung von schließlich einem Drittel der deutschen Wissenschaftler; über 1200 mußten aufgrund des „Berufsbeamtengesetzes" vom 7. April 1933 aus rassischen oder politischen Gründen ihren Dienst quittieren, ein beispielloser Aderlaß an intellektueller Kapazität. Wer blieb, ohne Nationalsozialist zu sein, suchte nicht unliebsam aufzufallen, sofern er nicht zu den Opportunisten oder jenen zählte, die von der „nationalen Revolution" eine Überwindung der „deutschen Geisteskrise" erwarteten oder Aktivitäten im Sinne einer Selbstgleichschaltung unterstützten. Immerhin hatte der Vorstand der Deutschen Hochschulen am 22. April 1933 die neue politische Führung „mit Vertrauen und Begeisterung" begrüßt, wenige Wochen vor den von Goebbels organisierten Bücherverbrennungen (10. Mai 1933), die in zahlreichen Universitätsstädten stattfanden und lautstarke studentische Unterstützung fanden, namentlich aus dem Umfeld des NSDStB, der schon vor 1933 starken Zulauf zu verzeichnen hatte.

Das „Gesetz gegen die Überfüllung deutscher Schulen und Hochschulen" vom 25. April 1933 brachte eine rigorose Kapazitätsbegrenzung mit eindeutig antijüdischer Stoßrichtung. Die Zahlen der Studenten und Wissenschaftler gingen stark zurück, besonders auffällig bei den weiblichen Studierenden, und stiegen erst im Kriege wieder an. Die von Rust betriebene Hochschulpolitik brachte indessen keine umstürzenden Neuerungen; wie in anderen Bereichen des Bildungswesens folgten die Eingriffe und Maßnahmen des Regimes auch hier keinem systematischen Konzept. Die Einführung des Führerprinzips, die Förderung rassenbiologischer Pseudowissenschaften oder Bemühungen um die Begründung einer Deutschen Physik, Deutschen Mathematik, Kriegsgeographie u. dgl. waren allerdings Konzessionen an den Zeitgeist, die die traditionelle Unabhängigkeit der Lehre in Frage stellten.

Begrenzung des Universitätszugangs

*

Der weitere gesellschaftliche, ökonomische und kulturelle Rahmen des nationalsozialistischen Herrschaftsgefüges kann hier nur knapp gestreift werden; eine eingehende Erörterung bleibt anderen Bänden dieser Reihe vorbehalten. Im Bereich der *Wirtschaftspolitik* war jedenfalls nach halbherzigen Experimenten mit ständestaatlichen Organisationsformen rasch die Grundentscheidung für eine Beibehaltung der privatwirtschaftlich-kapitalistischen Wirtschaftsordnung gefallen. Hitler bedurfte des unternehmerischen Sachverstands nicht allein zur raschen Bekämpfung der Massenarbeitslosigkeit, sondern vor allem um seiner vorrangigen außen- und rassenpolitischen Ziele willen: der massiven Aufrüstung und der Erringung wirtschaftlicher Autarkie, während gleichzeitig ein angemessenes Versorgungsniveau der Bevölkerung aufrechterhalten werden sollte.

Bezüglich seines ehrgeizigen *Rüstungsprogramms* wußte Hitler

Nationalsozialismus und Wirtschaft

Priorität der
Aufrüstung

sich in (partieller) „Interessenidentität" [H.-E. VOLKMANN] mit wesentlichen Teilen der Großindustrie. Er köderte die Unternehmer aber auch mit der Zusicherung, daß soziale Verteilungskämpfe künftig von Staats wegen unterbunden werden würden. Tatsächlich ging mit Gesetz vom 19. Mai 1933 die *Tarifhoheit* an sog. „Treuhänder der Arbeit" über, weisungsgebundene Organe der Reichsregierung, die im Regelfall die unternehmerfreundliche Politik des Regimes unterstützten, freilich auch dafür Sorge zu tragen hatten, daß die angestrebte Integration der Arbeiterschaft nicht durch soziale Spannungen Schaden nahm.

Primat der Politik
über die Wirtschaft

Sondergewalten in
der Wirtschaft

Parallel hierzu sah sich die Wirtschaft unter rigorose politische Vorgaben gestellt, zunehmend starrer Lenkung von Produktion, Löhnen und Preisen unterworfen und überdies in das Korsett einer staatlichen *Arbeitsmarktverwaltung* gezwängt. Nicht der freie Unternehmer, sondern der „Wirtschaftsführer", halb Funktionär, halb privater Unternehmer, wurde typisch für die Verhältnisse im Dritten Reich. Als mit Erreichen der Vollbeschäftigung ein Zielkonflikt zwischen der Versorgung mit Konsumgütern und der ungebremsten Fortführung der Aufrüstung entstand und Hitler keine Prioritäten setzen wollte, bewegte sich die Wirtschaftspolitik rasch in Richtung einer „Kommandowirtschaft" [D. PETZINA]. Mit den Ernennungen Görings zum „Beauftragten für den Vierjahresplan" (1936), Fritz Todts zum „Generalbevollmächtigten für die Regelung der Bauwirtschaft" (1938) und „Reichsminister für Bewaffnung und Munition" (1940), in letzterem Amt 1942 von Albert Speer beerbt, sowie Fritz Sauckels zum „Generalbevollmächtigten für den Arbeitseinsatz" (1942) waren weitere führerunmittelbare Instanzen der Kontrolle und Lenkung geschaffen, allerdings auch die Keime zu neuen Rivalitäten gelegt. Ständige Kompetenzkämpfe und sich verschiebende Machtzentren und Zuständigkeiten kennzeichneten auch die Administration des Vierjahresplans. Zu den anhaltend chaotischen Entscheidungsabläufen trug erheblich bei, daß objektive Interessengegensätze aus ideologischen Gründen tabuisiert und „über die Transmissionsriemen des politischen Systems geleitet" wurden. Die innere Struktur der Wirtschaftslenkung war jedenfalls „nach den Kategorien bürokratischer Staatsverwaltung praktisch undefinierbar" [47: M. BROSZAT, Staat Hitlers, 242, 376].

*

Für Arbeitskämpfe herkömmlicher Art war im Denken der Nationalsozialisten kein Platz. Hitler selbst bot sich den Arbeitern als „ehrlicher Makler" an. Bezeichnenderweise wurden die aufgelösten Gewerkschaften nicht in die NSBO überführt, die von der NS-Führung „sozialrevolutionärer" Tendenzen verdächtigt und schrittweise ausgetrocknet wurde, sondern in die DAF. Deren Aufgabe war nicht mehr die Durchsetzung „gewerkschaftlicher" Ziele. Das „Gesetz zur Ordnung der nationalen Arbeit" vom 20. Januar 1934 ging noch einen Schritt weiter. Es beseitigte die überkommene Form der Sozialpartnerschaft, indem es das Führer-Gefolgschafts-Verhältnis auf die Betriebe übertrug. Die DAF verlor weitere Kompetenzen bei der Arbeitnehmermitbestimmung; sie entwickelte sich zu einem „wirtschaftsfriedlichen Harmonieverband" [A. KRANIG, in 46: Deutschland 1933–1945, 141], dem neben der kulturellen und sozialen Betreuung seiner Mitglieder deren politische Mobilisierung, weltanschauliche Beeinflussung und gesellschaftliche Kontrolle oblag. Als Einheitskartell aller „schaffenden Deutschen der Stirn und der Faust" (Verordnung vom 24. Oktober 1934) suchte sie neben der möglichst vollständigen Erfassung der Arbeiter und Angestellten auch Selbständige und Arbeitgeber zu organisieren.

    Zumindest dem äußeren Anschein nach war sie dabei unerhört erfolgreich: Mit Hilfe des angeeigneten Vermögens der Gewerkschaften, namentlich aber durch ihre über 20 Millionen Mitglieder und deren Zwangsbeiträge wuchs die DAF zu einem beachtlichen Finanzimperium heran. Sie besaß Zuständigkeiten in der Berufserziehung, im (sozialen) Wohnungsbau und im Siedlungswesen, im Versicherungs-, Bank- und Verlagsgeschäft, in der Freizeitorganisation „Kraft durch Freude" (KdF) und im KdF-Wagen-Werk. Allerdings trug Ley das ständige Drängen nach Erweiterung seiner Zuständigkeiten zermürbende Kompetenzkonflikte ein, ohne daß es gelungen wäre, das Potential der ihm unterstehenden Organisation voll zu nutzen. Sein später Aufstieg zum Reichswohnungskommissar (23. Oktober 1942) und Chef einer Obersten Reichsbehörde verhinderte nicht, daß Hitlers Ziel einer effektiven und unbürokratischen Aufgabenerfüllung im Bereich des Wohnungsbaus verfehlt wurde.

*

    Die allmähliche Behebung der Massenarbeitslosigkeit und die allgemeine Verbesserung der materiellen Situation, namentlich aber die neue soziale Sicherheit, die der NS-Staat bot, versöhnten große Teile der *Arbeitnehmerschaft* mit ihrer politischen Entmündigung und trugen zu ihrer Integration in die angestrebte „Volksgemeinschaft" bei. Flankierende *sozial- und wirtschaftspolitische Maßnahmen* wie Ehestandsdarlehen, staatlich kontrollierte Preise sowie ein verbessertes Angebot an Konsumgütern garantierten bei insgesamt niedrigem Lohnniveau akzeptable Lebenshaltungskosten. Darüber hinaus stellten die Schaf-

Marginalien:
Aufgaben der DAF

Umfang von Leys Aktivitäten

Integration der Arbeiterschaft

fung neuen Wohnraums, Unterstützungsleistungen der Nationalsozialistischen Volkswohlfahrt (NSV) oder Freizeitangebote im Rahmen der DAF, im August 1939 dann die Einführung von Bezugsscheinen für alle wichtigen Nahrungsmittel oder die nur „halbherzigen" Belastungen durch die Kriegswirtschaftsverordnung vom 4. September 1939 eine ausreichende Versorgung sicher und nahmen aufkommender Unzufriedenheit die Spitze.

Lohnpolitik

In der zweiten Hälfte der 30er Jahre sah das Regime sich angesichts anhaltender Tendenzen zu ungleichgewichtiger *Lohn*entwicklung mehrfach zur Verhängung eines allgemeinen Lohn- und *Preis*stopps genötigt, gelangte aber nicht zu einheitlich-planvoller Lohnpolitik. Die Lage war vielmehr „durch widersprüchliche, ‚despotische' ad-hoc-Eingriffe in die Entwicklung der Arbeitsverdienste" gekennzeichnet, die ihrerseits Folge konkurrierender Gruppen- und Herrschaftsinteressen waren [T. SIEGEL, in 258: Angst, Belohnung, Zucht und Ordnung, 132].

Mobilisierung von Arbeitskräften

Wenn dennoch bis in die letzte Kriegsphase hinein ein hinreichend stabiles *Versorgungsniveau* aufrechterhalten werden konnte, war dies einer drastischen Heraufsetzung der *Arbeitszeit* und ständiger Überforderung der Arbeiternehmer, in erster Linie aber einer rücksichtslosen Ausbeutung der eroberten Gebiete und dem Einsatz von nahezu 10 Millionen „*fremdvölkischen"* *Arbeitskräften*, Zwangsarbeitern und Kriegsgefangenen geschuldet, die unter großenteils unmenschlichen Bedingungen arbeiten mußten. Die Erschließung weiterer Potentiale aufgrund des Führererlasses vom 13. Januar 1943, durch Abziehung von Arbeitskräften aus Handwerk und Handel, Kürzung von Ausbildungszeiten oder den Einsatz von Schülern als Erntehelfer erfüllte die hochgesteckten Erwartungen nicht. Der in den Anfangsjahren des Dritten Reiches forcierte Rückzug der *Frauen* aus dem Berufsleben ließ sich trotz der besonderen Erfordernisse des Krieges nicht völlig rückgängig machen. Auch weitere Mobilisierungsversuche griffen ins Leere, doch scheiterte eine stärkere Heranziehung des verbliebenen Arbeitskräftepotentials auch an der Sorge, „hiermit den Durchhaltewillen der ‚Heimatfront' zu beeinträchtigen" [255: M.-L. RECKER, Sozialpolitik, 187].

Sozialpolitische ad hoc-Entscheidungen

Insgesamt blieben die sozialpolitischen Maßnahmen des Regimes einem „völkischen" Gemeinschaftsideal verpflichtet, das in Wirklichkeit nie erreicht wurde. Hier wie in anderen Bereichen der Politik erwuchsen aus oftmals kurzfristig getroffenen, an der jeweils aktuellen Stimmungslage orientierten Entscheidungen dauerhafte Provisorien, die auf eine Abhängigkeit konkurrierender Interessengruppen und

Machthaber von Staat und Partei hinausliefen. Je näher sie Hitler standen, desto größer war ihr Handlungsspielraum bei den unvermeidlichen Verteilungskonflikten. Ein umfassendes *Modernisierungskonzept* für die deutsche Gesellschaft ist ungeachtet aller egalisierenden, auf die Zerstörung traditioneller Sozialmilieus gerichteter Tendenzen nicht zu erkennen.

5. Kirchenkampf, Selbstbehauptung und Widerstand

Wie die gesamte Politik des Dritten Reiches, so war auch das Verhältnis des Nationalsozialismus zu den Kirchen von Hitlers universellem Rassismus und seinem totalitären Herrschaftsanspruch bestimmt, dessen „Vollzug" mit innerer Logik die Ausschaltung jeglicher weltanschaulichen Konkurrenten verlangte. Dies richtete sich nach der „Machtübernahme" vor allem gegen die Kirchen, die in ihrem organisatorischen Gefüge als einzige gesellschaftliche Großgruppen die „Gleichschaltung" überstanden hatten und unbeschadet ihrer grundsätzlichen staatspolitischen Loyalität einen eigenen Öffentlichkeitsanspruch aufrecht erhielten. Hitlers schon am 5. August 1933 in einer Geheimrede bekundete Absicht, „selbst eine Kirche [zu] werden" [J. GOEBBELS, Tagebücher, 7. Aug. 1933, in 18: E. FRÖHLICH I/2, 455], mußte ihn daher zum Todfeind des Christentums mit seiner „jüdischen Mitleidsmoral" werden lassen, sofern die Kirchen sich nicht bedingungslos unterwarfen; sein öffentlich wahrnehmbares Verhalten ließ dies jedoch zu keiner Zeit erkennen. Vielmehr gingen die meisten antikirchlichen Maßnahmen auf konkurrierende Bestrebungen der um Macht und Einfluß ringenden Führungszirkel zurück, wobei sich hinter den unkoordinierten und oftmals widersprüchlichen Maßnahmen eine generelle Tendenz zur Zurückdrängung allen kirchlichen Wirkens aus der Öffentlichkeit abzeichnete.

Aus wahltaktischen Gründen warb Hitler im Jahr der „Machtergreifung", aber auch mehrfach noch darüber hinaus um die Zustimmung der Kirchen, zu deren Mitgliedern 1933 immerhin 95,2% der Bevölkerung zählten. Das führte im deutschen Protestantismus zu unverkennbaren Wahlerfolgen, zumal die Nationalsozialisten seit 1932 mit den „Deutschen Christen" über eine innerkirchliche Hilfstruppe verfügten, der es um die Jahresmitte 1933, nach dem Zusammenschluß der 28 evangelischen Landeskirchen zur Deutschen Evangelischen Reichskirche, sogar gelang, eine Mehrheit in den meisten kirchenleitenden

Kirchen als weltanschauliche Konkurrenten

Hitlers Werben um die Kirchen

Gremien zu erringen, die Wahl von Hitlers Beauftragtem Ludwig Müller zum Reichsbischof durchzusetzen und den Arierparagraphen in das kirchliche Dienstrecht einzuführen.

Die Bildung der Bekennenden Kirche Damit war die „Bekenntnisfrage" aufgeworfen, und es formierte sich seit Herbst 1933 ein massiver, theologisch begründeter Widerspruch. Er nahm seinen Ausgang vom „Pfarrernotbund" des Dahlemer Pastors Martin Niemöller, dem innerhalb weniger Monate ein starkes Drittel aller amtierenden Geistlichen beitraten, und fand mit der Annahme des Barmer Bekenntnisses vom 29. Mai 1934 seine Organisationsform in der Evangelischen Bekennenden Kirche, die der deutschchristlichen Kirchenleitung den Gehorsam aufkündigte. Müllers Kirchenregiment brach daraufhin im Herbst 1934 zusammen.

Die von diesem innerprotestantischen „Kirchenkampf" ausgehende Unruhe veranlaßte Hitler zu einer Kursänderung. Hinter der Ernennung Kerrls zum Reichsminister „für die kirchlichen Angelegenheiten" (16. Juli 1935) stand die Absicht, die chaotischen Zustände mit Hilfe eines weitreichenden staatlichen Aufsichtsrechts zu bereinigen. Kerrls Ausgleichsbemühungen stießen jedoch sowohl auf innerkirchliche Vorbehalte als auch auf gegenläufige Absichten radikaler NS-Führer. Die Führung der Gestapo unter Himmler und Heydrich gab jedenfalls schon im Frühjahr 1935 mit einer spektakulären Verhaftungsaktion gegen 700 Pfarrer einen Vorgeschmack davon, wie sie sich die Lösung der Kirchenfrage vorstellte. Eine weitere Verschärfung kündigte sich 1937/38 mit der Verhaftung und KZ-Einweisung Pfarrer Niemöllers an.

Auf katholischer Seite war das Werben der NSDAP zu Beginn der 1930er Jahre auf eine weithin geschlossene weltanschauliche Ablehnungsfront gestoßen, die ihren Rückhalt im vielbeschriebenen „katholischen Milieu" fand und sich vor allem in der Stimmabgabe für die (katholischen) Parteien Zentrum und BVP niederschlug. Erst unter dem Eindruck von Hitlers kirchenpolitischen Zusicherungen zogen die Bischöfe am 28. März 1933 ihre allgemeinen Verbote und Warnungen vor dem Nationalsozialismus unter bestimmten Bedingungen zurück. Sie konnten damit nicht verhindern, daß auch die Organisationen und Parteien des politischen Katholizismus während der Folgemonate in den Sog von Umsturz und Gleichschaltung gezogen wurden, ehe das am 20. Juli 1933 unterzeichnete Reichskonkordat zwischen dem Hl. Stuhl und der deutschen Reichsregierung der Kirche scheinbar eine ungehinderte Fortexistenz garantierte.

Zwischen dem Vertragstext und dem Vollzug des Konkordats bestanden indes solch offenkundige Widersprüche, daß an der Absicht

Errichtung eines Reichskirchenministeriums

Der Katholizismus im Jahr 1933

des Regimes, jedweden kirchlichen Einfluß in der Öffentlichkeit zurückzudrängen, bald nicht mehr zu zweifeln war. Die Angriffe beschränkten sich nicht auf das katholische Verbands- und Pressewesen und die Konfessionsschulen, vielmehr versuchte das Regime auch mit Verleumdungskampagnen im Zuge von Devisen- und Sittlichkeitsprozessen (1935/37) gegen katholische Ordensangehörige und Priester das Ansehen der Kirche zu untergraben. Gleichzeitig forcierte die NSDAP ihre weltanschauliche Kampfansage und führte eine Kirchenaustrittskampagne, die sich gegen beide Kirchen richtete. Spätestens 1937 war für kirchliche Beobachter klar, daß das NS-Regime „grundsätzlich und definitiv die Vernichtung des Christentums" in Deutschland wollte und sein Vorgehen allein von taktischen Erwägungen abhängig war [1: Akten deutscher Bischöfe IV, 150 f.].

In der Tat brachten gerade die Kriegsjahre unter dem Vorwand „kriegsbedingter Notwendigkeiten" eine weitere bedrohliche Verschärfung der Situation: Die Reste der kirchlichen Presse wurden zerschlagen, zahlreiche administrative Verfügungen griffen bis tief in den seelsorglichen Bereich hinein, ein großangelegter Raubzug von Parteidienststellen führte zur Enteignung zahlloser kirchlicher Gebäude, die Euthanasiemorde stellten eine elementare Herausforderung der kirchlichen Heil- und Pflegeanstalten dar, und jedes öffentliche Wort der Kritik konnte als „Wehrkraftzersetzung" denunziert und mit schärfsten staatspolizeilichen Konsequenzen geahndet werden. ‑

So fallen auch die meisten KZ-Einweisungen und die Hinrichtungen von Geistlichen in die Kriegsjahre, desgleichen auch die weniger gravierenden Disziplinierungsmaßnahmen wie Verhöre, Predigtverbote, Geld- oder Haftstrafen und Ausweisungen, die gegen 36,3% des katholischen Klerus nachweisbar sind. Vergleichszahlen für den evangelischen Bereich liegen nicht vor. Außerhalb der Grenzen des „Altreiches", in Österreich zunächst und vor allem im nationalsozialistischen Mustergau „Warteland" gelang es Martin Bormann, unbehindert von Konkordaten und Kirchenverträgen seine Vorstellungen einer radikalen „Trennung von Staat und Kirche" durchzusetzen. Im Warthegau waren die Kirchen lediglich noch als private Kultvereine zugelassen und der Willkür des Regimes schutzlos ausgeliefert, die meisten kirchlichen Gebäude waren geschlossen, der Klerus dezimiert und drangsaliert. Ganz offenkundig liegt hier ein Modellversuch für Maßnahmen vor, wie sie nach einem „Endsieg" auch im Reich vorgesehen waren. Eine entsprechende Ankündigung Bormanns vom 6. Juni 1941 mußte auf Weisung Hitlers zwar zurückgezogen werden – doch lediglich aus taktischen Erwägungen. Am Ende des gleichen Jahres erklärte Hitler in

Weltanschauliche Kampfansage des Regimes

Verschärfung des Kirchenkampfes im Krieg

Letzte Ziele in der Kirchenfrage

den „Tischgesprächen" die Lösung des „Kirchenproblem[s] zu seiner
letzte[n] Lebensaufgabe" nach dem Krieg: „Erst dann wird die deutsche Nation ganz gesichert sein" [24: W. JOCHMANN, Monologe im
Führerhauptquartier, 150]. Daß bei dieser Gelegenheit auch alte Rech-
nungen beglichen werden würden, war weder der NS-Führung noch
bekannten Regimekritikern wie dem Münsteraner Bischof Clemens
August von Galen zweifelhaft. Nur der Zusammenbruch des Regimes
verhinderte die immer wieder verschobene Schlußabrechnung.

*

Ungeachtet aller vorherrschenden Zustimmung zu Hitler und seinem Regime hat es seit der Machtübernahme und auch auf dem Höhepunkt seiner Popularität deutliche Zeichen der Selbstbewahrung, des
Nonkonformismus, der offenen oder geheimen Opposition und der

**„Widerstand" –
begriffliche Vor-
überlegungen**

Konspiration gegeben, die gemeinhin als „Widerstand" bezeichnet
werden. In dieser weitgefaßten Wortbedeutung – deren Problematik im
„Forschungsteil" zu erörtern ist – umfaßt „Widerstand" eine breite
Skala dissentierender Verhaltensformen zwischen den Polen einer mehr
oder weniger risikolos bekundeten Unzufriedenheit bis zum Einsatz
des eigenen Lebens etwa durch Teilnahme an der Verschwörung des
20. Juli 1944. Allen möglichen Widerstandsformen waren jedoch fünf
Punkte gemeinsam: 1. richteten sie sich nicht, wie etwa im Falle der
französischen Résistance, gegen eine fremde Besatzungsmacht, sondern galten Zuständen im eigenen Land; sie stellten somit 2., und zwar
unabhängig von dahinter stehenden Interessen oder Motiven, eine jeweils auszulotende Begrenzung des nationalsozialistischen Totalitäts-
anspruchs dar; 3. waren sie mit einem gleichfalls im Einzelfall näher zu
bestimmendem Maß an „Anpassung" oder Mitwirkung im Dritten
Reich verbunden; 4. ist die „Qualität" des Widerstands nicht nur intentional, sondern auch nach den Reaktionen des Regimes zu bemessen,
das die Rahmenbedingungen für jedwedes Handeln setzte und somit
auch die „Definitionsmacht" [H. MOMMSEN] über „Widerstand" besaß;
und 5. sind alle widerständigen Äußerungen oder Handlungen in ihrem
jeweiligen sozialen Umfeld, ihren politischen, traditionalen oder religiösen „Milieus" aufzusuchen, da es eine einheitliche Widerstandsbewegung angesichts der Zersplitterung der deutschen Gesellschaft nicht
gegeben hat.

**Kommunistischer
Widerstand**

Die frühesten Regungen politischen Widerstands kamen von der
Linken, vor allem der KPD. Ihre Abwehrkraft war jedoch früh durch
die Inhaftierung und Terrorisierung ihrer Führungskader, Funktionäre
und Aktivisten geschwächt. Nach der Zerschlagung der Parteiorganisa-

tion gelang es der Gestapo immer wieder, Versuche des illegalen Neu-
aufbaus auszuspähen.

Angesichts der unverkennbaren außen-, sozial-
und wirtschaftspolitischen Erfolge des Regimes vermochten es auch
die Volksfront-Aktivitäten von Mitte der 30er Jahre an nicht, das kommunistische Widerstandspotential zu stärken. Die im Moskauer Exil lebenden KPD-Funktionäre ordneten ihre Aktionen ganz den politischen
Schachzügen Stalins unter; in erheblichem Maß wurden sie überdies
von dessen „Säuberungen" betroffen. Der Schock des Hitler-Stalin-
Pakts vom 23. August 1939 entzog den Kommunisten weitere Kräfte.
Von den übrigen Widerstandsgruppen waren sie weitgehend isoliert.

Den Regimegegnern aus der sozialdemokratischen und gewerk-
schaftlichen Arbeiterbewegung blieb ein ähnlich hoher Blutzoll er-
spart, vor allem weil sie nach den ersten Erfahrungen mit nationalsozialistischer Verfolgung rasch einsahen, daß die Bildung einer oppositionellen Massenbewegung unter den spezifischen Bedingungen des NS-
Terrors nicht möglich war. Sie beschränkten sich daher vor allem auf
die Pflege informeller Kontakte und praktischer Solidarität, für die das
sozialistisch geprägte Arbeitermilieu den Rückhalt bot. Durch solche
Verbindungen fanden Sozialdemokraten wie Theodor Haubach, Julius
Leber, Wilhelm Leuschner, Carlo Mierendorff oder Adolf Reichwein
später den Weg in die aktive Widerstandsbewegung. Der geflüchtete
Parteivorstand suchte aus dem Exil in Prag („Sopade"), Paris und London den Kontakt zu halten und durch seine „Grünen Berichte" inner-
wie außerhalb Deutschlands aufzuklären. Auch die Mitglieder der aufgelösten „bürgerlichen" Parteien oder der christlichen Arbeiterbewegung unternahmen keinen Versuch, ihre frühere Arbeit im Sinne einer
organisierten Widerstandstätigkeit illegal fortzuführen. Erst im Umfeld
des 20. Juli 1944 tauchen ihre früheren Anhänger in größerer Zahl wieder auf. Vielen boten die Kirchen ein geistiges oder auch materielles
Auffangnetz.

Überhaupt erwiesen sich die großen Volkskirchen – obwohl sie
aus tradierter Staatsloyalität den Gedanken an *politischen* Widerstand
verwarfen und den offenen Konflikt nicht suchten – für zahllose Menschen als Ort der weltanschaulichen Immunisierung und als Freiraum,
der trotz aller Drangsalierungen der nationalsozialistischen Gleichschaltung entzogen war. H. ROTHFELS hat daher 1948 gefragt, „ob die
Kirchen nicht dadurch, daß sie innerhalb ihres eigensten Bereiches sich
zur Wehr setzten, die Kräfte des Widerstands mit einem härteren Kern
und einer schärferen Schneide versahen, als irgendeine äußere Revolte
es hätte tun können" [380: Opposition, 48]. Kanzelverlautbarungen wie
der Mahnruf der 12. Bekenntnissynode der Evangelischen Kirche der

Sozialdemokrati-
scher Widerstand

Bürgerlicher Wider-
stand

Die Rolle der
Kirchen

Altpreußischen Union zum Buß- und Bettag 1943 oder – als wohl bekanntestes Beispiel – die Predigten des Bischofs von Galen gegen Klostersturm, Gestapowillkür und „Euthanasie"-Verbrechen vom 13./ 20. Juli und 3. August 1941 entfalteten daher eine weit über ihre jeweiligen Adressaten hinausreichende Wirkung. Solche Proteste waren die einzigen noch möglichen öffentlichen Meinungsbekundungen, die die Machthaber an die Grenzen des sittlich Erlaubten erinnerten. Allerdings konnten sich die Kirchen nicht dazu verstehen, genügend deutlich gegen die schrittweise Ausgrenzung, Entrechtung, Verfolgung und schließliche Ermordung der Juden und anderer Opfer des Regimes Stellung zu beziehen.

Die Einschätzung durch das Regime
Das Regime empfand andererseits die Tatsache, daß zahllose Deutsche sich ungeachtet ihrer Zustimmung zu Hitler auch weiterhin ihren angestammten (politischen, sozialen, konfessionellen) Milieus oder ihren religiösen, humanitären oder politischen Überzeugungen verpflichtet fühlten, als empfindliche Beeinträchtigung seiner weltanschaulichen Formungsbestrebungen, selbst wenn mit diesen Verhaltensweisen sein politischer Herrschaftsanspruch nicht in Frage gestellt wurde.

Widerstand im Krieg
Durch den Krieg wurden die Rahmenbedingungen für widerständiges Verhalten dramatisch verschärft, der Terror der Überwachungsorgane nahm spürbar zu, entsprechend sank die Risikoschwelle, und alle oppositionellen Gruppierungen, denen es um die Beseitigung des Regimes zu tun war, standen vor dem Dilemma, in der deutschen Gesellschaft weitgehend isoliert zu sein und im Zweifel als Hoch- und Landesverräter gebrandmarkt zu werden, auch wenn die seit 1942/43 sich abzeichnende Niederlage im Krieg einen zusätzlichen Antrieb zum Kampf gegen das Regime lieferte. Den Entschluß zur Beseitigung Hitlers konnte somit nur fassen, wer neben hoher nationalpatriotischer Gesinnung auch feste religiös oder humanistisch geprägte Wertmaßstäbe besaß.

Zirkel des Widerstands
Das Attentat vom 20. Juli 1944 – einer von zahlreichen fehlgeschlagenen Versuchen, den Diktator zu töten – erwuchs aus einem breiten Umfeld unterschiedlichster Widerstandszirkel, die in ihren Zielen stark differierten, zumeist keinen Kontakt miteinander hatten, aber allesamt beanspruchen können, als Teil der „deutschen Oppositon gegen Hitler" [380: H. ROTHFELS] zu gelten. Hierunter zählt die linksintellektuell-kommunistische Spionage- und Widerstandsorganisation der „Roten Kapelle" um Harro Schulze-Boysen und Arvid Harnack, die durch Übermittlung der deutschen Aufmarschpläne an Moskau den Krieg gegen die Sowjetunion zu verhindern suchte. Die meisten der

über 100 im August 1942 verhafteten Mitglieder wurden zum Tode ver-
urteilt und hingerichtet. Bei Jugendcliquen von eher unpolitischem Zuschnitt wie den „Mobs" in Dresden, der „Totenkopfbande" in Hamburg
oder den „Edelweißpiraten" im Rheinland waren die Grenzen zwischen
politisch-moralischem Antrieb, schlichtem Jugendprotest und krimi-
nellen Handlungen fließend.

Hingegen hatten die 1943 hingerichteten Mitglieder der „Weißen
Rose", einer Münchener Widerstandsgruppe um die Geschwister Hans
und Sophie Scholl, ausgeprägt christlich-humanitäre Vorstellungen, die
auf eine europäische Nachkriegsordnung in Freiheit, Toleranz und
Schutz vor verbrecherischer Willkür gerichtet waren. Von ähnlichen,
gesinnungsethisch motivierten Überlegungen wurden auch die Mitglieder des Kreisauer Kreises um den Grafen Hellmuth James von Moltke
zusammengeführt, eine Verbindung von 43 meist jüngeren Oppositionellen der unterschiedlichsten politischen, sozialen, konfessionellen
und weltanschaulichen Lager, deren Vorstellungen für eine Neuordnung von demokratischen, christlichen, sozialen, auch christlich-sozia-
listischen Überzeugungen geprägt waren und sich abhoben von den
Orientierungen des national-konservativen Widerstands um Generaloberst Ludwig Beck, den Botschafter a. D. Ulrich von Hassell, den früheren preußischen Finanzminister Johannes Popitz und den ehemaligen
Leipziger Oberbürgermeister Carl Friedrich Goerdeler. Allerdings
zeigte sich auch bei Goerdelers zahlreichen Sondierungen das Bestreben, die herkömmlichen sozialen Schranken im Interesse einer gemeinsamen Abwehrfront zu überwinden. In den Umsturzplänen tauchen daher ehemalige Arbeitersekretäre und Weimarer Abgeordnete neben
Großagrariern oder Verfechtern eines autoritären Präsidialsystems auf.
Einig waren sich alle darin, daß Hitler beseitigt, die Macht der SS ge-
brochen, das Recht wieder aufgerichtet und der Krieg so schnell wie
möglich beendet werden müsse.

Damit ist der Blick auf die militärische Widerstandsbewegung um
Oberst von Stauffenberg und eine Gruppe um den Abwehrchef Admiral
Canaris zu richten, dessen Name schon im Spätsommer 1938 im Zusammenhang mit Becks vergeblichem Versuch begegnet, Hitler an seinem außenpolitischen Vabanquespiel in der Sudetenfrage zu hindern.
Gerade an Stauffenberg zeigt sich im übrigen beispielhaft, daß der Weg
in den Widerstand keineswegs von Beginn des Dritten Reiches an vor-
gezeichnet war, vielmehr erst auf Grund konkreter Erfahrungen mit
dem nationalsozialistischen Rassen- und Vernichtungskrieg einge-
schlagen wurde. Stauffenberg hat wie die meisten der führenden Verschwörer den entscheidenden Antrieb zu seinem Handeln nicht aus Er-

Weiße Rose und
Kreisauer Kreis

Der national-
konservative Wider-
stand

Die militärische
Widerstands-
bewegung

wägungen (militär-)politischer Zweckmäßigkeit, sondern auf Grund einer ethisch begründeten Entscheidung gefunden. Seine Kontakte griffen weit über den engeren militärischen Bereich hinaus und bündelten die Kräfte der politischen und militärischen Opposition gegen Hitler in dem letzten und aussichtsreichsten Versuch, den Diktator am 20. Juli 1944 mit einem Bombenattentat zu beseitigen.

Der 20. Juli 1944

Das Mißlingen des Anschlags führte zu einem großangelegten Rachefeldzug und zu einer Ausweitung der Verfolgungsmaßnahmen auf tatsächliche oder auch nur potentielle Regimegegner jeglicher Couleur. Es kam zu zahllosen Verhaftungen und Hinrichtungen. Wie viele der mehreren tausend Todesurteile in unmittelbarem Zusammenhang mit dem 20. Juli stehen, ist unbekannt. Allein rund 5000 ehemalige Parlamentarier und Funktionsträger der Weimarer Republik wurden Ende August 1944 im Zuge der Aktion „Gewitter" verhaftet. Offenkundig sollte für den Fall einer Niederlage jede demokratische Reserve ausgeschaltet werden. Mit dem Attentat war der letzte Versuch, ein Anderes Deutschland aus eigener Kraft zu errichten, gescheitert. Es bedurfte erst der totalen Niederlage und des völligen Zusammenbruchs, um die Deutschen von Hitlers Herrschaft zu befreien.

Aktion „Gewitter"

6. Hitlers „Führerstaat" – weltanschauliche Utopie und historische Realität. Eine Bilanz

Die Herrschaft des Nationalsozialismus, die im Zeichen nationaler Aufbruchstimmung begonnen und bis zur Wende des Krieges unübersehbare „Erfolge" aufzuweisen hatte, endete in verbrecherischer Hybris und völligem Zusammenbruch. An ihrem Ende stand Hitlers Befehl, durch eine rigorose Politik der „verbrannten Erde" selbst die „primitivsten" Lebensgrundlagen des deutschen Volkes zu zerstören, als dessen vermeintlicher „Retter" er doch seinen Siegeszug angetreten hatte. In der Tat erweist ein bilanzierender Rückblick Hitlers „Destruktionstrieb", der allenfalls noch von seiner ideologischen Verbohrtheit übertroffen wurde, als das wohl kennzeichnendste Merkmal seiner Herrschaft: Von den Parolen der „Kampfzeit" über die Zerstörung traditioneller Gesellschaftsstrukturen nach der „Machtübernahme", von der Eskalation der Gewalt und der Systematisierung des Terrors über Krieg und Völkermord bis zu den letzten Haßgesängen im Führerbunker war stets ein radikaler Vernichtungswille für sein Verhalten bestimmend – Ausfluß eines weltanschaulichen Fanatismus, an dem er unge-

Hitlers „Destruktionstrieb" als Signum seiner Herrschaft

achtet aller zeitweiligen taktischen Erwägungen bei zuletzt freilich un-
übersehbarem Realitätsverlust mit „unbeugsamer" Entschlossenheit
festhielt.

Die großen Erfolge der Vorkriegszeit erklären sich indessen nicht
nur aus Unterdrückung und Gewalt, sondern zunächst aus Fehlein-
schätzungen seiner konservativen Steigbügelhalter, aus der schwäch-
lichen Abwehrhaltung des (westlichen) Auslands, vor allem aber aus
Hitlers enormem demagogischen Talent, mit dem er die Ressentiments
breiter Bevölkerungsschichten instinktsicher aufgriff, die Hoffnungen
auf eine Verbesserung der sozialen und wirtschaftlichen Lage zu erfül-
len versprach und den Willen nach Revision der Versailler Nachkriegsordnung skrupellos in die Tat umsetzte. Mit Hilfe einer überaus ge-
schickten Propaganda wurde Hitler nach der „Machtübernahme" zur
Integrationsfigur weit über den Kreis seiner Anhänger hinaus, er fand
allerdings in zahllosen Deutschen auch eine „nationalpsychologisch
vorgeformte Bereitschaft für einen charismatischen Volksführer und
‚Erneuerer'" vor [122: M. BROSZAT, Soziale Motivation, 23]. In offenkundiger Selbstergriffenheit, hierin selbst Gefangener eines unablässig
propagierten Führerkults, drückte Hitler 1936 dieses Wechselverhältnis
von „gläubiger" Anhängerschaft und zustimmungsbedürftigem „Führer" mit den Worten aus: „Das ist das Wunder dieser Zeit, daß ihr mich
gefunden habt – daß ihr mich gefunden habt unter so vielen Millionen!
Und daß ich euch gefunden habe, das ist Deutschlands Glück!" [zit.
nach 75: R. BINION, 15].

Nun liegt es MAX WEBER zufolge im Wesen „charismatischer
Herrschaft", daß ihre „Anerkennung durch die Beherrschten" an die
„Bewährung" des Führers geknüpft ist [Wirtschaft und Gesellschaft.
Studienausgabe. Hrsg. v. J. WINCKELMANN, Köln/Berlin 1964, 179]; sie
ist somit durch eine eigentümliche Instabilität, einen unverkennbaren
Zwang zum Erfolg gekennzeichnet. Dies erklärt den permanenten
Drang des NS-Regimes nach akklamatorischer Bestätigung wie öffentlicher Zelebrierung, ja kultischer Überhöhung seines Herrschaftsvoll-
zugs, während dissentierende oder aus rassischen Gründen stigma-
tisierte Bevölkerungsgruppen gleichzeitig mit Terror überzogen und
ausgegrenzt wurden. Beide Gesichter des Nationalsozialismus, die nationale *Verführung* und die politische *Gewalt*, erweisen ihn als eine
quasi-religiöse politische Heilslehre mit unbedingtem Unterwerfungs-
anspruch.

Nicht weniger kennzeichnend ist, daß im Zuge der „nationalen
Revolution" enorme Energien und Kräfte freigesetzt wurden, wie sie
aus der Selbstcharakterisierung der NSDAP als „Bewegung", aus der

Randnotizen:

Die Erfolge der Vor-
kriegszeit

Integrierende
Wirkung der Propa-
ganda

Hitlers „charisma-
tische Herrschaft"

Die Dynamik der
NS-Bewegung

Machtgier ihrer Führer sowie aus dem angestauten sozialen Veränderungsdruck erwuchsen. Die hiermit verbundene Dynamik tendierte zur Auflösung überkommener staatlicher Verwaltungsstrukturen: An die Stelle *normen*staatlicher Regelungen traten ideologisch motivierte *Maßnahmen*, das Recht wurde von revolutionärer Gewalt bzw. politisch-polizeilicher Willkür überlagert, die Partei und ihre Gliederungen meldeten eigene Herrschaftsansprüche an oder drängten auf Vereinnahmung staatlicher Kompetenzen. Alle Versuche, das Regime im Zuge einer „Reichsreform" in einen zentralistisch-autoritären Ordnungsstaat zu überführen, scheiterten an gegenläufigen Interessen hoher NS-Funktionsträger, die an Ausweitung, nicht Begrenzung ihrer Macht interessiert waren, vor allem aber an Hitlers Weigerung, seine absolute Autorität als „Führer" irgendwelchen bürokratischen Zwängen auszusetzen.

"Autoritäre Anarchie"

Der Dualismus von Partei und Staat wurde freilich nicht einfach zu Gunsten der Partei entschieden, vielmehr führte gerade die Schaffung neuer, konkurrierender Institutionen und Sondergewalten zu jenem charakteristischen Kompetenzenchaos, das allein in Hitlers unangefochtener Autorität den gemeinsamen Bezugspunkt fand. Die polykratische Zersplitterung staatlicher *Verwaltungs*- und nationalsozialistischer *Führungs*kompetenzen war „geradezu eine Voraussetzung" seiner „führerstaatliche[n] Autokratie", „weil ein mächtiger Staatsapparat mit institutionalisierten Sachkompetenzen die Führungsentscheidungen stärker präjudiziert und rationalisiert hätte, als es mit Hitlers ideologischen Maximen vereinbar" gewesen wäre [150: D. REBENTISCH, Führerstaat, 552]. Es bedarf somit nicht der Annahme einer bewußten Divide-et-impera-Taktik. Auch die häufige Errichtung neuer Sondergewalten bezweckte lediglich die rasche, unbürokratische Umsetzung seiner Befehle, die ganz im Zeichen seiner weltanschaulichen Ziele standen. Daß der enorme Kräfteverschleiß, der mit den Positionskämpfen unvermeidlich verbunden war, in Kauf genommen wurde, ist mit den Kategorien *rationaler* Verwaltungsführung nicht zu erklären.

"Schleichende Revolutionierung" der Gesellschaft

Janusköpfig wie seine Herrschaftsstruktur ist auch das innere Erscheinungsbild des Dritten Reiches. Ehedem unter der Fahne der Antimoderne angetreten, um die Ängste breiter Bevölkerungsschichten vor den Folgen des technisch-zivilisatorischen Fortschritts zu bannen, „artfremder" Entwicklung den Kampf anzusagen und Entwurzelten neuen Halt im Kult von „Blut und Boden" zu verheißen, hatten sich am Ende auch hier die Erwartungen in ihr Gegenteil umgekehrt: Ungeachtet aller weltanschaulichen Sonderbarkeiten war in weiten Bereichen der industriellen Produktion und der Kommunikationstechnik ein unverkennbarer Modernisierungsschub zu verzeichnen, während sich gleichzeitig

der soziale und gesellschaftliche Wandel mit seinen ideologisch durchaus gewollten, durch den Krieg dann zusätzlich verstärkten Egalisie-
rungstendenzen dramatisch beschleunigt hatte. Statt reaktionärer Rück-
kehr zu vormodernen Ordnungsvorstellungen war eine „schleichende
Revolutionierung" [H. GRAML] der deutschen Gesellschaft eingetreten,
die ihre Wirkungen freilich erst in der Nachkriegszeit entfaltete.

Ambivalenzen also, wohin man blickt: Modern und antimodern,
revolutionär und reaktionär, Zustimmung, ja Begeisterung weckend
wie Terror verbreitend und gnadenlos „ausmerzend", was nicht der
ideologischen Norm entsprach, alles dies war der Nationalsozialismus:
ein „Phänomen sui generis" [K. HILDEBRAND], trotz aller Verwandt-   Der Nationalsozia-
schaft mit den politischen Religionen unseres Jahrhunderts. In der Ver-   lismus – ein „Phä-
bindung von Führerabsolutismus und polykratischem Führungschaos   nomen sui generis"
war der NS-Staat daher mehr als ein lediglich „totalitäres" Gebilde, es
war vielmehr „die spezifische Herrschaftsmethode einer irrational ge-
steuerten ideologischen Bewegung, …, ein auf Hitlers Willkürherrschaft zentrierter atavistischer Personenverband" [150: D. REBENTISCH,
Führerstaat, 552 f]. Bis in den Untergang hinein blieb dieses „System"
auf Hitler, und nur auf ihn, ausgerichtet – wie entscheidungsscheu der
Diktator auch immer war und wie mächtig oder machtgierig seine Paladine. Die Verschwörer des 20. Juli 1944 wußten, daß allein der Tyran-
nenmord die eigentümliche Faszination und Integrationskraft würde
zerstören können, die für die meisten Deutschen fast bis zuletzt von
Hitler ausging. Insofern war erst der Selbstmord des „Führers" auch
das Ende seines Regimes.

II. Grundprobleme und Tendenzen der Forschung

Trotz inzwischen fünfzigjähriger Erforschung ist die Zeit der NS-Herrschaft „kein ,normaler' Gegenstand der historischen Wissenschaft" [48: M. BROSZAT, Nach Hitler, 227]. Die Ungeheuerlichkeit der in ihr begangenen „Massenverbrechen", der hierdurch ausgelöste und bis heute anhaltende „Zivilisationsschock" [I. DEAK] und das (umstrittene) Maß an Verantwortung, das Einzelnen wie gesellschaftlichen Gruppen zuzuschreiben ist, setzen die wissenschaftliche Auseinandersetzung stärker als andere Untersuchungsfelder außerfachlich-lebensweltlichen Einflüssen aus, wie nicht zuletzt der „Historikerstreit" (1986/87) einer breiten Öffentlichkeit gezeigt hat (vgl. unten 110–115). Man erkennt NS-Forschung und lebensweltliche Einflüsse
hieran, daß die Historiographie über das Dritte Reich für die alte Bundesrepublik eine hohe legitimatorische und identitätsstiftende Funktion besaß und für das wiedervereinigte Deutschland ohne Zweifel behalten wird. Es ist daher kein Zufall, daß sich die zentralen Interpretationskontroversen auf dem Boden der *west*deutschen Zeitgeschichtsforschung herausbildeten, wo in einer seit den späten 60er Jahren polarisierten Öffentlichkeit Veränderungen der Forschungsperspektive oder des methodischen Vorgehens leicht interessegeleitetem Argwohn und „lagertypischen" Wahrnehmungstabus begegnen konnten. Die zeitweise hoch emotionalisierte Frontstellung zwischen „traditionalistischen" und „revisionistischen" Interpreten des NS-Regimes hat angelsächsische Zeithistoriker nicht in gleicher Weise erfaßt, und zwar unbeschadet des bedeutenden Beitrags, den sie für die NS-Forschung erbracht haben.

1. Allgemeine Linien der Forschung bis zum Beginn der 70er Jahre

1.1 Die Suche nach den Ursachen der „deutschen Katastrophe"

An der unmittelbar nach Kriegsende einsetzenden Auseinandersetzung mit der nationalsozialistischen Vergangenheit waren deutsche Historiker führend beteiligt. Sie standen dabei unter dem dreifachen Eindruck des militärischen, staatlichen und moralischen Zusammenbruchs, der sich angesichts der nun in ihrem ganzen Ausmaß bekannt werdenden Verbrechen von alliierter Seite mit massiven Kollektivschuldvorwürfen

Fragen der frühen NS-Forschung

verband. Fragen nach dem Beginn des deutschen „Irrweges" (Kontinuitätsproblem) oder den Ursachen der „deutschen Katastrophe", wie der Titel einer 1946 von F. MEINECKE veröffentlichten Schrift lautet [Die deutsche Katastrophe. Wiesbaden 1946], standen im Zentrum der stark wertbetonten Debatte. Wie die frühe Nachkriegspublizistik insgesamt konnten auch die historischen Beiträge noch nicht auf Primärquellen zurückgreifen oder sich an bereits erforschten Einzelaspekten orientieren. Sie waren daher auf eigentümliche Weise durch „räsonierende Faktenferne" [58: N. FREI, Führerstaat, 232] gekennzeichnet und suchten die Gründe dafür, wie Hitler und „seine" Terrorherrschaft möglich gewesen sei, mit den herkömmlichen Verstehenskategorien des Historismus zu ermitteln.

Allerdings gelangte MEINECKE bereits zu einer differenzierten, die jüngere deutsche Geschichte kritisch reflektierenden Antwort. Das Dritte Reich war für ihn zwar „keine bloß aus deutschen Entwicklungskräften abzuleitende Erscheinung" [Katastrophe, 9], aber er sah doch in

Deutungen des Kontinuitätsproblems

preußischem Militarismus und wilhelminischer Herrenmenschengesinnung entscheidende Vorformen – Beobachtungen, wie sie wenig später auch L. DEHIO [Gleichgewicht oder Hegemonie. Krefeld 1948], freilich unter außenpolitischer Akzentuierung, anstellte. Demgegenüber war es G. RITTER [Geschichte als Bildungsmacht. Stuttgart 1946; Die Dämonie der Macht. Stuttgart o. J.; Europa und die deutsche Frage. München 1948] vor allem darum zu tun, pauschalen Verurteilungen entgegenzutreten. Die Wurzeln des Nationalsozialismus suchte er im Jakobinismus als gesamteuropäischem Erbe der Französischen Revolution, maß allerdings auch der Machthybris des „Dämons" Hitler herausragende Bedeutung zu, worin B. FAULENBACH [NS-Interpretationen und Zeitklima, in: PolZG Nr. 22/87 19–30, Zitat 22] eine zeittypische Nachwirkung des Führer-Mythos erblicken will.

Die Struktur der NS-Herrschaft wurde analog zur Dämonisierung des Gesamtphänomens als ein alle Lebensbereiche durchdringendes „Terrorsystem" [194: E. KOGON, SS-Staat] dargestellt, das letztlich der „inneren Fremdherrschaft" des nationalsozialistischen „Verbrecherklubs" [F. MEINECKE, Katastrophe, 152] gedient habe. Zu methodologischer Neuorientierung oder zur Abkehr von herkömmlicher nationalstaatlicher Perspektive sah die Mehrzahl der Forscher keinen Anlaß. Der Nazismus sollte durch Rückgriff auf bewährte Kriterien wissenschaftlicher Objektivität und durch Restitution ethischer Maßstäbe

überwunden werden: „Verinnerlichung" lautete für MEINECKE die Forderung der Stunde [EBD., 168]. Die gleichzeitig inner- wie außerhalb
der Kirchen geführte Schulddiskussion operierte mit ähnlichen, allerdings stark ins Religiöse gewendeten Deutungsansätzen, aber auch hier
zeigte sich, daß die Zumessung konkreter historisch-politischer Verantwortung ohne nähere Kenntnis der Herrschaftsmechanismen nicht zu
leisten war.

*Nationalsozialis-
mus als ethisches
Problem*

1.2 Frühe Analysen der NS-Herrschaft

Während die meisten Beiträge um die Schuldfrage und nationalge-
schichtliche Kontinuitätslinien kreisten, fanden frühe Strukturanalysen
der NS-Herrschaft wenig Beachtung. So gelangte der österreichische
Publizist W. PETWAIDIC bereits 1946 zu Einsichten, die Erkenntnisse
der erst in den 60er Jahren voll einsetzenden empirischen Forschung
vorwegnahmen, indem er gegenüber der vorherrschenden Ansicht eines perfekt organisierten Terrorregimes auf das institutionelle Chaos
der „autoritären [NS-]Anarchie" verwies [Die autoritäre Anarchie.
Hamburg 1946]. Damit knüpfte er an Untersuchungsergebnisse zweier
in die USA emigrierter deutschjüdischer Wissenschaftler an: E. FRAEN-
KEL hatte bereits 1941 in seiner Studie „The Dual State" [127: Doppel-
staat] auf den charakteristischen Dualismus von herkömmlichem „Nor-
men-" und terroristischem „Maßnahmenstaat" hingewiesen, letzterem
eine Tendenz zur Aufsaugung aller politischen Kompetenzen bescheinigt und damit die in der nationalsozialistischen Selbstdarstellung behauptete innere Einheitlichkeit des Dritten Reiches nachdrücklich in
Frage gestellt. Diese unter Konzentration auf das Justizwesen gewon-
nenen Einsichten modifizierte und erweiterte 1944 F. NEUMANN in seinem „Behemoth" [148] zu einer ersten Strukturanalyse des NS-Regimes. Er sah es durch vier konkurrierende Machtkartelle – Partei, Bürokratie, Wehrmacht und Industrie – bestimmt, deren Rivalität nicht institutionell ausbalanciert gewesen sei, daher letztlich in „organisierte[r]
Anarchie" habe enden müssen und allein in der „charismatischen Führergewalt" [EBD., 22, 543] ihren autoritativen Fixpunkt gefunden habe.
Bei aller zeit-, quellen- und ansatzbedingten Ungenauigkeit im einzelnen war hier bereits die eigentümliche Form- und Strukturlosigkeit des
Herrschaftsgefüges, war namentlich auch Hitlers integrative Funktion
in bahnbrechender Weise beschrieben.

*NS-Herrschaft als
autoritäre Anarchie*

*Fraenkels und
Neumanns Struktur-
analysen*

*1.3 Der Nationalsozialismus als Gegenstand einer neuen Wissen-
schaftsdisziplin „Zeitgeschichte"*

Der vom Dritten Reich hinterlassene Klärungsbedarf hatte aber auch
wissenschaftspraktische Konsequenzen: Er führte zur Institutionalisierung und Professionalisierung einer neuen Teildisziplin „Zeitgeschichte" in der Bundesrepublik, die H.

*Institutionalisie-
rung der Zeit-
geschichte*

Rothfels 1953 in einem pro-
grammatischen Aufsatz als „Epoche der Mitlebenden und ihre wissenschaftliche Behandlung" definierte und mit den Eckdaten 1917 und
1945 umriß [Zeitgeschichte als Aufgabe, in: VfZG 1 (1953) 1–8, Zitat
2]. Für die praktische Umsetzung waren das 1950 gegründete *Münchener Institut für Zeitgeschichte* (IfZ) und die seit 1953 erscheinenden
Vierteljahrshefte für Zeitgeschichte (VfZG) von kaum zu überschätzen-
der Bedeutung. Die Gründungsväter – neben Rothfels vor allem G.
Ritter – entschieden sich bewußt für eine strikt wissenschaftliche Ausrichtung der Institutsarbeit statt für eine von politischer Seite favori-
sierte „volkspädagogische" Orientierung. Eine Distanz zu vordergrün-
diger Instrumentalisierung von Forschungsergebnissen war hierbei unverkennbar.

*Frühe empirische
Detailforschung*

Da seit Anfang der 50er Jahre mit den Akten der Nürnberger
Kriegsverbrecherprozesse erstmals archivalische Quellen in größerem
Umfang zur Verfügung standen, kam auch die empirische Detailfor-
schung in Gang. Sie konzentrierte sich zunächst auf Themenfelder wie
die Ursachen und näheren Umstände der „Machtergreifung", die Rolle
Hitlers und „seiner" Weltanschauung, den Terror des „SS-Staats", die
Massenverbrechen während des Krieges oder den Widerstand gegen
den Nationalsozialismus. Die Ergebnisse schlugen sich in Aufsätzen,
Gutachten für Gerichte und Wiedergutmachungsbehörden sowie in ersten Gesamtdarstellungen nieder. Meist zählten die Verfasser – neben
H. Mau, dem ersten Leiter des IfZ, M. Broszat, H. Buchheim, H. Heiber, H. Krausnick u. a. – zur (damals) jüngeren Historikergene-
ration.

*Verknüpfung von
Ereignis- und
Strukturgeschichte*

Neben München entwickelten sich das Friedrich-Meinecke-Insti-
tut und das Institut für Politische Wissenschaft der Freien Universität
Berlin zu einem zweiten Zentrum der deutschen NS-Forschung, nicht
zuletzt dank der wissenschaftsorganisatorischen Verdienste H. Herz-
felds. Als außerordentlich fruchtbar erwies sich der unter amerikani-
schem Einfluß praktizierte methodische Neuansatz, die ereignisge-
schichtliche Beschreibung mit einer „Struktur- und Systemanalyse" zu
verbinden. Namentlich die Studien von K. D. Bracher [119: Auf-
lösung] sowie K. D. Bracher, W. Sauer und G. Schulz [120: Macht-

ergreifung] zum Ende Weimars (1955) und zur nationalsozialistischen „Machtergreifung" (1960) setzten Maßstäbe und gewannen rasch den Charakter von Standardwerken. Ihnen stellten E. MATTHIAS und R. MORSEY 1960 ihren von der Kommission für Geschichte des Parlamentarismus und der politischen Parteien angeregten Band „Das Ende der Parteien" [141] zur Seite. Bezeichnend ist allerdings, daß BRACHERS Pilotstudie trotz ihrer Quellennähe wegen ihres methodisch innovativen Zugriffs bei führenden Historikern wie z. B. W. CONZE zunächst eher skeptische Aufnahme fand.

Mit ihrer umfassenden Analyse des Gesamtprozesses der „Machtergreifung" gelangten BRACHER/SAUER/SCHULZ bemerkenswert früh zu differenzierten Einsichten in das Gefüge der NS-Herrschaft. Entgegen einer später geäußerten Annahme, die „ältere" Forschung sei von monolithischer Geschlossenheit des Regimes ausgegangen, hatte BRACHER bereits 1956 die eigentümliche Ambivalenz von zentralistischer Gleichschaltung und institutionellem Ämterchaos und das „Neben- und Gegeneinander der Machtgruppen" bei starker Gewichtung der terroristischen Elemente als zentrales Strukturmerkmal des NS-Regimes herausgestellt. Im Unterschied zu späteren „strukturalistischen" Deutungsansätzen sah er im „Antagonismus der Machtfunktionen" aber gerade keine Schwächung der Führergewalt, sondern eine entscheidende Voraussetzung für Hitlers „omnipotente Stellung" [Stufen totalitärer Gleichschaltung, in: VfZG 4 (1956) 30–42, Zitat 42].

Frühe Analysen der „Machtergreifung"

Auch der „Polykratie"-Begriff, in den 70er Jahren Chiffre für eine konsequent „revisionistische" Interpretation der NS-Herrschaft, wurde schon 1960 von G. SCHULZ auf den Nationalsozialismus angewandt. Sein Beitrag analysierte den Zerfall der Reichsgewalt in eine „‚Polykratie' straff zentralisierter Ressorts", deren Tendenz zu weitgehender Verselbständigung SCHULZ auf den ungezügelten Bewegungs-Drang des Nationalsozialismus zurückführte. Wie BRACHER sah SCHULZ in dieser polykratischen Aufsplitterung eine Grundbedingung für Hitlers „überwölbende absolute Autorität" [120: Machtergreifung, 600]; er begriff die monolithischen *und* polykratischen Züge des Regimes somit nicht als Gegensätze, sondern als einander ergänzende Elemente des Führerstaats. Es ist daher festzuhalten, daß etliche der vorgeblich „neuen" strukturgeschichtlichen Einsichten, die ein Dezennium später eine „revisionistische", im Zeichen des „Paradigmenwechsels" antretende Richtung der NS-Forschung für sich beanspruchte, hier bereits vorweggenommen sind, und zwar auf der Basis eben jener *Totalitarismus*theorie, deren Erklärungskraft von den „Revisionisten" grundsätzlich in Frage gestellt wurde.

NS-Herrschaft als Polykratie

1.4 Streit um Begriffe: Totalitarismus, Faschismus, National-sozialismus

In der Tat steht die Betonung der Diskrepanz zwischen dem totalitären Anspruch des NS-Regimes und seinen chaotischen Herrschaftsstrukturen nicht im Widerspruch zum Totalitarismuskonzept; es ist vielmehr ein zentrales Anliegen dieses systematisch-politologischen Modells der Herrschaftsanalyse, „das Rätsel der Strukturlosigkeit des totalitären Staates" zu lösen [466: H. ARENDT, Elemente, 618]. In der frühen Nachkriegszeit bot das Totalitarismusmodell unter dem doppelten Eindruck der nationalsozialistischen Gewaltverbrechen und des stalinistischen Terrors „eine rationale und konkret nachvollziehbare Erklärung für die sonst unverständliche Perversion der Politik" [150: D. REBENTISCH, Führerstaat, 4]; es erlaubte, die Gewaltregime Hitlers und Stalins von ihrem Machtanspruch und ihrer Herrschaftstechnik her vergleichend, aber eben nicht gleichsetzend zu analysieren. Totalitäre Herrschaft wurde dabei als neuartiges, von früheren Diktaturformen deutlich unterschiedenes Phänomen begriffen. Angesichts der Bildung ideologischer Blöcke im Zeichen des Kalten Krieges gewann das Totalitarismuskonzept wegen seiner Orientierung am westlichen Werte- und Verfassungsverständnis zugleich affirmativen Charakter, geriet aber dadurch im Verlauf der 60er Jahre zusehends unter Ideologieverdacht, wobei übersehen wurde, daß sämtliche sozialwissenschaftlichen Begriffsbildungen auf vorwissenschaftlich-lebensweltliche Orientierungen zurückgreifen.

Während H. ARENDT bei ihrer Beschreibung der amorphen Herrschaftsstruktur des Nationalsozialismus den Spuren FRAENKELS und NEUMANNS folgte, aber vor allem nach den „historisch-ideologischen und historisch-gesellschaftlichen Deformationsprozesse[n], die ihm vorangingen", fragte [48: M. BROSZAT, Nach Hitler, 165], suchte C. J. FRIEDRICH ein idealtypisches Modell totalitärer Herrschaft zu entwickkeln, das er durch sechs Merkmale – Ideologie, Partei, terroristische Geheimpolizei, Nachrichtenmonopol, Waffenmonopol und zentral gelenkte Wirtschaft – gekennzeichnet sieht [468: Diktatur]. Dieser (zu) systematisch-statischen Betrachtungsweise stellte BRACHER seine genannte empirische Analyse an die Seite und öffnete den Blick für dynamische, prozeßhafte Elemente sowie Abstufungen totalitärer Herrschaft. Auch angesichts späterer kritischer Einwände hielt BRACHER an seiner Konzeption fest, wobei er in totalitärer Herausforderung „für absehbare Zeit eine mögliche Konsequenz und Gefahr des Modernisierungsprozesses" erblickt [467: Kontroversen, 59].

Erklärungswert des Totalitarismus-Modells

Die Interpretationen H. Arendts, C.J. Friedrichs und K.D. Brachers

Dieses Interpretationsmodell wurde unter dem Einfluß lebens- weltlich-politischer Faktoren seit Mitte der 60er Jahre radikal in Frage gestellt. Der Jerusalemer Eichmann- (1961) und der Frankfurter Ausch- witz-Prozeß (1963/65) sowie andere Strafverfahren, vor allem aber die studentische Protestbewegung mit ihrer generellen Kritik am Kapitalis- mus und Antikommunismus der frühen Bundesrepublik verstärkten den Druck nach „Abrechnung" mit der Vergangenheit. Nicht von unge- fähr verband sich das Verlangen nach Aufklärung mit einer Renais- sance linker, zeitgenössischer Faschismus-Theorien, die einen Deu- tungszusammenhang von braunem und rotem Terror strikt ablehnten und den Nationalsozialismus lediglich als deutsche Ausprägung des europäischen Faschismus interpretierten. Ausgangspunkt der Theorie- bildung sind hier die unübersehbaren Ähnlichkeiten der nach dem Er- sten Weltkrieg in vielen Staaten auftretenden militant antidemokrati- schen und antimarxistischen Bewegungen, die sich allesamt mehr oder weniger stark am Prototyp des italienischen Faschismus orien- tierten.

(Randnotiz: Infragestellung des totalitaristischen Interpretations- ansatzes)

(Randnotiz: Faschismustheorien)

Die ideologische Auseinandersetzung war zunächst von kommu- nistischer Seite erfolgt, wo sich, nach mancherlei Vorstufen, die Auf- fassung vom Faschismus als einem „Agenten der Bourgeoisie" durch- gesetzt hatte. In der bekannten Komintern-Formel vom Dezember 1933 erlangte diese Theorie für Jahrzehnte kanonische Gültigkeit und be- stimmte die Deutungen des Nationalsozialismus durch die Forschung in der Sowjetunion und in der DDR, ohne durch entgegenstehende Be- funde [302: H. A. TURNER, Großunternehmer] beeindruckt werden zu können. Auch abweichende (neo)marxistische Faschismustheorien hal- ten am Grundmuster einer Verbindung von Kapitalismus und Faschis- mus fest. Dies gilt etwa für die in Anknüpfung an Marx' Bonapartis- mus-These vorgetragene Deutung, wonach die Bourgeoisie die politi- sche Macht an Hitler ausgeliefert habe, um im Gegenzug ihre ökonomi- sche Vorherrschaft zu sichern, oder die Modifikation dieses Ansatzes durch T. W. MASON, der indes für die Jahre ab 1936 einen eindeutigen „Primat der Politik" über die Wirtschaft konstatiert [Nachdruck in: W. MICHALKA (Hrsg.), Nationalsozialistische Außenpolitik, Darmstadt 1978, 117–147].

(Randnotiz: Kommunistische Faschismusdeutung)

(Randnotiz: Bonapartismus- Theorie)

Von einem „phänomenologisch"-ideengeschichtlichen Ansatz geht E. NOLTE aus, der auf der Basis einer Analyse von Action fran- çaise, italienischem Faschismus und (deutschem) Nationalsozialismus zu einer Gesamtsicht des „europäischen" Faschismus vorstößt und als gemeinsamen Grundzug die radikal antiliberal-antibürgerliche, vor al- lem aber antibolschewistische Stoßrichtung betont [472: Faschismus].

(Randnotiz: Noltes phänomeno- logischer Ansatz)

Der ökonomische Erklärungsansatz der marxistischen Forschung ist hier durch die starke Gewichtung der weltanschaulichen Komponente ersetzt, wenngleich NOLTE deren *praktischen* Vollzug keineswegs ignoriert, das Verhältnis zur Wirtschaft aber wenig beachtet. Insgesamt bietet sein Konzept jedoch ungleich größere Möglichkeiten der Differenzierung und Typologisierung.

Für den weiteren Verlauf der Faschismus-Diskussion war mit NOLTES Beiträgen die entscheidende Grundlage gegeben. Man erkennt dies z. B. an W. J. MOMMSENS „strukturell-funktionalem" Vorschlag, „die Faschismen als eine besondere Form der Herrschaft in Gesellschaften" zu verstehen, „die sich in einer kritischen Phase des gesellschaftlichen Transformationsprozesses zur Industriegesellschaft befinden und zugleich objektiv oder in den Augen der herrschenden Schichten von der Möglichkeit eines kommunistischen Umsturzes bedroht sind" [zit. nach 62: K. HILDEBRAND, Drittes Reich, 141]. Anders als bei NOLTE tritt hier die eigenständige Dynamik der faschistischen Bewegungen und ihrer Führer (Faktor Hitler!) zurück, und die Rolle der „herrschenden Schichten" wird stark gewichtet. Warum gleiche wirtschaftliche Krisensymptome etwa in Großbritannien und Deutschland ganz unterschiedliche Folgen hatten, bleibt dagegen ungeklärt.

Der Begriff des Faschismus wurde indessen auch von der studentischen Protestbewegung der 60er Jahre als politische Kampfparole entdeckt und für ihre Auseinandersetzung mit der bestehenden Gesellschaftsordnung genutzt. Die wissenschaftliche Diskussion drohte darüber zu formelhafter Abgrenzung „feindlicher" Lager zu erstarren. Zeitweise war daran zu erinnern, daß in Deutschland eben kein „gewöhnlicher" Faschismus vorgelegen hatte, sondern daß militanter Rassismus, Lebensraumideologie und ein auf die Partei (nicht den Staat!) bezogener Totalitätsanspruch den deutschen Nationalsozialismus von seinem italienischen Urbild grundlegend unterschieden. Erst in den 80er Jahren und namentlich seit der „Wende" hat die Begriffskontroverse ihre frühere Schärfe verloren. Statt dessen wächst die Erkenntnis, daß vermittelnde Positionen nicht nur möglich, sondern auch erkenntnisfördernd sind. Die Stärke des faschismustheoretischen Interpretationsansatzes liegt im Verstehen der Entstehungs- und Aufstiegsphase der NS-Bewegung, während der Totalitarismusbegriff ein tieferes Verständnis nationalsozialistischer (wie stalinistischer) Herrschaftstechniken und -formen ermöglicht, allerdings unter Ausblendung politisch-ideologischer Unterschiede. Eine globale Gesamtinterpretation mit Hilfe nur eines der beiden Leitbegriffe würde leicht in Gefahr geraten, ein von den unterschiedlichsten Ansätzen her zu erfassendes Phänomen

(Marginalien:)

Strukturell-funktionelle Faschismusdeutung

Instrumentalisierung des Faschismusbegriffs

Vermittelnde Positionen

wie den Nationalsozialismus in das starre Korsett eines theoretischen
Modells zu zwängen.

1.5 Neue Ansätze in der NS-Forschung

Die polemische Zuspitzung der Diskussion um den Erklärungswert von
Totalitarismus- bzw. Faschismus-Theorien vollzog sich vor dem Hintergrund eines gleichzeitigen „Richtungskampfes" [K. REPGEN] zwischen den Anhängern eines vornehmlich politik- und denjenigen eines
dezidiert strukturgeschichtlichen Ansatzes, der unter westdeutschen
(Neuzeit-)Historikern zeitweise den Charakter eines Glaubenskrieges   Politikgeschichte
annahm. Dieser sozialgeschichtliche, von kritischer Marxismus-Rezep-   versus Struktur-
tion mitbestimmte „Paradigmenwechsel" der 60er Jahre hatte von De-   geschichte
batten über das Deutsche Kaiserreich (FISCHER-Kontroverse; WEHLERS
Strukturanalysen des Bismarckreiches) seinen Ausgang genommen. Er
griff dabei frühe Anregungen deutschsprachiger Sozialhistoriker auf
(M. WEBER, O. HINTZE, E. KEHR; O. BRUNNER, W. CONZE, TH. SCHIEDER),
ging aber auch auf anglo-amerikanische und französische Einflüsse zurück. Jedenfalls löste er, nach bis dahin vorherrschender politikge-
schichtlicher Orientierung, ein starkes, anhaltendes Interesse an sozialgeschichtlichen Fragestellungen aus.

   Dies hatte erhebliche Auswirkungen auf die NS-Forschung. Die
Zahl der Untersuchungsgegenstände nahm spürbar zu, die Forschung
wurde internationaler, antideutsche Untertöne, wie sie für frühe ausländische Darstellungen kennzeichnend gewesen waren, klangen ab. Vor
allem aber wuchs die zur Verfügung stehende Quellenbasis durch
Rückgabe beschlagnahmter NS-Akten rasch an. Daher setzte die empirische Detailforschung ab Mitte der 60er Jahre auf breiter Front ein.
Ihre stetige Rückkopplung an den Quellenbefund, an dem sie ihre Be-   Theoriedebatten
grifflichkeit auszurichten hatte, hinderte sie zwar nicht an teilweise ent-   und empirische
schiedener Positionierung, bewahrte sie aber vor empirieferner Ver-   Detailforschung
strickung in die gleichzeitig ausgetragenen allgemeinen Richtungs- und
Methodenkämpfe und führte zu einem vertieften und differenzierten
Verständnis der NS-Herrschaft.

   Das gilt namentlich für eine Reihe von Einzelstudien, die in den
unterschiedlichsten Bereichen – von der nationalsozialistischen Beam-
ten- [144: H. MOMMSEN, Beamtentum] und Außenpolitik [H. A. JACOB-
SEN, Nationalsozialistische Außenpolitik 1933–1938. Frankfurt am
Main 1968] bis zur Rolle der Gauleiter [103: P. HÜTTENBERGER, Gaulei-
ter] – und mit unterschiedlichem Ansatz das Herrschaftsgefüge unterhalb der Reichsspitze untersuchten. Die in den Grundzügen schon früh

erkannte eigentümliche Plan- und Formlosigkeit des Regimes, seine ständige, prozeßhafte Bewegung und Improvisation, der Widerspruch zwischen propagandistischer Selbstdarstellung und Alltagswirklichkeit wurden nun anhand der aktenmäßigen Überlieferung in ihren Entstehungsbedingungen wie Auswirkungen beleuchtet, wobei vielfach den strukturellen Aspekten politischer Machtausübung in der Gesellschaft (charismatische Funktion Hitlers, Machtrivalitäten, Rolle alter wie neuer Eliten etc.) mehr Gewicht beigemessen wurde als dem weltanschaulich motivierten Handeln einzelner Personen.

Die Modifizierung des überkommenen NS-Bildes erfolgte mit unterschiedlicher Akzentuierung. Während z. B. R. BOLLMUS den am „Ämter-Darwinismus" [93: Das Amt Rosenberg, 245] gescheiterten Versuch einer zentralen Kontrolle und Überwachung des deutschen Schrifttums und P. DIEHL-THIELE [125: Partei und Staat] das Rivalitätsverhältnis von Staat und parasitärer NSDAP im Rahmen „traditioneller" Deutungsmuster nachzeichneten, vollzog H. MOMMSEN die entschiedenste Abkehr von früheren Sichtweisen. In scharf pointierter Ablehnung einer „Neigung zur Überrationalisierung des Nationalsozialismus" [68: Nationalsozialismus, 703], wie er sie, bewußt überzeichnend, der älteren, am Totalitarismus-Modell orientierten Forschung unterstellte, entfaltete er in einer Reihe programmatischer Beiträge seine „revisionistische" Auffassung vom NS-Regime als „eine[r] institutionelle[n] Anarchie ohnegleichen", für die „eine zunehmende Entsachlichung der Entscheidungsprozesse auf allen Ebenen des Systems" [EBD., 702] bei gleichzeitiger „kumulative[r] Radikalisierung" kennzeichnend gewesen sei [146: H. MOMMSEN, Hitlerismus, 66]. MOMMSENS Bestreben, die Mitverantwortung der alten Eliten für das Scheitern von Weimar und die Etablierung der NS-Herrschaft deutlich herauszustellen, ist unverkennbar. Hitler wird in seiner Deutung zum bloßen Exponenten eines überindividuell zu verstehenden destruktiven Prozesses relativiert, er erscheint als entscheidungsscheuer, prestigesüchtiger, „in mancher Hinsicht schwache[r] Diktator", Verkörperung eines „Führermythos", der das Regime lediglich „äußerlich" zusammenhielt [68: Nationalsozialismus, 702]. Diese Abkehr von traditionellen Sichtweisen hatte sich 1964 noch vergleichsweise moderat angekündigt, als H. MOMMSEN in der Reichstagsbrandkontroverse [Wiederabdruck in 70: Der Nationalsozialismus und die deutsche Gesellschaft, 102–183] dezidiert für die Alleintäterschaftsthese von F. TOBIAS [155] Partei ergriff und damit der vorherrschenden „Auffassung vom planvoll-manipulatorischen Charakter der nationalsozialistischen ‚Machtergreifung'" [129: U. v. HEHL, Kontroverse, 267] entschieden widersprach.

„Ämter-Darwinis-
mus"

H. Mommsens
revisionistische
Deutung

Reichstagsbrand-
kontroverse

Dem gleichen konsequent strukturalistischen Interpretationsansatz ist trotz ihres Titels auch M. BROSZATS 1969 erschienene Darstellung „Der Staat Hitlers" verpflichtet, der erste umfassende und auf Jahre hin einzige Versuch einer „Geschichte der inneren Verfassung des Nationalsozialismus und seiner Herrschaft" [47: Klappentext]. In subtiler Auswertung umfassender Quellenbestände analysiert BROSZAT die Entwicklung zwischen „Machtergreifung" und Kriegsbeginn, wobei er zu zeigen vermag, wie die 1934 erreichte absolute Führerstellung Hitlers nicht in den zentralistischen dikatorischen Einheitsstaat, sondern in die „Polykratie der Ressorts" und einen „organisatorische[n] Dschungel" mit freilich spezifischen „Formen des Führerabsolutismus" mündete [EBD., 363, 439]. Im Unterschied zu BRACHER interpretiert BROSZAT diese Polykratie nicht als bewußt gewählte Divide-et-impera-Taktik, sondern als einen auf aktuelle Herausforderungen reagierenden „Situationsopportunismus" [H. MÖLLER].

Dem Problem der sozialen und sozialpsychologischen Fundierung des Nationalsozialismus ging er 1970 in einem weiteren Beitrag nach, demzufolge Hitler zwar als „unerläßliche Integrationsfigur und Drehscheibe des Geschehens", aber nicht als „Agens im Sinne gesellschaftlich unmotivierter, rein persönlicher Willkür" erscheint [122: M. BROSZAT, Soziale Motivation, 33]. Letztlich sieht BROSZAT selbst in Weltanschauungskrieg und Völkermord nur die zwangsläufige Folge einer inneren sozialen Dynamik, unter deren „Gesetz" das Regime angetreten war. Weltanschauliche Nah- und Fernziele Hitlers sind völlig in strukturelle Sachzwänge aufgelöst; als „ideologische Metapher[n]" [EBD., 32] ohne handlungsbestimmende Bedeutung dienen sie lediglich dazu, immer neue Aktivitäten zu begründen. P. HÜTTENBERGERS ergänzender Versuch, dem auf empirischer Grundlage entwickelten strukturell-funktionalistischen Interpretationsansatz eine theoretisch-soziologische Reflektierung der „nationalsozialistischen Polykratie" an die Seite zu stellen, unter Ablehnung von Begriffen wie „Führerstaat" oder „Staat Hitlers", hat geringere Wirkung entfaltet, vielleicht auch deshalb, weil die hier postulierte „Vielzahl von weitgehend autonomen Herrschaftsträgern" [136: Polykratie, 420] eben doch der integrierenden und legitimierenden Instanz Hitlers bedurfte.

Broszats „Staat Hitlers"

Soziale Fundierung des Nationalsozialismus

Hüttenbergers Deutung der „nationalsozialistischen Polykratie"

2. Hitlers Stellung im NS-Regime:
Der Streit um Monokratie oder Polykratie

Während die frühe NS-Forschung vor allem den Unterdrückungs- und Vernichtungswillen des Regimes und die dahinter stehenden weltanschaulichen Antriebskräfte in den Blick genommen hatte, ließ die „revisionistische" Interpretationsrichtung diesen Aspekt eher zurücktreten. Statt dessen wurde der anarchische Kompetenzenwirrwarr mit seinen immanenten Sachzwängen, parasitären Zersetzungserscheinungen und inneren Widersprüchen überscharf akzentuiert. Darüber drohte zeitweise aus dem Blick zu geraten, daß die mit dem Totalitarismusmodell und namentlich die empirisch arbeitende Forschung keineswegs, wie ihr unterstellt wurde, die polykratischen Elemente des NS-Regimes übersehen, sondern sie im Gegenteil zum Ausgangspunkt ihrer Herrschaftsanalysen gemacht hatte. Nichts entspreche „weniger den Realitäten eines totalen Herrschaftsapparates" als die Annahme einer „monolithische[n] Staatsstruktur", hatte H. ARENDT schon 1951/55 gemeint [466: Elemente, 618]. Um so dringlicher blieb die Frage zu klären, welche Stellung Hitler in diesem Herrschaftsgefüge eingenommen hatte und welches Gewicht intentionalem, weltanschaulich motiviertem Handeln zuzumessen war.

Zweifel am nationalsozialistischen Propagandabild vom monolithischen Führerstaat wurden indessen nicht nur von strukturalistischer Warte aus geäußert, sie finden sich schon 1947 in H. TREVOR-ROPERS intentionalistischer Deutung, die in der feudalen Anarchie des Dritten Reiches ein von Hitler bewußt geschaffenes Chaos sah [87: Hitlers letzte Tage]. Das sich hier umrißhaft andeutende Bild eines zielgerichtet agierenden Diktators, dem es um die Umsetzung seiner weltanschaulichen Grundpositionen ging, führte der Autor 1960 weiter aus und konstatierte bei Hitler eine „ausnahmslos absolute Übereinstimmung und Folgerichtigkeit in Denken und Handeln" [Hitlers Kriegsziele, in: VfZG 8 (1960) 122]. Diese aus vertiefter Beschäftigung mit der Außenpolitik des Dritten Reiches resultierende Einschätzung wurde durch Studien A. HILLGRUBERS [Hitlers Strategie. Politik und Kriegführung 1940–1941. 2. Aufl. München 1982, EA 1965] und K. HILDEBRANDS [Vom Reich zum Weltreich. Hitler, NSDAP und koloniale Frage 1919–1945. München 1969] gestützt, die die ausschlaggebende Bedeutung des „Faktors Hitler" [A. TYRELL] bestätigten. Mit der Betonung der „programmatischen" Wurzeln von Hitlers (außenpolitischem) Handeln und dem Nachweis seiner seit den 1920er Jahren na-

Marginalien: Totalitarismusmodell und NS-Polykratie — Trevor-Ropers Deutung — Bedeutung des „Faktors Hitler"

hezu konstant bleibenden Grundüberzeugungen (Antisemitismus, Antibolschewismus, Lebensraum im Osten) leiteten sie darüber hinaus eine Abkehr von A. BULLOCKS ursprünglich gegebener, später dann vorsichtig modifizierter Interpretation des „Führers" als eines prinzipienlosen, nur an der Ausweitung seiner Macht interessierten Opportunisten ein [76: Hitler].

Was der frühe strukturalistische Deutungsansatz BRACHERS und SCHULZ' für das innere Gefüge des NS-Regimes konstatiert hatte, war somit für den Bereich der Außenpolitik auf „intentionalistischem" Weg bekräftigt worden, und zwar unbeschadet aller bürokratischen Reibungsverluste und selbst offenkundiger Obstruktionstendenzen, wie sie gleichzeitig E. N. PETERSON als „Limits of Hitler's Power" [149] glaubte deuten zu können. „Hitler", lautet demgegenüber das Fazit einer umfangreichen Untersuchung seiner Kriegszielpolitik, „was master in the Third Reich" [N. RICH, Hitler's War Aims, Bd. I. New York 1973, 11]. Dieses Urteil zieht sich in mannigfachen Schattierungen auch durch J. FESTS zuerst 1973 erschienene und bis heute führend gebliebene Hitler-Biographie [78], durch A. S. MILWARDS Beiträge zur deutschen Kriegswirtschaft [297] oder S. HAFFNERS viel gelesene „Anmerkungen zu Hitler" [79], desgleichen durch BRACHERS 1969 erstmals vorgelegte Gesamtdarstellung der „deutschen Diktatur" [44]. In ihr knüpft der Verfasser an seine schon 1956 geäußerte Auffassung an, daß in Hitler und seinen ideologischen Fixierungen die letztlich entscheidende Antriebskraft zu erblicken sei; zugleich betont er die Scharnierfunktion des Führers, dessen „Allmacht ... nicht zuletzt auf dem ungeklärten Verhältnis von Partei und Staat" beruht habe [EBD., 258]. E. JÄKKEL läßt schon im Titel seiner einschlägigen Studien erkennen, welches Gewicht er Hitlers *Weltanschauung* [80: Hitlers Weltanschauung] für die Form seiner *Herrschaft* zumißt [81: Hitlers Herrschaft]; die Zurückführung konkreter politischer Schritte auf axiomatische Grundsätze hat freilich auch Widerspruch gefunden.

Mitte der 70er Jahre zeichnete sich eine weitere Verhärtung der Positionen ab. Sie dürfte nicht zuletzt äußeren Umständen zuzuschreiben sein, nämlich zum einen der Einbettung der Kontroverse in den allgemeinen Methoden- bzw. Richtungsstreit zwischen „Historisten"/„Traditionalisten" und sich als „progressiv" verstehenden Vertretern einer „historischen Sozialwissenschaft", zum anderen der Zugehörigkeit wichtiger Antipoden zu unterschiedlichen politisch-lebensweltlichen Deutungskulturen, wenngleich die Frontlinien nie völlig deckungsgleich verliefen und sich beispielsweise im „Historikerstreit" auf verwirrende Weise kreuzten. Nach einem vorangegangenen Schlagab-

Hitler als „master in the Third Reich"

Verhärtung der Positionen

tausch in Loccum 1976 [Vgl. M. BOSCH (Hrsg.), Persönlichkeit und Struktur in der Geschichte, Düsseldorf 1977] standen sich mit K. HILDEBRAND [132] und H. MOMMSEN [147] die Hauptprotagonisten beider Richtungen im Mai 1979 auf einer vom Deutschen Historischen Institut London veranstalteten Tagung zu „Mythos und Realität" des „Führerstaats" gegenüber [64: Führerstaat], die ihren Meinungsstreit in den beiden Folgejahren noch weiter verschärften. Der britische Sozialhisto-

„Intentionalisten" versus „Funktionalisten"

riker T. W. MASON, seinerseits entschiedener Parteigänger einer strukturalistischen Deutung, etikettierte die rivalisierenden Interpreten damals vergröbernd als „Intentionalisten" und „Funktionalisten" [in 64: Führerstaat, 23–42]. Beide Begriffe tauchen seither auch in synonymer Form auf: „Traditionalisten" bzw. „Programmologen" versus „Revisionisten"/„Strukturalisten"; ein polemischer Nebenton ist jeweils unüberhörbar. Die Kontroverse verstärkte die Neigung, Forschungsbeiträge nach „Lagern" zu klassifizieren oder die plakative Etikettierung am ungeeigneten Objekt vorzunehmen. Zeitweise schienen sich in diesem Richtungsstreit „zwei Wirklichkeiten und Geschichten des Dritten Reiches" gegenüber zu stehen [62: K. HILDEBRAND, Drittes Reich, 182].

Bemühungen um Konsens

Die praktischen Auswirkungen auf die empirisch arbeitende Forschung blieben aber doch eher begrenzt. Die Kontroverse wirkte zwar anregend, in ihren polemischen Spitzen aber auch „aufgebauscht" [K. D. BRACHER] oder gar „unfruchtbar" [K. HILDEBRAND]. Daher lassen gerade neuere Beiträge die Tendenz erkennen, die als künstlich empfundenen Gegensätze in synthetischem Zugriff zu überwinden. „Das Dritte Reich", formuliert H.-U. THAMERS Gesamtdarstellung als weithin akzeptierte Konsensformel, „besaß eine starke monokratische Spitze und gleichzeitig polykratische Machtstrukturen. Das eine bedingte das andere" [73: Verführung und Gewalt, 340]. Die Nähe zu BRACHERS seit den 50er Jahren vertretener Position, im Führungs-Chaos des Dritten Reiches die strukturelle Vorbedingung für Hitlers absolute Führerstellung zu sehen, ist dabei unverkennbar.

Während strukturanalytische Ansätze bei Forschungen zur NS-Außenpolitik keine große Rolle spielen [M.-L. RECKER, Die Außenpolitik des Dritten Reiches. München 1990], hinterließen sie deutliche Spuren in (Überblicks-) Darstellungen zur NS-Innenpolitik. So hat I. KERSHAW in einer Studie über das „Profil der NS-Herrschaft" [65: Hitlers Macht] vorgeschlagen, die konkurrierenden Deutungsansätze in dem auf MAX WEBER (vgl. oben, 50) zurückgehenden, freilich auch von E. FRAENKEL, F. NEUMANN und M. BROSZAT schon bemühten Erklä-

Hitlers „charismatische Herrschaft"

rungsmodell der „charismatischen Herrschaft" zusammenzuführen. KERSHAW zufolge bietet dieses Modell die Möglichkeit, die für Hitlers

Herrschaft charakteristische Personalisierung mit ihren sozialen Grundlagen zu verbinden. Wie BRACHER führt auch er die wachsende Autonomie des „charismatischen" Führers auf die Aushöhlung und allmähliche Zerstörung überkommener staatlich-bürokratischer Strukturen zurück. Dieser Destruktionsprozeß habe andererseits – und hier folgt er H. MOMMSEN – die (nicht restlos auf intentionales Handeln zurückführbare) „selbstzerstörerische Dynamik" des Regimes beschleunigt, die KERSHAW wiederum für die Instabilität und den Krisen- und Übergangscharakter „charismatischer Herrschaft" verantwortlich macht [EBD., 246–250]. Offen bleibt, ob diese Deutung für alle Phasen des NS-Regimes gleichermaßen Erklärungskraft beanspruchen kann, also auch für die „Friedensjahre". Auch wird übersehen, daß der Zwang zu ständiger Dynamisierung der Politik keine Entdeckung der „strukturalistischen" Interpretationsrichtung ist, sondern bereits eine zentrale Erkenntnis der durch die Namen ARENDT und FRIEDRICH markierten Totalitarismusforschung darstellt, dort indes auf ideologische Motive zurückgeführt und empirisch nicht hinreichend abgesichert worden war.

Selbstzerstörerische Dynamik des NS-Regimes

Der bedeutsamste neuere Beitrag zur Debatte um den Charakter der NS-Herrschaft ist D. REBENTISCHS 1989 veröffentlichte Studie „Führerstaat und Verwaltung im Zweiten Weltkrieg" [150]. In mancher Hinsicht als Weiterführung von BROSZATS zwei Jahrzehnte zuvor erschienener Synthese (vgl. oben, 59) angelegt, die die Kriegsjahre weitgehend ausgespart hatte, ist die Darstellung von der seither geführten Kontroverse zwar in unverkennbarer Weise beeinflußt, hält aber Distanz zur „Dogmatik artifizieller Lehrmeinungen" [EBD., 20]. Der Autor entwickelt seine eigene Sichtweise betont quellennah und auf der Grundlage einer stupenden Materialfülle. Sein Interesse gilt den Strukturen und Machtzentren der obersten Reichsverwaltung. Dabei bestätigt er auf allen Ebenen seiner Untersuchung die chaotischen Folgen der Auflösung herkömmlicher Staatlichkeit. Im entscheidenden Kontroverspunkt von Hitlers Rolle in diesem „Führungs-Chaos" [EBD., 10] gelangt REBENTISCH aber auch zu der außerordentlich dicht belegten Einschätzung, daß fast bis zum Schluß jede – noch so beiläufige – Äußerung des „Führers" dank der Beflissenheit der Kanzleien Verwaltungsmaßnahmen bis in die untersten Instanzen auslösen konnte, ein Ergebnis, das von P. LONGERICHS Untersuchung der Partei-Kanzlei unter Martin Bormann unterstrichen wird [139: Hitlers Stellvertreter].

Rebentisch „Führerstaat"

REBENTISCHS Ergebnisse bestätigen die in den Grundlinien schon von BRACHER und SCHULZ entwickelte „traditionelle" Interpretation des NS-Regimes: „Zwar ist weder eine planmäßige, rational kalkulierende Vorausberechnung des verfassungspolitischen Handelns noch eine sy-

NS-Regime als unumschränkte Führerdiktatur

stematisch konzipierte Schrittfolge der verschiedenen Maßnahmen zu konstatieren, wohl aber eine ideologisch motivierte Zielstrebigkeit zur Vermehrung und Vollendung der Führerherrschaft und ... zur ... Verwirklichung weltanschaulicher Programmpunkte des Nationalsozialismus" [150: Führerstaat, 535].

Dreh- und Angelpunkt des Dritten Reiches war „die persönliche und unumschränkte Diktatur Adolf Hitlers", der, so wenig er sich auch um weite Politikbereiche oder Verwaltungsaufgaben kümmern mochte, doch stets „die ausschlaggebende Instanz" blieb [EBD., 551]. Den hier aufgeworfenen Fragen auf mittlerer „Führungs"- bzw. Verwaltungsebene weiter nachzugehen, ist ein Desiderat

Rolle der Gauleiter der Forschung. Gerade die Rolle der Gauleiter im Herrschaftsalltag und namentlich während des Krieges ist trotz HÜTTENBERGERS Pionierstudie [103] erst unzureichend erhellt. Darauf hat soeben W. ZIEGLER im Blick auf die Gaue als möglicherweise „regionales oder vielleicht sogar föderales Pendant zum zentralistischen Einheitsstaat" aufmerksam gemacht [117: Gaue und Gauleiter, 141]. Daß Untersuchungen mit regionaler Tiefenschärfe hier neue Erkenntnisse versprechen, ist im übrigen auch der Studie von G. KRATZSCH über den Gauwirtschaftsapparat der NSDAP im Gau Westfalen-Süd zu entnehmen [296].

Neue Hitler-
Biographien
Hat die zentrale Rolle von Hitlers Führertum somit von einem verwaltungs- und institutionengeschichtlichen Ansatz her eine weitere empirische Bestätigung gefunden, so wurden in jüngster Zeit auch neue biographisch-politikgeschichtliche Beiträge vorgelegt. Sie tragen indessen nur bedingt zu vertieftem Verständnis der nationalsozialistischen Herrschaftsstruktur bei. A. BULLOCKS monumentales Alterswerk, die 1991 erschienene chronologische und synchrone Darstellung der Lebenswege Hitlers und Stalins [77: Hitler und Stalin], verharrt in betonter Distanz zu den historiographischen Kontroversen um Mono- oder Polykratie, Faschismus oder Nationalsozialismus, und sie will – was angesichts der Thematik besonders überrascht – auch nicht als empirischer Beitrag zur Totalitarismus-Diskussion verstanden werden. Hingegen läßt M. STEINERTS Hitler-Biographie [84] durchaus enge Vertrautheit mit der Forschungsdiskussion erkennen, bleibt in Bezug auf die Frage nach Hitlers Bedeutung für den Charakter der NS-Herrschaft aber eigentümlich unbestimmt und widerspruchsvoll. Der Anspruch, die „Wechselwirkung zwischen Hitlers Person und seinem Umfeld im weiteren wie im engeren Sinne" überzeugend darzulegen [EBD., 10], wird nur ansatzweise eingelöst. Der derzeit jüngste biographische Versuch von K. PÄTZOLD und M. WEISSBECKER stellt theoretische Erwägungen gar nicht erst an [82]. Allerdings zeigt die konventionell gearbeitete Darstellung, welch überraschend hohes Eigengewicht zwei be-

kannte ostdeutsche Historiker *heute* einer historischen Einzelpersön-
lichkeit wie Hitler zumessen. Mit thematisch eingegrenzter Fragestellung, doch überaus ambi-
tiös nähern sich R. ZITELMANN [89: Selbstverständnis] und E. SYRING
[85: Hitler] ihrem Gegenstand. ZITELMANN sah sich auf der Grundlage
neuer Quellenfunde und eines neuen Blicks auf altbekannte Zeugnisse
veranlaßt, das Forschungsproblem von Hitlers Weltanschauung erneut
zu diskutieren. In Ergänzung bzw. Abgrenzung von E. JÄCKEL (vgl.
oben, 61) gelangt er zu der Auffassung, daß Hitlers Denken über die
hinlänglich bekannten außen- bzw. rassenpolitischen Ziele hinaus
ernstzunehmende wirtschafts-, gesellschafts- und innenpolitische
Komponenten enthalten habe, die bislang nicht zureichend beachtet
worden seien, ja daß der Diktator als Sozialrevolutionär und bewußter
Modernisierer gesehen werden müsse und auch das zentrale Ziel der
Eroberung neuen „Lebensraums" im Osten nicht in erster Linie rassenideologisch, sondern ökonomisch bestimmt gewesen sei. Gegen diese
Auffassung ist freilich u. a. eingewandt worden, daß durch die aus-
schließliche Fixierung auf Hitler äußere Faktoren von unbestreitbarem
Eigengewicht ausgeblendet würden. In einer schmalen Hitler-Biogra-
phie hat ZITELMANN seine Sicht indessen noch einmal bekräftigt [90:
Hitler].

Während ZITELMANNS noch in anderem Zusammenhang zu disku-
tierende Ansicht (vgl. unten, 106–108) die Forschung belebt hat, hinterläßt SYRINGS Versuch, Hitlers „politische Utopie" zum angeblich
„erstenmal" geschlossen darzustellen, einen zwiespältigen Eindruck.
Dies liegt zum einen in der Wahl des Themas begründet, das – nicht zuletzt nach ZITELMANNS provozierenden Thesen – wenig neue Erkenntnisse und jedenfalls keine „Korrektur lang gepflegter Vorurteile und
Legenden" verheißt; zum anderen begnügt sich der Verfasser damit,
Hitlers Äußerungen zu paraphrasieren, statt ihren Stellenwert bei kon-
kretem politischen Handeln zu analysieren. SYRING gelangt daher auch
nicht „zu einer Neubewertung der Bedeutung Hitlers im nationalsozialistischen Herrschaftssystem" [85: Hitler, Klappentext].

Wichtige, nach thematischer Eingrenzung und Frageansatz freilich unterschiedlich zu gewichtende Erkenntnisfortschritte über den
Charakter des NS-Regimes und die Rolle Hitlers sind neueren Biographien führender NS-Repräsentanten wie Göring [110: ST. MARTENS;
106: A. KUBE], Goebbels [113: R. G. REUTH; 102: U. HÖVER, Goebbels,
konzentriert sich auf die Jahre vor 1933], Frick [111: G. NELIBA] oder
Ley [114: R. SMELSER] sowie Kaltenbrunner [180: P. BLACK] zu verdanken. Schlaglichter werfen ferner zwei Bände mit biographischen

Hitlers wirtschafts-
und sozialpolitische
Vorstellungen

Hitlers „politische
Utopie"

Biographien führen-
der NS-Repräsen-
tanten

Skizzen führender Repräsentanten der „braunen Elite" [115; 116: R. SMELSER/(E. SYRING)/R. ZITELMANN]. Ihre Bedeutung für die (Schein-) Kontroverse um Monokratie oder Polykratie liegt vor allem darin, daß sie den Handlungsspielraum und die Durchsetzungsfähigkeit Hitlers gegenüber Gefolgsleuten mit eigener Machtbasis beleuchten. Im Ergebnis tritt die absolute Dominanz des „Führers" über seine engsten Paladine immer wieder deutlich zutage, selbst wenn diese, wie Göring, „eine zuweilen durchaus *eigenständige*, aber nie *eigenmächtige* Politik" verfolgten [60: M. FUNKE, Diktator, 51]. Namentlich SMELSER läßt keinen Zweifel daran, daß die erbitterten Machtkämpfe zwischen den NS-Größen die Führerstellung Hitlers stärkten, der als einzige Legitimationsinstanz und „oberster Schiedsrichter" über dem Kompetenzenchaos stand.

Daß dies keineswegs mit allwissend-überlegenem Machiavellismus gleichzusetzen ist, bei Hitler so wenig wie bei seinen wichtigsten Gefolgsleuten, hat soeben einmal wieder die überraschende „Entmythologisierung" der Blomberg-Fritsch-Affäre von 1938 durch K.-H. JANSSEN und F. TOBIAS [276: Sturz der Generäle] deutlich gemacht: Die beiden Generäle waren nicht Opfer einer politischen Intrige, mit der zwei prominente Kritiker von Hitlers Kriegsplänen hätten ausgeschaltet werden sollen, sondern sie stolperten über eine „triviale Sittenaffäre" und eine „polizeiliche Panne", die den „prestigeempfindliche[n] Dikator" [EBD., 7] selbst überrascht hat. Im übrigen unterstreicht die den ereignisgeschichtlichen Ablauf minutiös rekonstruierende Studie ein seit langem bekanntes Faktum, nämlich Hitlers „genialische[s] Improvisation[stalent]", mit dem er auch diese Affäre für seine politischen Zwecke zu nutzen wußte.

Neubewertung der Blomberg-Fritsch-Affäre

3. Forschungskontroversen zur nationalsozialistischen Judenvernichtung und Rassenpolitik

Rassenpolitik und historiographischer Richtungsstreit

Seit den 70er Jahren ist auch die Rassenpolitik in das Zentrum des Streits zwischen „Funktionalisten" und „Intentionalisten" gerückt. Im Kern geht es um die Frage, welcher Stellenwert den ideologischen Obsessionen und konkreten Handlungsanweisungen Hitlers zukommt. Wenn gleichwohl die Frontlinien des interpretatorischen Richtungsstreits hier teilweise anders verlaufen sind, so ist dies der starken Betei-

ligung israelischer bzw. angelsächsischer Historiker zuzuschreiben,
denn gerade jüdische Autoren haben eine deutliche Präferenz für den
intentionalistischen Ansatz erkennen lassen. In etlichen Deutungen erhielt der Genozid darüber hinaus eine heilsgeschichtlich-sakrale Dimension, wie an Termini wie „Holocaust" oder „ha shoah" zu erkennen
ist. Mitunter wird sogar (zumindest tendenziell) die Auffassung geäußert, eine adäquate historiographische Behandlung des Themas sei
überhaupt nur Juden möglich [410: L. DAWIDOWICZ, Krieg gegen die
Juden]. Daß dem nichtjüdischen Historiker jedenfalls ein hohes Maß an
Sensibilität und Behutsamkeit abverlangt wird, ist offenkundig.

Für die Entwicklung der Holocaust-Forschung ist kennzeichnend,
daß zunächst fraglos von einer ausschlaggebenden Rolle Hitlers bei der
Initiierung des Massenmordes ausgegangen wurde, ohne die hiermit
verbundenen quellenkritischen Probleme größerer Aufmerksamkeit zu
würdigen. So setzte G. REITLINGERS erstmals 1953 erschienene Pionierstudie über den Verlauf der „Endlösung" [442] gleichsam selbstver-
ständlich voraus, daß Hitler im Frühjahr 1941 einen Mordbefehl erteilt
habe. „Klassische" Hitler-Biographien wie die von A. BULLOCK [76]
und J. FEST [78], E. JÄCKELS Hitler-Studien [80; 81] oder R. BINIONS
psychohistorische, mit ihrer These von Hitlers und der Deutschen
„traumatische[m] Mechanismus" indes nicht überzeugende Untersuchung [75] bewerten Hitlers Intentionen als primäre Triebkraft hinter
der Judenpolitik des Dritten Reiches, wobei sie insbesondere auf die
unbestrittene Kontinuität und Radikalität in den (öffentlichen) Äußerungen des Diktators verweisen. Besonders zugespitzt erscheint dieser
Kontinuitätsaspekt in der (später als „ultraintentionalistisch" apostro-
phierten) Gesamtdarstellung von L. DAWIDOWICZ, für die außer Zweifel
steht, daß Hitler seine ganze politische Laufbahn hindurch unbeirrbar
an einem Vernichtungs*plan* festgehalten hat [410].

Dennoch zeichnete sich vergleichsweise früh eine Abkehr von
dieser hitlerzentrischen Betrachtungsweise ab. Unter dem Eindruck des
Jerusalemer Eichmann-Prozesses legte R. HILBERG 1961 eine rasch
zum Standardwerk avancierte Gesamtdarstellung der „Vernichtung der
europäischen Juden" [419] vor, die den Blick nicht mehr auf den Diktator und dessen pathologischen Judenhaß, sondern auf die bürokra-
tisch-technische Durchführung des Genozids richtete. Dadurch trat ein
überpersönlich-eigendynamisches Element in den Mittelpunkt des Interesses: die Masse der willfährigen Ausführenden, Räder im Getriebe
einer gewaltigen Vernichtungsmaschinerie, deren Funktion minutiös
nachgezeichnet wird, ohne daß der Verfasser indes eine zentrale, ziel-
gerichtete Lenkung oder Hitlers Verantwortung für einen Vernichtungs-

Die Rolle Hitlers bei
der „Endlösung"

Abkehr von hitler-
zentristischer
Betrachtungsweise

befehl bestritten hätte. Aber jedenfalls war mit der Veränderung des

Blickwinkels eine „revisionistische", auf improvisatorische Züge in der nationalsozialistischen Judenpolitik hinweisende Interpretation angedeutet, die durch die 1970 bzw. 1972 erschienenen Studien von K. A. SCHLEUNES [445: Twisted Road] und U. D. ADAM [391: Judenpolitik] dann näher begründet und vertieft wurde.

SCHLEUNES konzentriert sich auf die Friedensjahre, bewertet die judenfeindlichen Maßnahmen als planlos und sprunghaft, vermag keine zielgerichtet-antreibende Rolle Hitlers zu erkennen und meint von daher auch den Weg nach Auschwitz als „twisted road", als freilich schlimmste von durchaus auch anderen möglichen Alternativen, deuten zu müssen. Hingegen bezieht ADAM die Kriegsjahre und damit ein deutlich breiteres Quellenfundament in seine Untersuchung mit ein. Für ihn ist der im Herbst 1941 einsetzende „Prozeß der Vernichtung" zwar von Hitler sanktioniert, aber nicht von langer Hand geplant und gezielt ausgelöst, sondern vielmehr Folge einer Zwangslage, die auf die chaotischen Begleitumstände der Judendeportationen und den militärischen Mißerfolg vor Moskau zurückgeht. Die hierdurch ausgelöste Eigendynamik habe „auch Hitler zu einem nicht geringen Teil" gebunden [391: Judenpolitik, 360].

Der entscheidende Anstoß zur Übertragung des strukturanalytischen Interpretationsansatzes auf die Frage nach der Entschlußbildung für den Massenmord kam indessen – in diesem Zusammenhang wohl eher unbeabsichtigt – von einem historiographischen Außenseiter, nämlich von D. IRVING und seiner provokanten und bald widerlegten These, Hitler habe erst im Oktober 1943 von der Judenvernichtung erfahren, die Himmler und Heydrich eigenmächtig in die Wege geleitet hätten [D. IRVING, Hitlers Krieg. Die Siege 1939–1942. München/Berlin 1983 (engl. EA 1977)]. Im Zuge seiner Auseinandersetzung mit IRVING knüpfte M. BROSZAT an seine früheren „funktionalistischen" Beiträge an und formulierte 1977 nach eingehender Überprüfung der Quellenbasis die These, daß der Holocaust „nicht nur aus vorgegebenem Vernichtungswillen" entstanden, also in erster Linie intentional zu erklären sei, „sondern auch als ‚Ausweg' aus einer Sackgasse, in die

man sich selbst manövriert hatte" [403: Genesis der „Endlösung"]. Ohne Hitlers fanatischen Judenhaß in Abrede stellen zu wollen, hält BROSZAT es für wahrscheinlich, „daß es überhaupt keinen umfassenden allgemeinen Vernichtungsbefehl gegeben hat, das ‚Programm' der Judenvernichtung sich vielmehr aus Einzelaktionen heraus bis zum Frühjahr 1942 allmählich institutionell und faktisch entwickelte" [EBD., 63 Anm. 27]. IRVINGS Schlußfolgerung, daraus auf Hitlers Unverantwort-

lichkeit zu schließen, weist er entschieden zurück, lehnt allerdings
einen direkten Zusammenhang von Hitlers Weltanschauung und dem
konkreten Vollzug der „Endlösung" ab.

Noch weiter relativiert erscheint die Rolle Hitlers in H. MOMM-
SENS Versuch, „die politisch-psychologische Gesamtstruktur" zu rekonstruieren, innerhalb derer der Holocaust angemessen erklärt werden
soll [434: Realisierung des Utopischen, 186]. Aus dem Bestreben heraus, die Verantwortlichkeit nicht allein bei Hitler zu suchen, sondern
die Rolle der Machteliten und Ämter gleichgewichtig in den Blick zu
nehmen, hatte MOMMSEN schon 1976 den Völkermord an den Juden als
Ergebnis einer „kumulativen Radikalisierung" (vgl. oben, 58) bezeichnet, die, wie er 1979 und noch einmal 1983 präzisierte, durch den ständigen Konkurrenzkampf um die Gunst des „Führers", die „Wirkungs-
macht sekundärer bürokratischer Apparaturen" [EBD., 217], die „Seg-
mentierung der Verantwortlichkeiten" und durch die aus alldem resultierende Eigendynamik entstanden sei; „eines förmlichen, geschweige
denn schriftlich fixierten Befehls von seiten Hitlers" [147: Hitlers Stellung, 87] habe es gar nicht bedurft, seine Rolle als vorwärtstreibender
Ideologe tritt zurück.

IRVINGS Provokation und die „funktionalistische" Deutung der Judenvernichtung als zwangsläufige Folge antagonistischer Machtstrukturen provozierten weiteren Widerspruch. Nachdem G. FLEMING eine
dezidierte Rückwendung zu programmologischer Sicht vollzogen
hatte, indem er die „Endlösung" als konsequente Verwirklichung eines
lange gehegten Plans interpretierte, ja darüber hinaus eine Kontinuitäts-
linie von Hitlers frühem Antisemitismus „bis zu den ersten Massenerschießungen reichsdeutscher Juden" behauptete [413: Hitler und die
Endlösung, 14], für die erste Jahreshälfte 1941 allerdings auch eine in-
tensive Beschäftigung des „Führers" mit der „Judenpolitik" nachweisen konnte, setzte sich CH. R. BROWNING mit BROSZATS Kernthesen
über die Entstehung der „Endlösung" auseinander. Aus genauer Kenntnis namentlich der einschlägigen Aktenbestände des Auswärtigen
Amts kann er plausibel machen, daß Hitler im Sommer 1941 mit hoher
Wahrscheinlichkeit in die konkrete Vorbereitung des Völkermords ein-
gewilligt und die dadurch ausgelösten Planungen dann im Oktober/No-
vember 1941 gebilligt hat. Vor allem führt BROWNING eine ganze Reihe
von Belegen dafür an, daß von einer „stück- und schubweise" aus ver-
einzelten Tötungsaktionen hervorgewachsenen Vernichtungslösung
nicht gesprochen werden könne: Der „quantitative Sprung in der NS-
Judenpolitik" sei bereits mit den seit Ende Juni 1941 durchgeführten
Massenerschießungen erfolgt, also lange vor der von BROSZAT postu-

H. Mommsens
Deutung der „End-
lösung"

Infragestellung
eines Mordbefehls

Die Positionen
Flemings und
Brownings

lierten militärischen „Sackgasse" [404: Genesis der „Endlösung", 97, 105].

Genese der „End- Mit der Kontroverse zwischen BROSZAT und BROWNING war ein
lösung" als For- Detailproblem in den Mittelpunkt gerückt, dem für das historiographi-
schungsproblem sche Gesamturteil erhebliche Bedeutung zukommt. Daher konzentrierte sich auch der weitere Verlauf der Debatte im wesentlichen auf
den angesichts der Quellenlage nur hypothetisch zu leistenden Versuch,
die Genese der „Endlösung" zu rekonstruieren. Während die Mehrheit
der einschlägig forschenden Historiker nach wie vor davon ausgeht,
daß der organisierte Massenmord durch einen explizit gegebenen, aber
nicht notwendig schriftlich fixierten Führerbefehl ausgelöst wurde, liegen die Vorschläge für die Datierung eines solchen Befehls weit auseinander. Auch ein im Mai 1984 in Stuttgart veranstalteter Kongreß über
den „Mord an den Juden im Zweiten Weltkrieg" [422: E. JÄCKEL/J.
ROHWER] vermochte die kontroversen Deutungspositionen nicht zu
überbrücken. Immerhin wurde deutlich, daß sich BROSZAT und MOMM-
SEN mit ihrem Urteil über die Rolle Hitlers in der Minderheit befanden,
wie umgekehrt aber auch die „intentionalistische" Interpretation des
Vernichtungsbefehls als der konsequenten Realisierung eines lange gehegten Plans weithin auf Ablehnung stieß. Gerade die seit Mitte der
80er Jahre erschienenen Studien betonen nahezu einmütig die Situa-
tionsabhängigkeit des Entschlusses zur „Endlösung".

Abgesehen von einer unverkennbaren Tendenz nach Überwindung der Frontstellung bietet die neueste Forschung zur „Judenpolitik"
nach methodischem Vorgehen wie hinsichtlich ihrer Ergebnisse kein
einheitliches Bild. Während A. J. MAYER [432: Krieg als Kreuzzug]
und P. BURRIN [408: Hitler und die Juden] in ihren ansonsten völlig un-
Datierungs- terschiedlich angelegten Studien den Beginn des systematischen Völ-
probleme der „End- kermords übereinstimmend auf August/September 1941 datieren und
lösung" einen Zusammenhang mit schwindenden Hoffnungen auf einen raschen Sieg annehmen, sieht R. BREITMAN in seiner Untersuchung über
die Rolle Himmlers die Schwelle zur „Endlösung" bereits im Frühjahr
1941 überschritten [402: Architect of Genocide]. Himmler fällt bei der
bürokratisch-administrativen Umsetzung der antisemitischen Willens-
bekundungen Hitlers die Schlüsselrolle zu, aber die letzthin entscheidende Instanz ist BREITMAN wie BURRIN zufolge Hitler selbst. MAYER
geht auf das Problem der Entschlußbildung nicht näher ein; sein Ansatz
zielt darauf, den Nationalsozialismus als politische Religion im besonderen (Kreuzzugs-)Charakter des von ihm entfesselten Krieges aufzu-
Gesamtzahl der weisen. Auch der jüngste und bislang exakteste Versuch, die Gesamt-
Opfer zahl der Opfer des Völkermords an den Juden zu ermitteln, berührt in

seinen einschlägigen Passagen die Auslösung des Holocaust nicht weiter [398: W. BENZ, Dimension des Völkermords, 3, 43].

*

Ein weiteres Kennzeichen der neueren Forschung ist die Tendenz, den Holocaust in umfassendere Ereignis- und Erklärungszusammenhänge zu rücken. Dies sind a) der (bereits angesprochene) nationalsozialistische Krieg, b) die nicht allein gegen Juden, sondern generell gegen rassisch „Minderwertige" gerichtete „Vernichtungspolitik", c) die Bevölkerungs- und Umsiedlungspolitik und d) die Mitwirkung bürokratischer Instanzen bzw. die (meist passive) Rolle der Bevölkerung und gesellschaftlichen Großgruppen.

a) Der enge Zusammenhang zwischen der Vernichtung des europäischen Judentums und dem Krieg gegen die Sowjetunion beschäftigt die Forschung seit langem. Bereits 1972 hat A. HILLGRUBER [421: „Endlösung" und deutsches Ostimperium] die wechselseitige Abhängigkeit und Durchdringung von außen- und rassenpolitischer Zielsetzung in Hitlers Kriegführung herausgearbeitet. Auch in M. BROSZATS Erklärungsmodell hat die „ideologisch-pathologische Verknüpfung von Krieg und Judenvernichtung (in Hitlers Vorstellungswelt)" [403: Genesis der „Endlösung", 85] eine zentrale Bedeutung, und Themenfelder wie das Wüten der Einsatzgruppen im „Weltanschauungskrieg", die Behandlung sowjetischer Kriegsgefangener oder die allgemeine Barbarisierung der Kriegführung vornehmlich im Osten haben in einer ganzen Reihe von Spezialstudien Beachtung gefunden [449: C. STREIT; 448: A. STREIM; 425: H. KRAUSNICK/H.-H. WILHELM; 179: R. B. BIRN; 451: H.-H. WILHELM, Rassenpolitik]. Hierbei ist das noch nicht zureichend rezipierte Ausmaß, in dem „reguläre" Wehrmachteinheiten an Ausrottungsaktionen beteiligt waren oder ihnen Vorschub geleistet haben, seit den 70er Jahren in den Blick getreten [54: Das Deutsche Reich, Bd. 4]. Diesem nach wie vor strittigen Themenkomplex ist gerade jüngst neue Aufmerksamkeit zuteil geworden: in O. BARTOVS Versuchen, „Hitlers Wehrmacht" als willfähriges Werkzeug des Regimes und die Brutalisierung des Krieges im Osten als Ergebnis einer sehr weitreichenden Indoktrinierung hinzustellen [396: Eastern Front; 397: Hitlers Wehrmacht], sowie in einem durchweg polemisierenden Begleitband zu einer Ausstellung, der den „Vernichtungskrieg" auf eine Verbrechensgeschichte der Wehrmacht verkürzt [418: H. HEER/K. NAUMANN]. An der Befehlsgebung für die Einsatzgruppen des SD und der Sicherheitspolizei hat P. BURRIN [408] den engen Zusammenhang zwischen Rußlandfeldzug und Judenvernichtung deutlich aufzeigen können, während D.

Judenmord und nationalsozialistischer Krieg

Die Rolle der Wehrmacht

POHL die Entwicklung „Von der ‚Judenpolitik' zum Judenmord" am Beispiel des Distrikts Lublin untersucht hat [440]. Auch Y. BAUER ist kürzlich dem globalen Zusammenhang von „Antisemitismus und Krieg" noch einmal jenseits allen Richtungsstreits nachgegangen [in 59: Der nationalsozialistische Krieg, 146–162]. Wenn A. J. MAYER jedoch die „Endlösung" als bloßes Nebenprodukt oder Teilaspekt eines umfassenderen antibolschewistischen Kreuzzuges begreift, also die Autonomie des nationalsozialistischen Judenmords letztlich bestreitet, bezieht er unverkennbar eine Außenseiterposition [432].

Andere Opfer des NS-Rassismus

b) Der Zusammenhang zwischen dem Holocaust und der Ermordung anderer „Rasse"- bzw. „Gemeinschaftsfremder" – Slawen, Zigeuner, „Asozialer", aber auch geistig Behinderter und psychisch Kranker – im Zuge der angestrebten „biologischen Revolution" [73: H.-U. THAMER, Verführung und Gewalt, 696] bildet inzwischen eine eigene Forschungsrichtung, die im *Rassismus* das konstituierende Element der NS-Herrschaft und damit ein „spezielles zeitgeschichtliches Modell für die Interpretation des Nationalsozialismus" erblickt [G. BOCK, Krankenmord, Judenmord und nationalsozialistische Rassenpolitik, in 487: Zivilisation und Barbarei, 285–306, Zitat 292].

Rassismus als zentrales Interpretament

Insbesondere ist der persönliche, technische und organisatorische Beitrag der „Euthanasie"-Experten zur fabrikmäßig betriebenen Tötung der Juden seit langem bekannt. Die gemeinsamen ideologischen Wurzeln der Massenmorde und die Vision einer „artreinen", weltanschaulich geschlossenen „Volksgemeinschaft" sind dagegen erst in jüngster Zeit verstärkt analysiert worden. Namentlich D. PEUKERT hat in seinen Studien über den „alltäglichen Rassismus" aber auch die gesellschaftlichen, d. h. nicht auf den Bereich des Politischen beschränkten Dimensionen dieses Phänomens beleuchtet und damit Verbindungslinien zwischen der Alltagswirklichkeit des Dritten Reiches und dem Massenmord gezogen [319: Volksgenossen und Gemeinschaftsfremde; Alltag und Barbarei, in 480: D. DINER, Ist der Nationalsozialismus Geschichte?, 51–61].

Euthanasie-Morde und Holocaust

Hingegen führt H.-W. SCHMUHL die vielfältigen Zusammenhänge zwischen den Euthanasie-Morden und dem Holocaust nicht zuletzt auf „rassenhygienisches" Denken in den modernen Sozial- und Humanwissenschaften zurück, das mit seiner biologistischen Reduktion des gesellschaftlichen Geschehens auf vermeintliche Naturgesetze bereits eine „inhärente Tendenz zur Eskalation der Gewalt" in sich getragen habe [446: Rassenhygiene, 65]. Er bestätigt damit Beobachtungen der medizinhistorischen Forschung [433: Medizin im Nationalsozialismus; 424: M. H. KATER, Doctors under Hitler; 414: N. FREI, Medizin und Gesundheitspolitik; 407: M. BURLEIGH, Death and Deliverance]. Namentlich R. J. LIFTON sieht in der rassehygienischen Tradition eine Wegbereiterin des „medikalisierte[n] Töten[s]" und der sich ausbreitenden „Genozid-Mentalität" in Teilen der Ärzteschaft [427: Ärzte im Dritten Reich, 168]. Allerdings bedurfte es zur Entfaltung dieser Destruktionskräfte eines staatlich institutionalisierten Rassismus, wie er erst mit der NS-Herrschaft gegeben war. SCHMUHLS These indes, der Nationalsozialismus habe dem rassenhygienischen Denken „keine genuin nationalsozialistische Komponente hinzugefügt" [446: Rassenhygiene, 155], ist zu Recht auf Widerspruch gestoßen.

Auch andere Betätigungsfelder nationalsozialistischer „Rassenpolitik" wie Zwangssterilisierungen und -kastrationen und sonstige „rassenhygienische" Maßnahmen [435: B. MÜLLER-HILL, Tödliche Wissenschaft; 399: G. BOCK, Zwangssterilisation; 444: K. SCHERER, „Asozial" im Dritten Reich], die Verfolgung der Zigeuner [452: M. ZIMMERMANN, Vernichtungspolitik] oder diejenige der Homosexuellen [423: B. JELLONNEK] treten zunehmend in den Blick, da sie sich als Bestandteile des gleichen militanten Rassismus erweisen. Ohne Zweifel hat ihre Bearbeitung lange im Schatten der Holocaust-Forschung gestanden. Gesamtinterpretationen, die den NS-Terror ausschließlich im Blick auf die Durchsetzung von „Rassenpolitik" werten und die nicht rassistisch motivierte Verfolgung von politischen, weltanschaulichen oder religiös gebundenen „Gegnern" ausblenden [51: M. BURLEIGH/W. WIPPERMANN], greifen indes zu kurz.

c) Von wieder anderer Perspektive her und mit durchgängig kritischem Gegenwartsbezug bringen G. ALY und S. HEIM den Holocaust mit dem am Rationalitäts- und Machbarkeitskalkül orientierten Denken der modernen Wissenschaften in Verbindung, indem sie den Planungen deutscher Behörden- und Forschungsinstitute „für eine neue europäische Ordnung" nachspüren [393: Vordenker der Vernichtung]. Aus den dabei zutage geförderten Großprojekten für eine gigantomanische „völkische Flurbereinigung" und Reduktion der osteuropäischen Bevölkerung um mehrere zehn Millionen Menschen entwickelten sie die umstrittene These, daß nicht etwa rassistische und biologistische Dogmen die „Endlösung" verursacht hätten, sondern ein technizistisches, bevölkerungsökonomisches Zweck-Nutzen-Kalkül, eine „gnadenlos instrumentalisierte Vernunft" [EBD., 485]. Der Holocaust erscheint als ein Mittel, „überschüssige", „unproduktive", rassisch unerwünschte Bevölkerungsteile zu vernichten, um die Ressourcen effektiver verteilen zu können, mithin als „eine Form, die soziale Frage zu lösen" [G. ALY/ S. HEIM, Sozialplanung und Völkermord, in 447: W. SCHNEIDER (Hrsg.), „Vernichtungspolitik", 11–24, Zitat 20].

Weitere Felder der NS-Rassenpolitik

Holocaust und Rationalitätskalkül

Dieser neue Interpretationsansatz hat scharfe Repliken provoziert [u. a. 411: D. DINER, Rationalisierung und Methode, hierzu die Antwort von G. ALY in: VfZG 41 (1993) 621–635; 417: H. GRAML, Widerspruch], wobei die Frage nach dem ökonomischen „Sinn" der Vernichtungspolitik ebenso gestellt wie die unzulässige Gleichsetzung von „Expertenphantasien" mit den Motiven der politisch Verantwortlichen oder die Ausblendung der ereignisgeschichtlichen Zusammenhänge der „Endlösung" moniert wurde. Auch werden die Autoren mit dem Einwand konfrontiert, von extremer Planmäßigkeit und Rationalität des Handelns auszugehen, ohne die Reibungen und Widersprüche im Herrschaftsgefüge zu berücksichtigen [433: Medizin im Nationalsozialismus, 80].

In seiner neuesten Publikation ist ALY denn auch von dieser abseitigen Gesamtinterpretation abgerückt und analysiert die Judenvernichtung unter Auswertung neu erschlossener Aktenbestände nunmehr – wie Jahre zuvor schon R. HILBERG [419] – aus der Perspektive der mit der praktischen Durchführung der Deportationen und Umsiedlungen befaßten Bürokratien [392: G. ALY, „Endlösung"]. Dabei erscheinen die Deportationen der Juden als Teil eines monströsen Kreislaufs, der neben der Ghettoisierung der (ost-)europäischen Juden auch noch die Zwangsumsiedlung von Polen und die „Heimholung" und Ansiedlung von Volksdeutschen in den eroberten Gebieten umfaßte. Hierauf hatte freilich C. R. BROWNING [Nazi Resettlement Policy, in: 406: DERS., The Path to Genocide, 3–27; Beyond ‚Intentionalism' and ‚Functionalism', in 53: Reevaluating the Third Reich, 211–233] schon *vor* ALY hingewiesen. Erst aus der Gesamtbetrachtung aller in Himmlers Verantwortungsbereich liegenden Umsiedlungsprojekte lassen sich nach ALYS Ansicht die Zwangslagen der „Judenpolitik" erklären. In mancher Hinsicht gelangt er damit zu einer empirischen Stützung von BROSZATS 1977 programmatisch entwickelter Position [403]; auch für ALY erwächst die „Endlösung" aus selbsterzeugten, kumulierenden Handlungszwängen, die ihrerseits Folgen von Schwierigkeiten bei den Umsiedlungsprogrammen und im militärischen Bereich waren, weswegen er denn auch dezidiert urteilt, eines „Führerbefehls" für den Holocaust habe es nicht bedurft, „ja, er wäre kontraproduktiv gewesen" [392: „Endlösung", 390]. ALYS Beitrag zeigt damit ein weiteres Mal, daß die historiographischen Interpretationsansätze für das Vernichtungsgeschehen nach wie vor auseinanderklaffen: Die interpretatorische Dichotomie der 80er Jahre ist einer neuen Vielfalt von Deutungen gewichen, die letztlich gleichwohl in „intentionalistischen" bzw. „funktionalistischen" Bahnen verharren.

Kritik an der Rationalisierung der Vernichtungspolitik

Judenvernichtung und Umsiedlungspolitik

Die „Endlösung" als Resultat kulminierender Handlungszwänge

d) Während die Geschichte der *Opfer* nationalsozialistischer Rassenpolitik seit langem erforscht wird, hat inzwischen auch der Kreis der *Täter* Beachtung gefunden, *Täter* hier nicht verstanden im Sinne der unmittelbar am Vernichtungsgeschehen beteiligten NS-Schergen, sondern unter Einbeziehung der vielen tausend intellektuellen, bürokratischen, militärischen oder sonstigen Funktionsträger, darunter auffallend vielen karrierebewußten jungen Akademikern, die mittel- oder unmittelbar an der Vorbereitung und Durchführung der „Endlösung" beteiligt waren. Daß neben der Wehrmacht (vgl. oben, 71) auch eine so traditionsbewußte Institution wie das Auswärtige Amt tiefer in den Genozid verstrickt war, als allgemein bewußt, hat nach C. R. BROWNING [The Final Solution and the German Foreign Office. New York/London 1978] jetzt H.-J. DÖSCHER aufgezeigt. Seinen Ermittlungen zufolge war die Zusammenarbeit mit dem Reichssicherheitshauptamt keineswegs auf wenige nationalsozialistische Außenseiter beschränkt; vielmehr befanden sich „unter den verantwortlich mitwirkenden Beamten ... nicht wenige Berufsdiplomaten, die dem AA schon vor der Ernennung Ribbentrops zum Reichsaußenminister (1938)" angehört hatten [126: Auswärtiges Amt, 310].

Täter und Helfer beim Judenmord

Noch unzureichend erforscht und daher umstritten ist die *Motivation* der Mit*täter*, die im Regelfall nicht von ideologischem Fanatismus getrieben waren und ihr Verhalten, bis in den Kreis der Hauptschuldigen hinein, vielfach mit penibler Beachtung (klein-)bürgerlicher Wohlanständigkeit zu verbinden wußten. Gewiß wäre die Judenverfolgung nicht ohne antisemitische und wohl auch rassistische Vorprägungen durchführbar gewesen. In welchem Ausmaß jedoch beruflicher Ehrgeiz, amoralisches Machbarkeitsdenken, herkömmliche Autoritätsfixierung oder ein grundlegender Mangel an ethischen Maßstäben dazu beigetragen haben, daß natürliche Hemmschwellen überschritten wurden, bleibt eine offene Frage. Eine neue Studie R. HILBERGS [420: Täter, Opfer, Zuschauer] zeigt eine Vielfalt möglicher Einstellungen, läßt aber zugleich vermuten, daß generalisierende Antworten die Wirklichkeit verfehlen würden. Immerhin hat eine minutiöse Fallstudie von C. R. BROWNING [405: Ganz normale Männer] über die Zusammensetzung eines hinter der Front eingesetzten Bataillons der Ordnungspolizei deutlich gemacht, welche Bedeutung dem Gruppenzwang für die Mitwirkung an Erschießungsaktionen zukam.

Die Motivation der Beteiligten

Das Verhalten der deutschen *Bevölkerung* während der verschiedenen Phasen der nationalsozialistischen „Judenpolitik" hat erst vergleichsweise spät die Aufmerksamkeit der Forschung gefunden. Dies dürfte auch mit der Quellenlage zu erklären sein, die im wesentlichen

Zur Haltung der deutschen Bevölkerung

aus den Lageberichten der Überwachungsorgane und den (bislang noch unzureichend ausgewerteten) Berichten von Exilgruppen besteht und daher besondere quellenkritische Probleme aufwirft. Immerhin hat eine Reihe von Editionen und Darstellungen, darunter M. G. STEINERTS schon 1970 erschienene Untersuchung [71: Hitlers Krieg], ein von U. BÜTTNER unlängst herausgegebener Sammelband [409: Die Deutschen und die Judenverfolgung] oder B. STÖVERS Untersuchung der „Konsensbereitschaft der Deutschen aus der Sicht sozialistischer Exilberichte" [72: Volksgemeinschaft], zu zeigen vermocht, daß durchaus schon erste, aber nach regionalen oder politisch-weltanschaulichen Milieus zu differenzierende Aussagen möglich sind. Gleichwohl erscheint W. LAQUEURS Urteil: „Es ist zwar richtig, daß nur eine Handvoll Deutscher *alles* über die Endlösung wußte, aber nur sehr wenige wußten gar nichts" [426: Was niemand wissen wollte, 26] überspitzt, zumal offen bleibt, inwieweit hier die mit dem Begriff „Endlösung" verbundene Vorstellung vom systematischen, fabrikmäßig betriebenen Massenmord gemeint ist.

Mißbilligung der Pogrome

Andererseits lassen die Stimmungsberichte erhebliche Reserven großer Bevölkerungsteile gegen jedwede Erscheinungsform von Radau-Antisemitismus erkennen. Dies kam ebenso in der verbreiteten Mißbilligung der reichsweiten Pogrome 1933 und 1938 wie andererseits in der Behandlung der eigentlichen „Endlösung" als strikte Geheimsache zum Ausdruck, weil die NS-Führung nicht davon ausgehen konnte, für den Völkermord an den Juden nachhaltige Zustimmung zu finden. Namentlich I. KERSHAW [Antisemitismus und Volksmeinung, in 306: Bayern in der NS-Zeit, Bd. 2, 281–348] unterscheidet daher zwischen dem „latenten" Antisemitismus der Vielen, der die vorherrschende Passivität oder Indifferenz erkläre, und dem „dynamischen Antisemitismus" der vergleichsweise wenigen „Judenhasser". Zuletzt hat D. BANKIER den „traditionellen" Antisemitismus dafür verantwortlich gemacht, daß der „level of resistance to genocidal means" bei den meisten Deutschen „very low" gewesen sei [395: The Germans and the Final Solution, 156], freilich mit dem Zusatz, daß die Bereitschaft, sich zu exponieren, angesichts der vorangegangenen „Entpersonalisierung" der Juden und der während des Krieges wachsenden sozialen Atomisierung, allgemeinen Abstumpfung und Furcht vor dem Terror der Gestapo ohnehin gering gewesen sei. Bezüglich der Haltung der christlichen Kirchen in der „Judenfrage" hat die Forschung noch nicht zu abschließendem Urteil gefunden, zumal die mentalitäts- und verhaltensprägende Kraft des Konfessionellen noch nicht hinreichend wahrgenommen wird. Meist wird aus dem vorherrschenden „Schweigen" auf

eine „Ökumene des Versagens" geschlossen, ohne daß die Frage der
Bewertungskriterien geklärt wäre [336: O. D. KULKA/P. R. MENDES-
FLOHR, Judaism and Christianity; Beiträge in 409: U. BÜTTNER, Die
Deutschen und die Judenverfolgung].

4. Herrschaft. Alltag. Widerstand. Kirchenkampf

Die lange vorherrschende Konzentration der Forschung auf zentrale Instanzen der Herrschaftsausübung hat mit der Ausweitung der Frageper-
spektiven einer größeren Vielfalt von Themen Platz gemacht. Hierbei
war nicht zuletzt die Erkenntnis maßgebend, daß der Vollzug, die Wirkung und die Begrenzung von *Herrschafts*ansprüchen dort untersucht
werden müssen, wo sich das Regime *und* die gleichermaßen umworbene wie entmündigte Gesellschaft wechselseitig durchdrangen. Dies
soll verdeutlicht werden an Forschungsbeiträgen, die sich mit Organen
der Herrschaftsausübung wie Justiz, Wehrmacht, SS und politischer
Polizei, mit der Selbstdarstellung des Regimes sowie mit der lokalen
und regionalen (Alltags-) Geschichte befassen. Zentrale Gegenstände
der Untersuchung sind ferner die unterschiedlichen Formen widerständigen Verhaltens und endlich die Selbstbehauptungsbestrebungen der
Kirchen, die mit ihrem konkurrierenden Weltdeutungsangebot den Totalitätsanspruch des Regimes bestritten. Damit eröffnen sich Themenfelder von äußerst disparatem Zuschnitt; sie werden unter dem Aspekt
behandelt, daß sie sich gemeinsam auf Herrschaft beziehen. Sie lassen
zugleich erkennen, welch vielfältiges Bild die neuere NS-Forschung
bietet, wobei häufig die großen Kontroversen über die Interpretation
ignoriert werden.

    Generell läßt sich seit Mitte der 60er Jahre in den verschiedensten
Bereichen der NS-Forschung eine Ausweitung zu sozialgeschichtlichen
Fragestellungen feststellen. Standen zunächst die Institutionen und
Strukturen der Herrschaftsausübung im Zentrum, so richtete sich nun
das Interesse auf die „Wechselbeziehungen zwischen Herrschaft und
Gesellschaft" [G. PLUM, Widerstand und Resistenz, in 50: Das Dritte
Reich, 248–273, Zitat 264]. Die nationalsozialistische Herrschaft wird
nicht mehr als gleichsam „innere Fremdherrschaft", sondern als eine in
einen sozialen Kontext eingebettete und durchaus zustimmungsbedürf-
tige Größe analysiert. Ein geschärfter Blick für „die Ungleichförmigkeit
der Herrschaftsausübung vor Ort" ging damit einher [EBD.]. Nunmehr
zeigte sich, daß eine wissenschaftlich angemessene Erfassung der Rea-

[Marginal notes:]

Herrschaftsaus-
übung und Gesell-
schaft

Soziale Dimension
der NS-Herrschaft

lität nationalsozialistischer Herrschaft nicht ohne mannigfache lokale und regionale Differenzierungen auskommt. Bei alltags-, sozial- und mentalitätsgeschichtlichen Arbeiten der achtziger Jahre geht die Tendenz zur Differenzierung und Entmonumentalisierung der NS-Zeit teilweise so weit, daß der Bezug zur politischen Geschichte ganz oder doch weitgehend aufgegeben wird. Dies führt dann in aller Regel zu einer Neubestimmung der historischen Zäsuren und zu einer Entgrenzung der Geschichte des Dritten Reiches in Richtung einer umfassenderen Modernisierungsgeschichte Deutschlands. Die von M. BROSZAT/K.-D. HENKE/H. WOLLER herausgegebenen Beiträge zu einer Sozialgeschichte der „Zusammenbruchsgesellschaft" [239: Von Stalingrad zur Währungsreform] sind hierfür ein bezeichnendes Beispiel. Bei Verfechtern einer Alltagsgeschichte sans phrase erschöpfen sich solche historiographischen Innovationen freilich in ausufernden Methodendiskussionen, denen gegenüber festzuhalten bleibt, daß gerade empirisch verfahrende Untersuchungen „traditioneller" Themen unser Wissen über das Dritte Reich immer wieder wesentlich bereichert haben.

Sozialgeschichtliche Neubestimmung der Zäsuren

4.1 Herrschaft und Alltag: Justiz. Wehrmacht. Terrorapparat. Medien und Propaganda. Forschungen zur Alltags- und Regionalgeschichte

Rechts- und Justizgeschichte

Die Erforschung der *Rechts- und Justizgeschichte* des Dritten Reiches folgt weithin traditionellen Ansätzen und ist nach wie vor eine Domäne der Juristen, deren methodische Herangehensweise das historische Interesse nicht immer zufriedenstellt. Überdies sind ältere Darstellungen wie H. SCHORNS stark autobiographisch geprägter Band „Der Richter im Dritten Reich" [Frankfurt am Main 1959] oder H. WEINKAUFFS und A. WAGNERS „Die deutsche Justiz und der Nationalsozialismus" [176] von apologetischen Zügen nicht frei. Solche Rechtfertigungstendenzen provozierten nach 1968 den Widerspruch einer jüngeren, teilweise extrem kritisch eingestellten Generation von Juristen, deren Beiträge erneut zu Einseitigkeiten führten. Als spätes, nach Titel wie Urteilskriterien gleichwohl bezeichnendes Werk mag hierfür I. MÜLLERS „Furchtbare Juristen" [München 1987] stehen.

Nationalsozialistische Umformungen des Rechts

Am Beispiel des Privatrechts, der Gemeinwohlformeln und der völkischen Rechtslehre haben B. RÜTHERS [171: Die unbegrenzte Auslegung], M. STOLLEIS [173: Gemeinwohlformeln im nationalsozialistischen Recht] und K. ANDERBRÜGGE [157: Völkisches Rechtsdenken] gleichzeitig nach charakteristischen Umformungen des Rechts durch die Nationalsozialisten sowie gemeinsam mit anderen Autoren nach

längerfristigen Kontinuitätslinien gefragt [170: NS-Recht in historischer Perspektive]. Das Augenmerk gilt neben den nationalsozialistischen Rechtslehren auch den Rechtslehrern, mit deren Hilfe die aus der
Weimarer Zeit überkommene, ohnehin stark positivistisch ausgerich-
tete Rechtsordnung in den Dienst der Führerdiktatur gestellt und die
Rechtsbegriffe „umgedacht" (C. SCHMITT) wurden [172: B. RÜTHERS,
Entartetes Recht; 166: A. KOENEN, Der Fall Carl Schmitt].
Neben dem öffentlichen Recht [163: R. ECHTERHÖLTER, Öffentli-
ches Recht], dem Staatsrecht [161: E.-W. BÖCKENFÖRDE, Staatsrecht
und Staatsrechtslehre] und der außerordentlich kontrovers beurteilten
Wehrmachtsjustiz [O. P. SCHWELING, Die deutsche Militärjustiz in der
Zeit des Nationalsozialismus. Marburg 1978; 285: F. WÜLLNER, NS-
Militärjustiz], die auch in F. W. SEIDLERS Studie noch nicht ihre ab-
schließende Darstellung gefunden hat [282: Militärgerichtsbarkeit],
wurde die Ausprägung eines rassischen „Sonderrechts" besonders in-   Rassisches Sonder-
tensiv erforscht. Namentlich D. MAJER vermochte zu zeigen, wie unter   recht
Verletzung des fundamentalen Grundsatzes rechtlicher Gleichbehand-
lung die „völkische Ungleichheit" rechtlich sanktioniert und abgesichert wurde [167: „Fremdvölkische"; 168: Grundlagen]. Mit der Anwendung und zunehmend restriktiven Auslegung dieses „Rasserechts",
das dem Richter an sich einen weiten Ermessensspielraum ließ, wurde
die Justiz zu einem willfährigen Erfüllungsgehilfen der sich stetig radi-
kalisierenden NS-Rassenpolitik, während in anderen Bereichen gleichzeitig ein unverkennbares Bemühen um Wahrung eines gewissen Ma-
ßes an Rechtssicherheit zu erkennen ist [174 M. STOLLEIS, Recht im
Unrecht].
Das Schwergewicht der Forschungen liegt naturgemäß auf der
(politischen) Strafjustiz als demjenigen Bereich, in dem sich die Eingriffe des Regimes am deutlichsten auswirkten. Dies spiegelt sich auch
in der bislang umfassendsten Darstellung der nationalsozialistischen
Justizgeschichte, L. GRUCHMANNS „Justiz im Dritten Reich 1933–   Gruchmanns Ge-
1940" [164]. Das voluminöse Werk konzentriert sich auf eine Institu-   schichte der Justiz
tionengeschichte des Justizministeriums und der Justizverwaltung in
der Ära Gürtner sowie auf das Strafrecht, hier insbesondere auf die
Strafgesetzgebung und die Ansätze zur Strafrechtsreform. Unter Auswertung eines umfassenden Quellenbestands wird ein differenziertes
Bild der Rolle der Justiz zwischen 1933 und 1941 gezeichnet, das deren
Instrumentalisierung ebenso deutlich werden läßt wie die Bemühungen, in geeignet erscheinenden Rechtsbereichen ein weiteres Abgleiten
in polizeistaatliche Willkür zu verhindern. GRUCHMANNS Darstellung
wird von R. ANGERMUNDS Studie „Deutsche Richterschaft 1919 –

1945" [158] ergänzt, die gleichfalls auf einem breiten Quellenfundament basiert und die Ära Thierack, in der die Justiz vollends den Machthabern ausgeliefert wurde, in die Betrachtung mit einbezieht. Ihr

Ideologisierung der Rechtsprechung

zentrales Thema ist die Politisierung und Ideologisierung der Rechtsprechung, die vornehmlich anhand der Spruchpraxis des Reichsgerichts und der Oberlandesgerichte untersucht wird. Unter herrschaftsgeschichtlichem Aspekt kommt den Abschnitten über die Sondergerichte und über die Kooperation von Justiz und Gestapo besonderes Interesse zu.

Vertiefte Einblicke in die Praxis der Rechtsprechung können regional- und lokalgeschichtliche oder auf einen konkreten „Täterkreis" beschränkte Untersuchungen liefern. Dies hat W. JOHE bereits 1967 am Beispiel des Oberlandesgerichtsbezirks Hamburg gezeigt [Die gleichgeschaltete Justiz. Frankfurt am Main 1967]. In jüngerer Zeit war neben der Rechtsprechung des Volksgerichtshofs [162: G. BUCHHEIT; 175: W. WAGNER; 165: H. W. KOCH] insbesondere diejenige der Sondergerichte Gegenstand empirischer Studien. Analysen der „Heimtückeverfahren"

NS-Sondergerichte

des Sondergerichts München [P. HÜTTENBERGER, in 306: Bayern in der NS-Zeit, Bd. 4, 435–526], der Verfahren gegen Angehörige des sogenannten politischen Katholizismus [160: A. BLUMBERG-EBEL] oder erste Ergebnisse eines großangelegten Forschungsprojekts zur Hamburger Justizgeschichte [159: K. BÄSTLEIN u. a.] zeigen, daß sich der Grad der politischen Instrumentalisierung der deutschen Strafjustiz, die Mechanismen der Umsetzung politisch-ideologischer Vorgaben oder das Verhalten der Justiz gegenüber außernormativen Gewalten wie Gestapo und SS letztlich nur über solche Einzelanalysen präzise ermitteln lassen. Es kann dabei nicht überraschen, daß die vorliegenden Ergebnisse ein nach Gerichten wie Richtern zu differenzierendes Bild ergeben.

*

Auf einem zweiten traditionellen Arbeitsfeld der NS-Forschung,

Wehrmacht im Dritten Reich

der Geschichte der *Wehrmacht im Dritten Reich*, deren Verstrickung in den nationalsozialistischen Weltanschauungskrieg bereits in anderem Zusammenhang behandelt worden ist, zeichnet sich seit den späten 60er Jahren ein Perspektivenwechsel ab, der nach einer Phase erklärend-verstehender, vornehmlich politik- und ideologiegeschichtlich ausgerichteter Betrachtung auf eine Einordnung der Thematik in größere organisationssoziologische bzw. gesellschaftsgeschichtliche Zusammenhänge bedacht ist. Neben M. MESSERSCHMIDT [277: Wehrmacht im NS-Staat] hat namentlich K.-J. MÜLLER unter Rückgriff auf

eliten- und modernisierungstheoretische Ansätze auf das Spannungsge-
füge von vorindustriell-junkerlicher Militärelite Preußen-Deutschlands
und den gesamtgesellschaftlichen und politischen Folgen und Funktio-
nalisierungszwängen der (ideologisch gewollten) industriellen Rü-
stungsdynamik hingewiesen [278: Das Heer und Hitler; Armee, Politik
und Gesellschaft in Deutschland. 4. Aufl. Paderborn 1986 (EA 1979);
280: Armee und Drittes Reich]. Noch stärker sind M. GEYERS epochen-
übergreifende Studien [273: Aufrüstung oder Sicherheit; Deutsche Rü-
stungspolitik 1860–1980. Frankfurt am Main 1984] von Leitbegriffen
wie „Industrialisierung" oder „Vergesellschaftung des Krieges" bestimmt.

In einen weitgespannten Interpretationsrahmen stellt B. WEGNER
seine ideologie-, organisations- und funktionsgeschichtlichen Studien
über die Waffen-SS [204: Hitlers Politische Soldaten], die namentlich
auf das soziale Rekrutierungsfeld der NS-Elite und die auffällige Zurückdrängung der traditionellen Führungsschichten neues Licht werfen. Allerdings sieht WEGNER in der „Erscheinungsform" des „politischen Soldaten" einen weit über Deutschland hinaus verbreiteten Ty-
pus. An führenden Militärs wie Beck [279: K.-J. MÜLLER] oder Halder
[275: C. HARTMANN; 284: G. R. UEBERSCHÄR] ist überdies aufgezeigt
worden, wie fließend die Trennlinie zwischen aktiver Mitwirkung an
den Zielen des Regimes und der Hinwendung zur Opposition war. Die
Einbeziehung der militärischen Eliten in größere gesellschaftliche Zusammenhänge liegt endlich auch dem Versuch einer deutsch-deutschen
Standortbestimmung über den Weg deutscher Eliten in den Zweiten
Weltkrieg zugrunde, dessen gemeinsame Publikation noch kurz vor
dem Ende der DDR an der Borniertheit des SED-Regimes scheiterte
[240: M. BROSZAT/K. SCHWABE, Eliten; 253: L. NESTLER, Eliten].

*

Wie im Bereich der Rechts- und Justizgeschichte hat zunächst
auch bei der Erforschung des *Herrschafts- und Terrorapparats* der SS
ein institutionengeschichtlicher Ansatz vorgeherrscht. Von E. KOGONS
1946 erschienenem KZ-Report [194: SS-Staat] über frühe Darstellungen zur Geschichte der Gestapo [184: E. CRANKSHAW; 185: J. DELARUE]
bis zum derzeit jüngsten Versuch einer Gesamtdarstellung von J. v.
LANG [196] wird jeweils ein Eindruck umfassender Überwachungstä-
tigkeit und terroristischer Wirksamkeit vermittelt, wie er sich auch im
Gedächtnis der Zeitgenossen und ihrer nachträglich deutenden Erinnerung erhalten hat. Diese Vorstellung wird gestützt durch eine Reihe
stärker empirisch ausgerichteter Studien, denen es darum zu tun war,

Waffen-SS

Funktionseliten im
Zweiten Weltkrieg

Herrschafts- und
Terrorapparat der
SS

die Organe der „Gegnerbekämpfung" in ihrem organisatorischen Aufbau und ihrem institutionellen Handlungsrahmen zu rekonstruieren, d. h. die „Anatomie des SS-Staates" [182: M. BROSZAT/H. BUCHHEIM/ H.-A. JACOBSEN/H. KRAUSNICK] freizulegen. Neben H. BUCHHEIMS nach wie vor grundlegender Studie über die Durchdringung der Polizei durch die SS [Die SS – das Herrschaftsinstrument; Befehl und Gehorsam, in: EBD., 13–320] und der Geschichte der SS von H. HÖHNE [191: Orden unter dem Totenkopf], der nachdrücklich auf polykratische Machtzentren und ständige Rivalitätskämpfe hinwies, sind hier vor allem Studien über die „Frühgeschichte" von Gestapo, Sicherheitspolizei und SD [178: S. ARONSON, Reinhard Heydrich; 190: CH. GRAF, Politische Polizei; 183: G. C. BROWDER, Foundations], über die Berliner Gestapo-Zentrale in der Prinz-Albrecht-Straße [203: J. TUCHEL/R. SCHATTENFROH, Zentrale; 200: R. RÜRUP (Hrsg.), Topographie], das System der Konzentrationslager [201: J. TUCHEL, Konzentrationslager; 202: DERS., Inspektion; 187: K. DROBISCH/G. WIELAND, System] und die soziale Rekrutierung des Führungspersonals der SS zu nennen [179: R. B. BIRN, Höhere SS- und Polizeiführer; 205: H. F. ZIEGLER, Nazi Germany's New Aristocracy]. Sie unterstreichen in ihrer Gesamtheit, daß dem klassischen institutionengeschichtlichen Zugang nach wie vor zentrales Gewicht bei der Beschreibung des NS-Terrors zukommt.

Allerdings ist gegen diese Arbeiten in jüngster Zeit kritisch eingewandt worden, daß sie „lediglich den Handlungsrahmen der Gestapo, nicht aber deren Tätigkeit selbst" umrissen [197: K.-M. MALLMANN/G. PAUL, Allwissend, 986]. Damit zeichnet sich ein Wechsel der Perspektiven ab: Indem der Blick auf die Funktionsmechanismen des Terror- und Verfolgungsapparats und dessen Zusammenarbeit mit Teilen der Bevölkerung gerichtet wird, werden die vorliegenden Forschungsergebnisse in einen breiter angelegten gesellschaftsgeschichtlichen Kontext eingeordnet.

Das Ergebnis zwingt zu einer Revision landläufiger Vorstellungen von Rolle und Arbeitsweise der Gestapo. Diese „Zentralinstanz der organisierten außernormativen Gewalt" [EBD., 987] erscheint nicht länger als nahezu perfekt funktionierendes Instrument der Überwachung und „Gegnerbekämpfung". Im Unterschied zum Staatssicherheitsdienst der DDR mit seinem absolut wie relativ ungleich größeren Personalbestand entsprach die Vorstellung von einer allwissenden, allmächtigen und vor allem allgegenwärtigen Gestapo nur in Einzelfällen der Realität. Wie neuere regional- und lokalgeschichtlich angelegte Detailstudien zur polizeilichen Tätigkeit vor Ort ergeben, war die allseits gefürchtete Geheimpolizei vielerorts weder personell noch apparativ in der Lage, die

Randnotizen:

„Anatomie des SS-Staates"

Perspektivenwechsel in der Gestapo-Forschung

Gestapo als überforderte Behörde

ihr zugedachte und nachgesagte Rolle als gesellschaftliches Übewachungsinstrument hinreichend auszufüllen. Neben ihren eigenen, bislang wohl eher überschätzten V-Leuten, deren Rolle noch nicht befriedigend untersucht ist [vgl. W. O. WEYRAUCH, Gestapo-V-Leute, Frankfurt/M. 1989], war die Gestapo vor allem auf (freiwillige) Zuträgerdienste aus der Bevölkerung angewiesen, die, den bislang vorliegenden Regionalstudien zufolge, in allerdings erschreckend hohem Maß erbracht wurden. Hierauf haben M. BROSZAT [181: Politische Denunziationen] und P. HÜTTENBERGER (vgl. oben, 80) bereits im Rahmen des Projekts „Bayern in der NS-Zeit" hingewiesen, ohne indessen die Interaktion von Gestapo und Bevölkerung zu einem eigenen Untersuchungsobjekt zu machen. Die Denunziationsbereitschaft (meist unterer sozialer Schichten) der Bevölkerung erweist sich jedenfalls als genuiner Bestandteil nationalsozialistischer Repression, während umgekehrt die Perhorreszierung der Gestapo im nachhinein als Produkt einer zumindest partiellen Fehlwahrnehmung erscheint, die sich zum einen aus der Opferperspektive, zum anderen aus der allgemein verbreiteten und von der Propaganda nach Kräften geförderten Vorstellung einer allmächtigen Überwachungsmaschinerie erklärt.

Nach ersten, eher unsystematischen Hinweisen von seiten der regionalen Widerstandsforschung hat vor allem R. MANN mit seiner quantitativen Auswertung des Aktenbestands der Gestapoleitstelle Düsseldorf die Revision des überkommenen Gestapo-Bildes eingeleitet [198: Protest und Kontrolle]. Sein Befund wird durch weitere Regionalstudien bestätigt. Hier ist namentlich R. GELLATELYS Studie „Die Gestapo und die deutsche Gesellschaft" zu nennen [188], die die Arbeit der Stapo-Stelle Würzburg untersucht, allerdings unter Beschränkung auf die nationalsozialistische Rassenpolitik, während K.-M. MALLMANN und G. PAUL allgemeineren Aspekten von „Herrschaft und Alltag" im Industrierevier der Saar nachspüren [314] und G. DIEWALD-KERKMANN der politischen Denunziation im Raum Lippe nachgeht [186].

Alle diese Arbeiten schildern die Gestapo als eine notorisch unterbesetzte und in der Aufgabenflut zunehmend erstickende Behörde, die überdies bis zum Krieg eine hohe personelle Kontinuität zur Weimarer Polizei aufwies und somit nicht die zu erwartende ideologisch fanatisierte Polizeitruppe war. Jedenfalls beleuchtet die Zeitgeschichtsforschung mit der Analyse des in Gestapo- wie auch in (Sonder-)Gerichtsakten durchgängig faßbaren Phänomens der Denunziation einen zentralen Punkt der für die Funktionsfähigkeit des Terrorsystems unabdingbaren Interaktion zwischen Bevölkerung und Regime.

Kooperationsbereitschaft der Bevölkerung

Regionalgeschichtliche Gestapo-Forschung

Andererseits wird man über dem Eigengewicht regionaler Geschehnisse die von der Berliner SS- und Gestapo-Führung angeordne-
ten Verfolgungsaktionen nicht aus dem Blick verlieren dürfen, gleich-
viel, ob sie sich gegen politische Regimegegner, weltanschauliche Gegner wie die Kirchen oder aus rassischen oder sonstigen Gründen ausge-
grenzte Bevölkerungsgruppen richteten. Daß im Falle der statistisch
gut erfaßten Verfolgungsmaßnahmen gegen den katholischen Klerus
[331: U. v. HEHL/CH. KÖSTERS] in immerhin 46% der Fälle die Gestapo
tätig war, ist nicht in erster Linie mit Denunziationen vor Ort zu erklären, sondern geht auf zentrale Anweisungen zur „Gegnerbekämpfung"
zurück, wie im übrigen auch die zahlreichen gedruckt vorliegenden
Überwachungsberichte ausweisen [pars pro toto 4: H. BOBERACH, Berichte des SD und der Gestapo]. Insofern ist die von MALLMANN/PAUL
aus den angeführten Untersuchungen gezogene Schlußfolgerung („Der
nationalsozialistische Maßnahmenstaat ... war kein durchrationalisier-
ter Mechanismus der Repression, in dem ein Rädchen präzise ins andere griff und der die Bevölkerung flächendeckend unter Kontrolle
hätte" [197: Allwissend, 989]) auch wieder zu relativieren: Weder ist

bislang geklärt, inwieweit die vorliegenden regionalen Untersuchungsergebnisse verallgemeinert werden können, noch darf das Gewicht der
ideologischen und „bürokratische[n] Gängelung der einzelnen Stapo-
Stellen durch das Gestapa" [EBD., 991 f.], das die „revisionistischen"
Autoren durchaus einräumen, unterschätzt werden. Und endlich sollte
aus der Entmonumentalisierung der Gestapo nicht auf eine Relativierung ihrer Bedeutung für die Bevölkerung geschlossen werden, denn
für deren konkretes Verhalten zählen die zeitgenössischen *Vorstellungen* von der Gefährlich- und Wirkmächtigkeit der Gestapo mehr als die
aus den Akten nachträglich erschlossene *Tatsächlichkeit* ihres geringen
Personalbestands.

*

Durch eine ähnliche Ausweitung der Fragenperspektive ist auch
die neuere Forschungsentwicklung im Bereich der *Medien- und Propa-
gandageschichte* des Dritten Reiches gekennzeichnet. Während sich
ältere Untersuchungen auf die institutionelle Gleichschaltung der Massenmedien Presse, Rundfunk und Film und den Aufbau und die Funk-
tionsweise des propagandistischen Lenkungsapparats konzentrierten,
sind mittlerweile die Inhalte der Propaganda, die alltäglichen Formen
propagandistischer Selbstdarstellung und die Wechselwirkungen zwischen Propaganda und Volksmeinung in den Mittelpunkt des For-
schungsinteresses gerückt.

Die bereits in der „Kampfzeit" erfolgte methodische und organisatorische Grundlegung der nationalsozialistischen Propaganda ist durch die einschlägigen Studien von P. STEIN [Die NS-Gaupresse 1925–1933. München 1987] und G. PAUL [217: Aufstand der Bilder] erforscht. Die zentrale Frage nach dem genauen Ausmaß der Gleichschaltung und der propagandistischen Instrumentierung der Massenmedien wird in jüngster Zeit nicht nur durch Analysen des Lenkungsapparates, sondern auch durch Untersuchungen der konkreten journalistischen Arbeitsbedingungen beantwortet. In manchmal zu dezidierter Absetzung von der am Leitbild der „totalitären Gleichschaltung" orientierten (älteren) Mediengeschichtsschreibung betonen diese Arbeiten die „Spannbreite der im Dritten Reich real existierenden Publizistik ... und die Verschiedenheit individuellen Verhaltens" von Journalisten und Publizisten [211: N. FREI/J. SCHMITZ, Journalismus, 8]. Die noch wenig erforschten Auswirkungen der nationalsozialistischen Nachrichtenpolitik auf die Berichterstattung der Auslandspresse wie umgekehrt deren Bedeutung als (unzensierter) Informationsträger im Dritten Reich hat M. HUTTNER in einer beispielhaften Studie exemplarisch erhellt [213: Britische Presse].

Propagandistische Gleichschaltung und publizistische Handlungsspielräume

Für das Verständnis der nationalsozialistischen Propaganda sind deren oft nur mit großem Aufwand zu rekonstruierende Inhalte und Formen von Bedeutung. Um so wichtiger sind Sammlungen zur Pressepolitik des Dritten Reiches, die einen raschen Zugriff auf die einschlägigen Propagandarichtlinien und Sprachregelungen erlauben. Die bis 1936 vorangeschrittene kritische Edition der in mehreren Parallelüberlieferungen erhaltenen „NS-Presseanweisungen" durch G. TOEPSER-ZIEGERT [16] erschließt somit einen schlechthin zentralen Quellenbestand für die Frage nach der Selbstdarstellung des Hitler-Regimes.

NS-Presseanweisungen

Mit ihrer Konzentration auf die Massenmedien Presse, Rundfunk und Film erfaßt die traditionelle Mediengeschichte freilich nur einen Teil der vielfältigen Erscheinungsformen nationalsozialistischer Propaganda. Stärker noch als die vermeintlich allgegenwärtige Überwachung durch die Gestapo dürfte die permanente Durchdringung des Alltags mit propagandistischen Parolen und Veranstaltungen dazu beigetragen haben, eine Omnipräsenz des Regimes zu suggerieren. Bei den Bemühungen, die oftmals flüchtigen und daher schwer zu fassenden Aspekte der alltäglichen Propaganda zu untersuchen, findet der nationalsozialistische Veranstaltungs- und Feierstil besondere Aufmerksamkeit. In diesen nachgerade rituellen Selbstinszenierungen des Regimes, die liturgische mit militärischen und folkloristischen Formelementen zu einem regelrechten „braunen Kult" [H. J. GAMM] verbanden, fanden die

Propaganda und Alltag

Tendenz zur Sakralisierung der Führerherrschaft und mithin der Charakter des Nationalsozialismus als „politische Religion" [E. VOEGELIN,
1938] ihren augenfälligen Ausdruck. K. VONDUNG hat darauf schon
1971 aufmerksam gemacht [224: Magie und Manipulation] und H. G.
HOCKERTS dem nationalsozialistischen „Feierjahr" am Beispiel Münchens eine luzide Studie gewidmet [Mythos, Kult und Feste, in 317:
München – „Hauptstadt der Bewegung", 331–341].

Eine durchaus beabsichtigte Folge dieser permanenten propagandistischen Selbstdarstellung war die ästhetische Überhöhung der politisch-gesellschaftlichen Realität, die deren Schattenseiten vergessen
machen und in einer neuen, klassenüberwindenden „deutschen Volksgemeinschaft" aufheben sollte. Ohne Zweifel instrumentalisierte das
NS-Regime alle möglichen kulturellen Erscheinungsformen im Sinne
dieses (rassisch definierten) Herrschaftsziels. Ob dieser Aspekt indessen zu einer Gesamtdeutung allen kulturellen Geschehens und dessen
politischer Indienstnahme ausreicht, wie P. REICHEL meint [218: Der
schöne Schein], scheint im Blick auf den improvisatorischen Charakter
vieler Maßnahmen fraglich. Überdies ist die Reaktion der umworbenen
Bevölkerung noch zu wenig geklärt, als daß sich bereits definitive Fest-
stellungen treffen ließen.

In der Tat weist die Frage nach der *Wirkung* der Propaganda auf
einen konstitutiven Funktionszusammenhang nationalsozialistischer
Herrschaftspraxis hin, weshalb die Ergründung der „Volksmeinung"
seit M. G. STEINERTS Pionierstudie von 1970 [71] zu einem wichtigen
Forschungsfeld geworden ist, ohne daß sich bislang eine hinreichende
Klärung hätte erzielen lassen. Die Analyse der Wechselwirkungen von
Propaganda und „Volksmeinung" steht allerdings auch vor erheblichen
Problemen: Zum einen ist ein Konzept von „öffentlicher Meinung" zu
entwickeln, das den (begrenzten) Aussagemöglichkeiten der Quellen
und den spezifischen Ausdrucksformen der NS-Herrschaft Rechnung
trägt; zum anderen stehen für die Rekonstruktion von Einstellungen
und Stimmungen in erster Linie die Lageberichte nationalsozialistischer Überwachungsorgane (sowie in geringerem Umfang Einschät-
zungen durch Exilorgane) zur Verfügung, deren Aussagegenauigkeit
stark von der je besonderen Motivlage des Berichterstatters abhängig
ist. Daneben sind die „landsmannschaftlichen" Mentalitäten und konfessionellen oder politisch-weltanschaulichen Sozialmilieus in Rechnung zu stellen, die der propagandistischen Beeinflussung ein unter-
schiedliches Maß an Beharrungsvermögen entgegensetzten. Die einschlägigen Forschungsbefunde differieren daher vielfach.

Immerhin ist festzustellen, daß die propagandistischen Bemühungen um die Verbreitung der NS-Rassenlehre weit weniger erfolgreich waren als die auf Festigung der nationalsozialistischen Herrschaft zielenden. Dies läßt sich namentlich an der bis in die letzten Kriegsjahre hinein systemstabilisierenden Wirkung des „Hitler-Mythos" nachweisen, wie I. KERSHAW eindrucksvoll dargetan hat [245: Der Hitler-Mythos]. Insgesamt erweist sich die „Volksmeinung" als ein nicht selten zu „Stimmungen" oszillierendes Gebilde, das von vielerlei Faktoren, darunter nicht zuletzt der (zunehmend prekärer werdenden) Versorgungslage oder den Auswirkungen des (Bomben-)Krieges abhängig war.

Wirkungen und Grenzen der NS-Propaganda

*

Die Entdeckung, daß die Wirkung des nationalsozialistischen Herrschaftsanspruchs zeitlich und regional differenziert werden muß, ist aber vor allem der *lokalen, regionalen und alltagsgeschichtlichen NS-Forschung* zu verdanken, die nach W. S. ALLENs häufig angeführter Pionierstudie über die „Machtergreifung" in der niedersächsischen Kleinstadt Northeim [303] seit den 70er Jahren verstärkt in Gang gekommen ist. Hatte die traditionelle *Landesgeschichte* das Dritte Reich zunächst ausgesprochen stiefmütterlich behandelt [309: U. v. HEHL, Nationalsozialistische Zeit], so wurden nunmehr die örtlichen oder regionalen Ausprägungen der nationalsozialistischen Herrschaft als eigenständiges Forschungsobjekt entdeckt, zunächst noch als Fallbeispiele *zentraler* politischer Vorgänge wie Machtergreifung und Machtbefestigung, aber schon bald auch in ihrem Eigengewicht [307: K. DÜWELL, Regionale Geschichte des NS-Staates; 310: U. v. HEHL, Nationalsozialismus und Region].

Regionale und alltagsgeschichtliche NS-Forschung

Die Hinwendung zu enger umgrenzten Untersuchungsräumen oder spezifischen Sozialmilieus wurde mit Beginn der 80er Jahre durch die Übertragung *alltagsgeschichtlicher* Perspektiven auf die NS-Forschung verstärkt. Dieser Ansatz zielt nicht mehr vorrangig auf regionale Aspekte einer *politischen* Herrschaftsgeschichte, sondern fragt – teilweise unter bewußter Abgrenzung auch von der abstrakt-theoretisierenden Sozialgeschichte – nach den konkreten Erfahrungs- und Vorstellungswelten der einfachen Menschen [vgl. 313: A. LÜDTKE (Hrsg.), Alltagsgeschichte]. Seine rasche Popularisierung ist vor dem Hintergrund außerwissenschaftlich-lebensweltlicher Trends in der (alten) Bundesrepublik zu erklären, die mit dem Aufkommen der grün-alternativen Bewegung und wachsender Skepsis gegenüber der stark von technizistischer Machbarkeit bestimmten industriellen Leistungsgesellschaft einhergingen. Der den Alltagshistorikern alsbald begegnende Vorwurf der

Fragerichtung der Alltagsgeschichte

Theorieferne, des Mangels an begrifflicher Präzision und analytischer Klarheit war zwar nicht primär durch die alltagsgeschichtliche Umorientierung eines Teils der NS-Forschung verursacht, ließ diese aber auch nicht unberührt [für eine Zusammenfassung der Debatte vgl. 304: Alltagsgeschichte der NS-Zeit]. Solchen Einwänden – wie sie namentlich von J. KOCKA [EBD., 50–53] und H.-U. WEHLER [in DERS., Aus der Geschichte lernen? Essays. München 1988, 130–151] vorgebracht wurden – hat freilich M. BROSZAT einen enger gefaßten und auf politische Herrschaft bezogenen Alltagsbegriff entgegengehalten. Gerade die Verknüpfung von alltags- und regionalgeschichtlicher Fragestellung lasse die tatsächlichen Auswirkungen des nationalsozialistischen Herrschaftsanspruchs in den Blick treten und stelle ein „innovatorisches Element des Zugangs zur Wirklichkeit der NS-Zeit" dar [in 304: Alltagsgeschichte der NS-Zeit, 14]. Unverkennbar wird Alltagsgeschichte hierbei als ein Stück „qualitative[r] politische[r] Sozialgeschichte" verstanden, die, so BROSZAT, mit ihrem wechselseitigen Beziehungsgeflecht von Politik *und* Gesellschaft „meist nur im Mikrobereich ausgewählter kleiner Einheiten in ihrem Zusammenhang erforschbar ist" [EBD., 17].

BROSZAT konnte hierbei auf Erfahrungen des Forschungsprojekts „Bayern in der NS-Zeit" verweisen, das zwischen 1973 und 1983 durchgeführt wurde [306]. Dieses großangelegte Vorhaben, das seinen Ausgang von einer flächendeckenden Untersuchung widerständigen Verhaltens genommen hatte, fragte nach den konkreten Auswirkungen der nationalsozialistischen Herrschaft vor Ort sowie nach den Reaktionen der Bevölkerung, die es in ihrer ganzen Vielfalt zu erfassen und (terminologisch) angemessen zu beschreiben suchte. Untersuchungsfelder sind ausgewählte Gemeinden, Regionen, gesellschaftliche Gruppen oder sozialmoralische Milieus, und neben „typischen" Konfliktherden tritt auch der unspektakuläre Bereich grauer Alltäglichkeit in den Blick. In der Pluralität des thematischen und methodischen Zugriffs entstand so trotz aller Ausschnitthaftigkeit eine „Sozialgeschichte des Alltags, die die Banalität des Bösen ebenso wie die verschiedenen Formen der Anpassung und Verweigerung aufzuzeigen vermag, aber auch Auskünfte über die Mechanik des Regimes gibt" [H.-U. THAMER in 46: Deutschland 1933–1945, 517]. Nicht zuletzt leistete das Bayern-Projekt Schrittmacherdienste für zahlreiche nachfolgende Untersuchungen, die bei aller Verschiedenheit der Quellenbasis, der thematischen Schwerpunkte und des methodischen Vorgehens doch die Fruchtbarkeit eines regional- und (recht verstandenen) alltagsgeschichtlichen Ansatzes unter Beweis stellen.

Einwände und Erkenntnischancen

Forschungsprojekt „Bayern in der NS-Zeit"

Sozialgeschichte des Alltags

Dies gilt, um wenige Beispiele anzuführen, für die von D. PEU-
KERT und J. REULECKE herausgegebenen alltagsgeschichtlichen Beiträge [320: Die Reihen fast geschlossen] ebenso wie für Versuche einer
Sozialgeschichte politischen Verhaltens in einer milieugeprägten badi-
schen Kleinstadt [321: C. RAUH-KÜHNE, Katholisches Milieu]. Als be-
kannteste Anwendung der oral-history-Methode in der NS-Forschung   Oral-history-
dürfen die von L. NIETHAMMER herausgegebenen „Faschismus-Erfah-   Methode
rungen im Ruhrgebiet 1930–1960" gelten [318], die in ihrer stark le-
bensweltlichen Ausrichtung die politischen Zäsuren 1933 und 1945 bewußt überspringen, mit ihrer allzu offenkundigen politisierenden Tendenz freilich auch die Frage nach der gebotenen wissenschaftlichen Distanz aufkommen lassen. Trivialisierende Tendenzen, wie sie einer
Sichtweise „von unten" leicht zu eigen sein können, werden um so eher
vermieden, je stärker der Bezug zum politischen Herrschaftsanspruch
gegeben ist. Aber ebenso gilt, daß allein der methodisch kontrollierte
Blick nach „unten" die Kluft zwischen dem propagandistischen Anspruch der NS-Führung und der „erlebten" Herrschaftswirklichkeit
überbrücken kann.

4.2 Widerstand und Kirchenkampf: Diskussionen um Begriff und Sache

Die Auswirkungen der sozial-, regional- und alltagsgeschichtlichen
Perspektiverweiterung zeigen sich mit besonderer Deutlichkeit in einem Bereich, der, seit den späten 40er Jahren einen Schwerpunkt der
NS-Forschung bildet: dem *deutschen Widerstand*. Ihm kam für die Be-   Deutscher Wider-
gründung eines neuen, entschieden anti-nationalsozialistischen Selbst-   stand und politische
verständnisses in beiden deutschen Teilstaaten herausragende Bedeu-   Legitimation
tung zu; dies gilt für das wiedervereinigte Deutschland nicht minder.
Daher war auch die Auseinandersetzung mit diesem Leitthema in besonderer Weise von den Wechselbädern des öffentlichen Meinungskli-
mas in der (alten) Bundesrepublik abhängig. Die Erforschung und die
Rezeption des Widerstandes entwickelten sich stets in einem Spannungsfeld von innerwissenschaftlichen Blickveränderungen *und* aktu-
ell-politischen Entwicklungen. Dagegen fiel auf, wie im zweiten deutschen Teilstaat der Widerstand, allerdings verkürzt auf den sozialisti-   Widerstandsfor-
schen „Antifaschismus", für die legitimatorischen Zwecke des SED-   schung in der DDR
Regimes in Dienst genommen wurde. Erst im Zuge einer umfassende-
ren „Aneignung" deutscher historischer Traditionen wurden auch Per-
sönlichkeiten des militärischen oder bürgerlichen Widerstandes, na-

mentlich Stauffenberg und Moltke, gewürdigt [353: K. FINKER, Stauffenberg; 354: DERS., Graf Moltke].

Im Westen Deutschlands verlief die Widerstandsforschung komplexer. Nach Kriegsende meldete sich zunächst eine Reihe von Zeitzeugen zu Wort [u. a. F. v. SCHLABRENDORFF, Offiziere gegen Hitler. Zürich 1946; H. B. GISEVIUS, Bis zum bitteren Ende. 2 Bde. Zürich 1946], um allzu pauschalen Verdammungsurteilen namentlich angelsächsischer Autoren, aber auch Demoralisierungstendenzen in der deutschen Bevölkerung entgegenzutreten. Ziel solcher Bemühungen war es, ein Bild „Vom Andern Deutschland" [19: U. v. HASSELL] zu vermitteln. Auch die 1948 zunächst in einer englischen Ausgabe publizierte erste wissenschaftliche Auseinandersetzung mit dem Widerstand von H. ROTHFELS [380: Opposition], ist vor diesem Hintergrund zu sehen. Bei allem Bemühen, die gesellschaftlichen Voraussetzungen und die Aktionsweisen oppositionellen Verhaltens in tunlicher Breite aufzuzeigen, ist bei ROTHFELS eine Konzentration auf das Attentat des 20. Juli 1944 unverkennbar. Mit seinem auf umfassende „Würdigung" bedachten und abgewogenen Urteil setzte das Buch für lange Zeit Maßstäbe.

Allerdings sah sich die frühe Widerstandsforschung einer doppelten Frontstellung gegenüber: zum einen der Verabsolutierung des kommunistischen Widerstandes in SBZ und DDR, zum anderen der generellen Verunglimpfung des Widerstandes durch nationalistische und rechtsradikale westdeutsche Kreise, die ihn mit dem Vorwurf des Hoch- und Landesverrats überzogen.

Dieses gesellschaftlich-politische Umfeld, das Exzeptionelle des Attentats und seiner Folgen für die Verschwörer sowie schließlich auch die noch rudimentäre Erschließung der Quellen führten zu unübersehbaren „Überzeichnungen und Weglassungen" [63: A. HILLGRUBER, Endlich genug?, 44], die dann von späteren Kritikern vorwurfsvoll vermerkt wurden. Abgesehen vom Verhalten der Kirchen im Dritten Reich, das freilich zunächst in kircheneigener Regie thematisiert wurde, und der studentischen Oppositionsbewegung der Weißen Rose konzentrierte sich die frühe Widerstandsforschung nahezu völlig auf den 20. Juli, schienen sich doch gerade aus diesem Ereignis und aus dem sich darin manifestierenden Zusammenwirken von konservativen und bürgerlich-liberalen Kräften mit Vertretern der demokratischen Arbeiterbewegung Anknüpfungspunkte für die Grundlegung einer zukunftsweisenden politischen Tradition zu ergeben. Den Widerstandskämpfern unterschiedlichsten Herkommens wurde ein gemeinsames, christlich oder humanitär geprägtes Gesinnungsethos attestiert, dem uneingeschränkter Respekt zu zollen war. Ihren nachgerade klassischen

(Randspalte:)
Entwicklungslinien der westdeutschen Widerstandsforschung

Schwerpunkte und Unausgewogenheiten

Ausdruck fand diese Sichtweise in G. RITTERS 1954 erschienener Un-   Ritters Goerdeler-
tersuchung „Carl Goerdeler und die deutsche Widerstandsbewegung"   Biographie
[376], die den weiteren Gang der Forschung stark beeinflußt hat.
Ganz im Zeichen des Kalten Krieges wurde dagegen der kommunistische
Widerstand entweder übergangen oder als lediglich andere totalitäre
Variante betrachtet oder gar – wie im Falle der „Roten Kapelle" oder
des „Nationalkomitees Freies Deutschland" – mit dem Verdikt des „Va-
terlandsverrats" belegt.

Die Konzentration auf die „Männer des 20. Juli" und deren exi-   Konzentration auf
stentielle Opferbereitschaft hat zwangsläufig einer Tendenz zur „Heroi-   den 20. Juli 1944
sierung und Monumentalisierung" Vorschub geleistet [K.-J. MÜLLER/
H. MOMMSEN, Zur Historiographie des Widerstandes, in 371: K.-J.
MÜLLER (Hrsg.), Widerstand, 15], neben der die unspektakulären Formen des alltäglichen Dissenses, wie sie G. WEISENBORN [389: Auf-
stand] schon 1953 herausgestellt hatte, nur wenig Beachtung fanden.
Nicht zwingend scheint dagegen die Annahme, dieser Blickverengung
habe ein Bild von monolithischer Terrorherrschaft zugrunde gelegen,
die Widerspruch nur in der Form der „alles aufopfernde[n], alles riskie-
rende[n] Oppositionshaltung" gekannt habe [M. BROSZAT, Resistenz
und Widerstand, in 48: Nach Hitler, 138]. In der Rückschau kann jedenfalls nicht überraschen, daß auch die Widerstandsforschung in den kritischen 60er Jahren massiven Einwänden begegnete.

Widerspruch wurde zunächst eher beiläufig von R. DAHRENDORF
geäußert, der den alten (preußischen) Eliten und somit auch den Widerstandskämpfern bei aller Wertschätzung ihrer moralischen Integrität
hoffnungslos vormoderne politische Ordnungsvorstellungen vorhielt   Politische Ord-
[489: Gesellschaft und Demokratie; vgl. unten, 100f.]. Die entschei-   nungsvorstellungen
denden Impulse für eine revisionistische Neubewertung des national-   im Widerstand
konservativen Widerstands gingen jedoch von zwei 1966 veröffentlichten wegweisenden Beiträgen H. MOMMSENS und H. GRAMLS aus, die
den Blick von der bislang im Vordergrund stehenden ethischen Motivation auf die politisch-gesellschaftlichen Zielvorstellungen führender
Oppositioneller richteten und dabei ein Spannungsverhältnis zwischen
deren Verwurzelung in Traditionen des wilhelminischen Obrigkeitsstaates und den Forderungen der (heutigen) freiheitlich-demokrati-
schen Grundordnung feststellten [370: Gesellschaftsbild und Verfassungspläne des deutschen Widerstandes; 355: Die außenpolitischen
Vorstellungen des deutschen Widerstandes].

Als Beitrag zu einer Neuorientierung der Widerstandsforschung   Monographische
verstand auch G. VAN ROON seine 1967 veröffentlichte Studie über den   Einzelstudien
Kreisauer Kreis [377: Neuordnung], in der er den Staats-, Rechts- und

wirtschaftlichen Vorstellungen der Mitglieder besonderes Augenmerk zuwandte. Hingegen bemühte sich P. HOFFMANN [359: Widerstand] auf der Grundlage einer inzwischen deutlich verbesserten Quellenbasis um eine präzise Rekonstruktion der Abläufe des zentralen Geschehens um den 20. Juli 1944, wobei er der handlungsleitenden Motivation der Verschwörer für das historische Urteil nach wie vor entscheidendes Gewicht zumaß. Besonders deutlich traten die Differenzen zwischen der das Gesinnungsethos betonenden Denkschule und der „revisionistischen" Widerstandsforschung in der Kontroverse HOFFMANNS mit K.-J. MÜLLER über eine historisch angemessene Bewertung des Generalobersten Ludwig Beck zutage [HZ 234 (1982) 101–121; 235 (1982) 355–371].

Widerstand und NS-Judenpolitik

Die kritische Neubewertung wurde von einer auf Abstand zu „restaurativen Tendenzen" der Adenauer-Ära bedachten linksliberalen Publizistik zu einer „Entmythologisierung" des nationalkonservativen Widerstands gesteigert. Es entsprach dieser Linie, wenn CH. DIPPER 1983 antisemitische Ressentiments, ja eine Nähe zum rassischen Antisemitismus bei vielen Repräsentanten des konservativen Widerstands glaubte feststellen zu können, die einmal mehr die „zutiefst antimodernistische[n] Züge" im Staats- und Gesellschaftsbild der frondierenden Eliten belegten [351: Widerstand und Juden, 378]. Die Neigung, ein aktuelles Modernisierungs- und Demokratisierungsideal zum Bewertungsmaßstab konkreten Denkens und Handelns in historischer Ausnahmesituation zu machen, blieb aber nicht ohne Widerspruch. Sowohl K. D. ERDMANN [57: Zeit der Weltkriege, 578] als auch K. HILDEBRAND monierten die Verwendung anachronistischer und daher unangemessener Urteilsmaßstäbe [358: Ostpolitische Vorstellungen].

Erforschung des Arbeiterwiderstands

Die Auseinandersetzung mit den Ergebnissen der älteren Widerstandsforschung war im veränderten geistig-politischen Klima der 60er Jahre von einem verstärkten Interesse am kommunistischen, linkssozialistischen und sogen. Arbeiterwiderstand begleitet; hierdurch trat die Beschäftigung mit der Fundamentalopposition des 20. Juli zurück. Dieser Trend wurde auch durch die Neigung zu methodischer Neuorientierung begünstigt, namentlich aber durch die stärkere Beachtung des lokalen und regionalen Geschehens. In der Tat mußte die regionale NS-Forschung „nahezu unvermeidlich" [P. STEINBACH, in: 384: DERS., Widerstand im Widerstreit, 113] den Widerstand aus der Arbeiterbewegung stärker akzentuieren, als dies bislang geschehen war, wobei freilich auffällt, daß ein gleiches Maß an Aufmerksamkeit nicht auch sozialen Großgruppen wie den Kirchen zuteil wurde. Eine Pionierrolle bei der Erforschung des Arbeiterwiderstandes kommt dem Projekt

„Widerstand und Verfolgung" in den Ruhrgebietsstädten Dortmund, Essen und Duisburg zu [312: K. KLOTZBACH; 323: H.-J. STEINBERG; 305: K. BLUDAU]. Daß daneben auch lokal oder regional agierende Gruppen des „Jugendwiderstands" Beachtung fanden [D. PEUKERT, Die Edelweißpiraten. Köln 1980; 373: H. MUTH, Jugendopposition], war eine Folge verstärkten Interesses an regimekritischen Verhaltensweisen breiterer Bevölkerungsschichten. *Jugendwiderstand*

Die Ausweitung des Blickfeldes auf Phänomene resistenten Verhaltens unterhalb der Schwelle politischer Fundamentalopposition entgrenzte nicht allein das Untersuchungsobjekt, sondern transformierte die (engere) Widerstandsforschung zugleich in eine (weitere) „Gesellschaftsgeschichte politischen Verhaltens" [M. BROSZAT, Resistenz und Widerstand, in: 48: Nach Hitler, 137], indem der totalitäre Anspruch des NS-Regimes nunmehr mit jenen gesellschaftlichen Kräften konfrontiert wurde, die ihm bei grundsätzlich nicht verweigerter Loyalität „ein Widerlager in noch zeitweilig oder teilweise stabilen vor- und außernationalsozialistischen Normen, Traditionen oder Organisationen" entgegensetzen konnten [EBD., 141]. Dem Einwand „einer inflationären Entwertung des Widerstandsbegriffs" [EBD., 139] begegneten die Verfechter des Perspektivenwechsels mit intensiven Bemühungen, Formen und Stufen widerständigen Verhaltens typologisch zu unterscheiden und den „kleinen" Widerstand vom politischen Widerstand im engeren Sinne abzugrenzen. Die führende Rolle fiel hierbei dem Münchener Institut für Zeitgeschichte zu im Rahmen seiner konzeptionellen Überlegungen für das Forschungsprojekt „Bayern in der NS-Zeit". *Gesellschaftsgeschichtliche Ausweitung der Widerstandsforschung*

Nach allzu abstrakt-theoretischen „Vorüberlegungen zum ‚Widerstandsbegriff'" von P. HÜTTENBERGER [361] hat namentlich M. BROSZAT den weiteren Verlauf der Diskussion geprägt. Unter der Vorgabe, „Herrschaft und Gesellschaft im Konflikt" zu beschreiben, suchte er „das Forschungsthema ‚Widerstand und Verfolgung' ... aus ‚monumentalistischer Erstarrung'" zu lösen und dem „großen Märtyrertum ... die vielen ‚kleinen' Formen des zivilen Mutes ... in Kontrast zum Hauptstrom ängstlicher Anpassung oder enthusiastischer Regimebejahung" an die Seite zu stellen [Resistenz und Widerstand, in: 48: Nach Hitler, 137, 138 f.]. Dies implizierte zugleich den Versuch, die bislang bevorzugte „Motivations- und Aktionsgeschichte des Widerstandes" [EBD., 145] durch die wertneutrale Frage nach dessen tatsächlicher *Wirkung* zu ergänzen. Zur Kennzeichnung gesellschaftlicher Selbstbehauptungsbestrebungen schlug BROSZAT den aus der medizinischen Fachsprache entlehnten Begriff der *Resistenz* vor, den er als „wirksame Abwehr, Begrenzung, Eindämmung der NS-Herrschaft oder ihres An- *Broszats Resistenzbegriff* spruches, gleichgültig von welchen Motiven, Gründen und Kräften her" definierte [EBD., 144].

Mit dieser sozialgeschichtlichen Ausweitung rückte ein breites Spektrum von Verhaltensweisen und „Teilwiderständen" in den Blick, die allesamt unterhalb der Schwelle konspirativer Verschwörung blieben, allerdings nicht ohne Risiko waren. Darüber hinaus thematisierte die Forschung die strukturellen und sozialgeschichtlichen Bedingungen für widerständiges Verhalten einzelner oder gesellschaftlicher Gruppen. Damit eröffneten sich Einblicke in die Fortexistenz gesellschaftlicher Strukturen und sozialmoralischer Milieus unter dem NS-Regime, die sich für die ideologische Indoktrination als relativ undurchdringlich erwiesen. Das hat sich am Beispiel des „Oldenburger Kreuzkampfes" besonders eindrucksvoll aufzeigen lassen [337: J. KUROPKA (Hrsg.), Zur Sache – Das Kreuz!].

(Randnotiz: Gesellschaftliche Bedingungen für widerständiges Verhalten)

Die sozial- und alltagsgeschichtliche Entfaltung der Widerstandsthematik bestimmte seit Beginn der 80er Jahre weithin den Gang der einschlägigen lokal- und regionalgeschichtlichen Forschung. Allerdings meldeten sich kritische Stimmen, die zwar den breiteren Erfassungsrahmen begrüßten, aber den Begriff der „Resistenz" und die auf seiner theoretischen Grundlage basierenden Ergebnisse in Zweifel zogen, also insbesondere davor warnten, die mit dem 20. Juli verbundene These vom „Widerstand ohne Volk" nun gleichsam in ihr Gegenteil zu verkehren. In ihrem Kern zielten die Einwände auf die stillschweigend vorausgesetzte „typologische Entsprechung" von „erfolgreichem" nationalsozialistischen Totalitätsanspruch und resistentem Verhalten in der Bevölkerung [369: K.-J. MALLMANN/G. PAUL, Resistenz, 101]. Demgegenüber wurde auf die gerade vor Ort feststellbaren polykratischen Koordinierungsmängel und das „Massenphänomen der Denunziation" [197: DIES., Allwissend, 993] in einer sich „selbstüberwachenden Gesellschaft" [189: R. GELLATELY, Gestapo und Terror, 374] hingewiesen.

(Randnotiz: Kritik am Resistenzbegriff)

Terminologisch wurde vor allem die zu enge Verwandtschaft mit den völlig anders konnotierten englischen, französischen und italienischen Begriffen „resistance", „résistance" und „resistenza" kritisiert, die den aktiven Widerstand gegen eine fremde Besatzungsmacht bezeichnen. Und sowohl politik- [K. HILDEBRAND; W. HOFER] als auch primär sozialhistorisch arbeitende Forscher [I. KERSHAW; D. PEUKERT; K.-J. MALLMANN/G. PAUL] warnten mit freilich unterschiedlicher Akzentsetzung vor einer Begriffsausweitung, die unter „Widerstand" tendenziell „fast jedes Verhalten außer ausgesprochener Begeisterung für das Regime" fasse [I. KERSHAW, „Widerstand ohne Volk?", in 382: Der

Widerstand gegen den Nationalsozialismus, 783], und forderten statt dessen eine klare Unterscheidung zwischen aktivem politischen Widerstand und den vielen Erscheinungsformen partieller Nonkonformität.

Um diese Dichotomie zu überwinden, entwickelte die Forschung in der Folge eine Reihe von Modellen, die das breite Spektrum widerständiger Verhaltensformen begrifflich zu differenzieren vermögen. So halten K. GOTTO, H. G. HOCKERTS und K. REPGEN in ihrem aus der katholischen Kirchenkampfforschung entwickelten Vorschlag zwar am gemeinsamen Oberbegriff *Widerstand* fest, unterscheiden aber, ausgehend vom Risiko, vier Stufen, die von punktueller *Nonkonformität* über (gesellschaftliche) Selbstbewahrung *(Verweigerung)* und öffentlichen *Protest* bis zur generellen Loyalitätsaufkündigung als *Widerstand im engeren Sinne* reichen [in 330: K. GOTTO/K. REPGEN (Hrsg.), Katholiken und Drittes Reich, 174–176]. Hingegen spricht D. PEUKERT in seinem die gleiche Stufenfolge umfassenden Modell zurückhaltender von „Formen abweichenden Verhaltens im Dritten Reich", die er nach Reichweite und Wirkungsraum bemißt [319: Volksgenossen und Gemeinschaftsfremde, 96–98]. Ein Vier-Stufen-Modell von weltanschaulicher Reserve, gesellschaftlicher Verweigerung, politischer Opposition und aktivem Umsturz vertreten auch R. LÖWENTHAL und P. V. ZUR MÜHLEN [367: Widerstand und Verweigerung], während I. KERSHAW den Terminus „Dissens" als gemeinsamen, „abweichende Verhaltensformen *und* Haltungen" gleichermaßen umfassenden Oberbegriff vorschlägt [„Widerstand ohne Volk?", in 382: Der Widerstand gegen den Nationalsozialismus, 785]. Noch weiter gehen MALLMANN und PAUL, die die mit dem Resistenzbegriff erfaßten Verhaltenformen für erheblich überbewertet halten und daher jüngst den Terminus „loyale Widerwilligkeit" vorgeschlagen haben, „der … jene durchaus typischen Mischformen von Loyalität und Widerständigkeit auf ihren ambivalenten Nenner bringt" [369: Resistenz, 116].

Auch die traditionellen Themen und Methoden der Widerstandsforschung haben, verstärkt seit dem 40. Jahrestag des 20. Juli, neue Aufmerksamkeit gefunden. Symptomatisch sind hierfür die beharrlichen Plädoyers K. V. KLEMPERERS, die Analyse auf den aktiven Widerstand zu konzentrieren [362: Naturrecht und Widerstand]. So fand das gesinnungsethisch motivierte Handeln der „Weißen Rose" [383: H. STEFFAHN; 365: R. LILL (Hrsg.), Hochverrat?] ebenso neue Beachtung wie der lange Zeit eher vernachlässigte Komplex des 20. Juli, an dem sich die moralische Dimension des aktiven Widerstandes in nachgerade klassischer Weise aufzeigen läßt. Aus der nahezu unüberschaubaren Flut einschlägiger Publikationen sind die Briefe Graf Moltkes an seine

Begriffliche
Differenzierungen

Stufen des Widerstands

Kershaws Dissensbegriff

Traditionelle
Themen der Widerstandsforschung

Frau Freya [25] deshalb hervorzuheben, weil sie die Gedankenwelt der direkt oder indirekt an der Verschwörung Beteiligten in besonderer

Biographische Studien

Weise erkennen lassen. Auch der biographische Zugriff auf führende Mitglieder der Widerstandsbewegung hatte im vergangenen Jahrzehnt unverkennbar Konjunktur. Einer 1984 erstmals erschienenen Sammlung von „Porträts des Widerstands" [366: R. LILL/H. OBERREUTER (Hrsg.), 20. Juli] sind zahlreiche biographische Studien gefolgt, darunter auch eine Gruppenbiographie der „junge[n] Generation im deutschen Widerstand" [D. Graf v. SCHWERIN, „Dann sind's die besten Köpfe, die man henkt". München 1991]. Selbst einer so bekannten Gestalt wie dem Attentäter des 20. Juli hat unlängst P. HOFFMANN neue Einsichten in Persönlichkeit, Handlungsmotive und geistigen Hintergrund abgewinnen können [360: Stauffenberg], und soeben hat sich mit E. ZELLER [390: Stauffenberg] noch einmal ein Weggefährte zu Wort gemeldet, der schon zur Popularisierung des frühen Widerstandsbildes beigetragen hatte [Geist der Freiheit. 5. Aufl. München 1965 (EA 1952)]. Die Ergebnisse der breiten Einzelforschung über Traditionslinien und politische Vorstellungen des national-konservativen Widerstands hat N. HAMMERSEN bilanziert [357: Politisches Denken], während zum 50. Jahrestag die Vor- und Verlaufsgeschichte des 20. Juli durch J. FEST eine neue Zusammenfassung der vorliegenden Forschungsergebnisse auf hohem argumentativen Niveau erfahren hat [352: Staatsstreich].

Auslandskontakte des deutschen Widerstands

Einen eigenen Forschungsschwerpunkt bilden die Kontakte der Opposition mit dem Ausland, die dort auf immenses Mißtrauen stießen, welches für das Scheitern mit ausschlaggebend war. K. v. KLEMPERER hat sie in einer Reihe von Fallstudien analysiert [363: Die verlassenen Verschwörer]. Goerdelers Bemühungen um England sind aus den sogen. „X-Dokumenten" ersichtlich [34], der besonders wichtigen britischen Haltung ist ein eigener Sammelband gewidmet [372: K.-J. MÜLLER/D. N. DILKS (Hrsg.)]. Auch bislang übersehene Themen wie der „liberale" [H. R. SASSIN, Liberale im Widerstand. Hamburg 1993] oder „jüdische" Widerstand [368: A. LUSTIGER, Zum Kampf auf Leben und Tod!] verdanken ihre Behandlung einem gewachsenen Interesse.

*

Kirchen und Widerstand

Daß das Verhältnis der *christlichen Kirchen* zum Dritten Reich nicht ausschließlich unter der Perspektive von Widerstand gesehen werden kann, ist seit langem unumstritten. Zwar hat sich eine frühe, stark apologetisch geprägte Erlebnisliteratur eines nicht näher differenzierten Widerstandsbegriffs bedient, doch fehlte es schon damals nicht

an kritischen Fragen nach „Schuld" und „Versagen", ohne daß die zu-
grundegelegten Bewertungskriterien bis heute zureichend geklärt wären. Trotz anderslautender Anschuldigungen der NS-Führung, die die
kirchlichen Selbstbehauptungsbestrebungen als Angriff auf ihren Totalitätsanspruch empfand, haben die kirchlichen Leitungsorgane *politisch*
motivierten Widerstand nicht als genuin kirchliche Aufgabe betrachtet
und nach 1945 auch nicht in Anspruch genommen. Vielmehr hat sich
der aus dem evangelischen Sprachgebrauch stammende Terminus „Kir-   Kirchenkampf als
chenkampf" – der ursprünglich nur die innerkirchlichen Auseinander-   Epochenbezeich-
setzungen um den rechten, evangeliumsgemäßen Weg bezeichnete –   nung
als „Epochenbezeichnung für die Geschichte beider Kirchen im Dritten
Reich" durchgesetzt [K. SCHOLDER, Kirchenkampf, in 344: DERS., Gesammelte Aufsätze, 132]. Er umfaßt neben dem Kampf des Regimes
gegen die Kirchen auch deren Reaktion, ist neuerdings jedoch wegen
seiner angeblich „wertende[n] Deutung des Geschehens" [338: J.
MEHLHAUSEN, Nationalsozialismus und Kirchen, 44] in Frage gestellt
worden. Gleichwohl impliziert er das Moment der „Verfolgung" als
Bestandteil kirchlicher Selbstbehauptungsbestrebungen, ohne die vorherrschenden Phänomene der Anpassung und staatsbürgerlichen Loyalität, die etwa im Falle der Deutschen Christen bis zur Kollaboration
gehen konnten, zu negieren. Andererseits grenzt er bei dem ihm zugrunde liegenden Kirchenverständnis die Glaubensgemeinschaft der
Zeugen Jehovas aus, die ungeachtet ihrer apolitischen, rein religiös mo-   Verfolgung der
tivierten Verweigerungshaltung einen unverhältnismäßig großen Anteil   Zeugen Jehovas
an Opfern zu verzeichnen hatten [329: D. GARBE, Zwischen Widerstand
und Martyrium, 1993].

Von wenigen Ausnahmen abgesehen ist die Erforschung des Kirchenkampfes und damit auch die des kirchlichen Widerstands in konfessionell getrennten Bahnen verlaufen, was zur ingesamt geringen Rezeption ihrer Ergebnisse durch die allgemeine NS-Forschung beigetragen haben dürfte. Die Kirchenkampfforschung wird evangelischerseits   Evangelische
nicht zuletzt von der 1955 gegründeten *Kommission für die Geschichte* Kirchenkampf-
des Kirchenkampfes, 1970 umbenannt in *Evangelische Arbeitsgemein-*   forschung
schaft für Kirchliche Zeitgeschichte getragen, die eine eigene Veröf-
fentlichungsreihe [Arbeiten zur Geschichte des Kirchenkampfes / Arbeiten zur Kirchlichen Zeitgeschichte] besitzt. Die seit den späten 60er
Jahren teilweise polemisch geführte Diskussion, bei der sich unterschiedliche theologische Positionen mit aktuellen moralisierenden
Schuldvorwürfen verbanden, konnte so in ruhigere Bahnen gelenkt und
auf eine feste quellenmäßige und argumentative Basis gestellt werden.
Dies ist auch K. MEIERS dreibändiger Gesamtdarstellung des evangeli-

schen Kirchenkampfes zugute gekommen [339: Kirchenkampf]. K.
SCHOLDERS zeitgleich erschienene Synthese, die die katholische Kirche
überdies miteinzubeziehen sucht, ist durch den allzu frühen Tod des
Verfassers über das Jahr 1934 nicht hinausgelangt [343: Kirchen und
Drittes Reich].

Vor dem Hintergrund einer dezidiert kirchenkritischen Stimmung
ist die Rolle der Kirchen gleichwohl ein Reizthema geblieben. Das gilt

Katholische Kirchenkampfforschung
nicht minder für die katholische Kirchenkampfforschung, die zu Beginn der 60er Jahre entscheidende Anstöße von historisch-publizisti-
schen Attacken E.-W. BÖCKENFÖRDES [Der deutsche Katholizismus im
Jahre 1933, in: HOCHLAND 53 (1961) 215–239], R. HOCHHUTHS [Der
Stellvertreter. Ein christliches Trauerspiel. Reinbek 1963] und G.
LEWYS [Die katholische Kirche und das Dritte Reich. München 1965
(engl. EA 1964)] erhielt. Die 1962 gegründete (katholische) *Kommission für Zeitgeschichte* konnte in den Folgejahren mit ihren Veröffentlichungen entscheidend zur Versachlichung der Diskussion beitragen,
indem sie neben zahlreichen Monographien „eine Reihe von Quellen-
publikationen veröffentlicht hat, die nach Umfang, Reichtum und edi-
torischer Qualität kaum einen Vergleich in der Zeitgeschichte haben
dürften" [343: K. SCHOLDER, Kirchen und Drittes Reich, Bd. 1, VIII].
Insgesamt sind ihre Forschungen stärker gesellschaftsgeschichtlich
ausgerichtet, da sie neben der kirchlichen Hierarchie auch das soziale
Großgebilde „deutscher Katholizismus" in die Betrachtung miteinbe-
ziehen. Inzwischen liegt von H. HÜRTEN eine Gesamtdarstellung vor,
die aus dreißigjährigen und keineswegs nur von der Kommission für
Zeitgeschichte getragenen Forschungsbemühungen schöpft und – ohne
umstrittenen Themen aus dem Weg zu gehen – in unaufgeregter Gedan-
kenführung zu einem abgewogenen Urteil gelangt [335: Deutsche Katholiken 1918–1945].

Kirchliche Widerstandsformen
Gerade HÜRTEN hat sich in zahlreichen einschlägigen Beiträgen
mit der Problematik des *kirchlichen Widerstandes* auseinandergesetzt
und mit Nachdruck an eine auch von der evangelischen Forschung be-
stätigte Einsicht erinnert, daß ein nur auf politische Fundamentalopposition bezogener Widerstandsbegriff nicht geeignet ist, die Breite kirchlicher Verhaltensformen angemessen zu kennzeichnen. In der Tat findet
man in den Kreisen des politischen Widerstandes nur wenige, die – wie
Dietrich Bonhoeffer [zur Biographie 326: E. BETHGE] oder Pater Alfred
Delp [zur Biographie 327: R. BLEISTEIN] – dezidiert als Männer der
Kirche anzusprechen sind. HÜRTEN schlägt zur Kennzeichnung widerständigen Verhaltens aus religiöser Wurzel den von der Forschung nur
zögernd aufgegriffenen altchristlichen Begriff des „Zeugnisses" vor.

Dabei geht es ihm um eine „motivationsgeschichtliche" *Ergänzung*,   „Zeugnis" und
nicht um einen *Ersatz* des (meist „wirkungsgeschichtlich" verstande-   Widerstand
nen) Widerstandsbegriffs [334: Verfolgung, Widerstand und Zeugnis,
95].

Vergleichbare Überlegungen finden sich in einem von G. BESIER
und G. RINGSHAUSEN herausgegebenen Sammelband, der die Thematik
im evangelischen Bereich behandelt [325: Bekenntnis, Widerstand,
Martyrium]. Die unterschiedlichen Erscheinungsformen dissentieren-
den Verhaltens zwischen partieller Unmutsbekundung, milieugestütz-
ter Selbstbewahrung, offensivem (Kanzel-)Protest oder genereller
Loyalitätsaufkündigung sind jedenfalls nur mit einer differenzierten
Begrifflichkeit zu erfassen, wie sie etwa GOTTO, HOCKERTS und REPGEN
(vgl. oben, 95) vorgeschlagen haben und J. MEHLHAUSEN [338: Nationalsozialismus und Kirchen, 67 f.] in ähnlicher Form auf die evangelischen Verhältnisse übertragen hat.

Bei allen Kontroversen, an denen es auch im Bereich der Kirchen-   Kirchenkampf-
kampfforschung nicht gefehlt hat, fällt gleichwohl auf, daß sich die   forschung und allge-
Forschungsdispute weitgehend außerhalb des aus der allgemeinen NS-   meine NS-For-
Forschung bekannten intentionalistisch-funktionalistischen Richtungs-   schung
streits abgespielt haben, vor allem wohl deshalb, weil sie vornehmlich
auf die *kirchliche* Reaktion beschränkt blieben. Sie bewegten sich eher
im Rahmen traditioneller kirchenpolitischer Arbeitsfelder und kreisten
um angemessene historische Bewertungsmaßstäbe oder um Fragen der
Aussagegenauigkeit und der Quelleninterpretation.

*

So bietet die aktuelle Widerstandsforschung analog zur Heteroge-
nität des Untersuchungsgegenstandes inhaltlich wie methodisch „eine
Vielfalt der Zugänge" [P. STEINBACH in 384: DERS., Widerstand im Widerstreit, 48]. Dies erhöht den Wert bilanzierender Sammelbände, die
dem Bedürfnis nach rascher Information über die disparaten Gruppen,
Einzelpersonen und Betätigungsfelder des Widerstandes entgegenkom-
men. Der bislang umfassendsten, erstmals 1985 von J. SCHMÄDEKE und   Forschungsbilanzen
P. STEINBACH vorgelegten Bilanz [382: Widerstand] hat K.-J. MÜLLER
eine handlichere Präsentation der wichtigsten gesellschaftlichen Widerstandsgruppen folgen lassen [371: Widerstand]. In erster Linie auf
ein angelsächsisches Publikum orientiert sind Sammlungen einschlägiger Beiträge durch F. R. NICOSIA/L. D. STOKES [374], D. C. LARGE
[364] und J. W. BOYER/J. KIRSHNER [349], während ein Karlsruher Ta-
gungsband der europäischen Dimension des Widerstandes nachspürt
[347: W. ALTGELD/H.-H. BRANDT/M. KISSENER]. Die derzeit aktuellste

Bilanz ist der von P. STEINBACH und J. TUCHEL herausgegebene Band „Widerstand gegen den Nationalsozialismus" [385]. Beide Herausgeber haben ein „historisches Lesebuch" mit Selbstzeugnissen aus den verschiedenen Widerstandslagern [386] sowie ein „Lexikon des Widerstandes" [387] folgen lassen, welch letzteres zusammen mit einem zeitgleich von W. BENZ und W. H. PEHLE vorgelegten „Lexikon des deutschen Widerstands" [348] einen raschen Zugriff auf biographische, organisatorische oder thematische Aspekte des Widerstands ermöglicht.

Widerstand und politische Kultur   Man wird die Fülle der jüngsten Widerstandsforschung als Ausweis der unverminderten Bedeutung des Widerstandes für die politische Kultur der Bundesrepublik Deutschland werten können. Nicht von ungefähr hat daher im Gedenkjahr 1994 auch seine Rezeptionsgeschichte Beachtung gefunden. Sie ist in zwei unterschiedlich konzipierten Sammelbänden von G. R. UEBERSCHÄR [388: Der 20. Juli 1944] und P. STEINBACH [384: Widerstand im Widerstreit] dokumentiert. Es konnte nicht ausbleiben, daß dabei auch die öffentliche wie fachwissenschaftliche Kritik zur Sprache kam, die das „integrative", d. h. die ganze Breite und Vielfalt von „Widerstand" unterschiedslos einbeziehende Konzept STEINBACHS gefunden hat, wie es den spezifisch „politischen" Erfordernissen der von ihm geleiteten zentralen „Gedenkstätte deutscher Widerstand" im Berliner Bendlerblock entsprechen mag. Die Kontroverse entzündete sich zuletzt an der nach wie vor umstrittenen Einbeziehung des „Nationalkomitees Freies Deutschland" und des „Bundes deutscher Offiziere", die K. D. ERDMANN „nicht zum deutschen Widerstand, sondern zur sowjetischen Kriegspropaganda" rechnete [57: Zeit der Weltkriege, 573]. Auch wenn dieser Meinungsstreit neben geschichtswissenschaftlicher auch geschichtspädagogischer Natur ist, erhält die Widerstandsforschung aus solchen Kontroversen doch immer neue Frageanstöße.

5. „Totalitäre Seite" oder „pathologische Entwicklungsform" der Moderne? Neuere Forschungen zur Sozialgeschichte des Dritten Reiches

Einem allgemeinen historiographischen Trend folgend ist seit den 70er Jahren die Erforschung der Sozialgeschichte des Dritten Reiches deutlich intensiviert worden. Zwangsläufig treten damit auch längerfristige strukturelle und gesellschaftliche Entwicklungslinien in den Blick, die eine andere Einordnung des NS-Regimes nahelegen, als dies bei poli-

tikgeschichtlicher Betrachtung der Fall wäre. Hierbei gilt seit den Anregungen R. DAHRENDORFS (1961/65) und D.
SCHOENBAUMS (1968) die
Frage nach dem Verhältnis von Nationalsozialismus und Moderne als
eine zentrale Kategorie zu seiner universalgeschichtlichen „Veror-
tung", ohne daß gleichwohl alle einschlägigen Forschungen diesem
Ansatz gefolgt wären.

Während R. DAHRENDORF [Demokratie und Sozialstruktur in
Deutschland, in: DERS., Gesellschaft und Freiheit. München 1961, 260–
299; 489: DERS., Gesellschaft und Demokratie] noch ohne hinreichende
empirische Absicherung von einer unbeabsichtigten Modernisierung
der deutschen Gesellschaft durch den Nationalsozialismus gesprochen
hatte, die er dessen sozialrevolutionärer Volksgemeinschaftsideologie
zuschrieb, beruht D. SCHOENBAUMS Entwurf einer „Sozialgeschichte
des Dritten Reiches" auf einem breiteren Quellenfundament, und er orientiert sich stärker an sozialpsychologischen Fragestellungen [262: Die
braune Revolution]. Im Ergebnis gelangt freilich auch SCHOENBAUM zu
der ambivalenten Einschätzung, daß der Nationalsozialismus in der
Absicht, die Entwicklung der modernen bürgerlichen Industriegesellschaft und ihrer Entfremdungstendenzen zu blockieren, sich zwangsläufig „moderner" Mittel habe bedienen müssen, die eine Eigendynamik gewonnen und eine Modernisierung wider Willen ausgelöst hätten.
SCHOENBAUM konstatiert mithin eine charakteristische Vertauschung
von Mittel und Zweck, eine „Revolution der Zwecke und der Mittel zugleich" [EBD., 26].

Wenngleich von der einschlägigen Forschung vorwiegend skep-
tisch aufgenommen, fand die These von der „Modernisierung wider
Willen" doch weitere Beachtung, etwa bei H. A. TURNER [499: Faschismus und Anti-Modernismus], der die „antimoderne Utopie" des Nationalsozialismus noch stärker betonte und im mit moderner Technik geführten Eroberungskrieg das Mittel zu ihrer Erreichung erblickte, oder
bei TH. NIPPERDEY, der das Paradox einer „Antimodernisierungsbewe-
gung" betonte, die in Stil, Wahl der Mittel und Wirkungen zugleich
„hypermodern, eine Modernisierungsbewegung" gewesen sei [495:
Probleme der Modernisierung, 67 f.]. Dieser auffällige Widerspruch
zwischen vormoderner Grundhaltung und moderner Technologie, von
J. HERF auch als „reaktionäre Modernität" bezeichnet [491], läßt H.
MATZERATH und H. VOLKMANN differenzierend von einer aus „teil-
modernisierenden Effekten" zusammengesetzten „Pseudomodernisie-
rung" sprechen [492: Modernisierungstheorie und Nationalsozialismus, 99 f.], während M. RAUH noch 1987 die archaisch-agrarische, rassistische Utopie als das Zentrum der nationalsozialistischen Revolution

*Verhältnis von Na-
tionalsozialismus
und Moderne – die
Beiträge Dahren-
dorfs und Schoen-
baums*

*„Modernisierung
wider Willen"*

*„Pseudomoderni-
sierung"*

gegen die Moderne bezeichnet hat [497: Anti-Modernismus im nationalsozialistischen Staat].

Die weitere Erörterung des Verhältnisses von Nationalsozialismus
und Modernisierung erfordert jedoch, zuvor die Ergebnisse der empirischen Detailforschung zur Kenntnis zu nehmen. Hierzu bieten sich fol-
gende Themenfelder an: a) die soziale Struktur der Mitglieder und
Wähler der NSDAP sowie die sozialpolitischen Zielvorstellungen des
Nationalsozialismus, b) sein Verhältnis zum Mittelstand und zu den alten Oberschichten, c) die Wechselbeziehungen zwischen NS-Regime
und Gesellschaft, und zwar namentlich am Beispiel der Arbeiterschaft,
sowie d) die NS-Frauenpolitik.

*

Mitglieder und
Wähler der NSDAP

a) Die Frage nach der sozialen Struktur seiner *Mitglieder und
Wähler* ist für eine Charakterisierung des Nationalsozialismus von ho-
hem Gewicht, wie etwa Studien von D. ORLOW [112: History of the
Nazi Party] oder M. H. KATER [105: The Nazi Party] gezeigt haben, die
freilich noch regionaler Vertiefung bedürften. Bei der Untersuchung
der Wahlerfolge der NSDAP seit 1930 konkurrierten vornehmlich zwei
Erklärungsmodelle miteinander: die von R. BENDIX u. a. aufgestellte
„Massenhypothese", wonach Hitlers Zulauf vor allem auf frühere
Nichtwähler zurückgeht, und die von S. M. LIPSET und anderen vertre-
tene „Klassenhypothese", derzufolge er durch die Radikalisierung breiter mittelständischer Wählerschichten zu erklären ist. Beide Hypothe-
sen können durch den inzwischen erreichten Forschungsstand als wi-
derlegt gelten. In Auseinandersetzung mit den Ergebnissen anderer
Forscher [95: TH. CHILDERS; 101: R. F. HAMILTON; H. A. WINKLER, Mit-
telstandsbewegung oder Volkspartei, in 474: Faschismus als soziale
Bewegung, 97–118, u. a.] wie in Zusammenfassung langjähriger eige-

Synthese Falters

ner Bemühungen zeichnet J. W. FALTER in seiner 1991 erschienenen
Synthese ein differenzierteres Bild. Überzeugend weist er nach, daß die
NSDAP aus allen sozialen Schichten Mitglieder wie Wähler zu mobili-
sieren vermochte und lediglich bei den praktizierenden Katholiken,
großen Teilen der „klassischen" Industriearbeiterschaft und den eher
zur KPD tendierenden Arbeitslosen auf deutliche Reserven stieß [97:
Hitlers Wähler]. Die jüngste Forschung spricht denn auch folgerichtig

Die NSDAP als
„Volkspartei des
Protests"

von einer „Volkspartei des Protests" [T. CHILDERS] mit „Mittelstands-
bauch" [J. W. FALTER] oder von einer „negative[n] Volkspartei" [H.
MOMMSEN], deren Anziehungskraft nicht auf ihrer Ideologie, sondern
auf der Artikulierung und Mobilisierung einer verbreiteten Proteststim-
mung beruht habe.

Eine kritische Würdigung der gesamten Forschungsdiskussion ist Desiderat; die Arbeit von P. MANSTEIN bleibt eher oberflächlich [109: Mitglieder und Wähler der NSDAP]. Da das von FALTER herangezogene statistische Material keine Aussagen über die *Motive* der verschiedenen Wählergruppen zuläßt, dürfte künftig den zeitgenössischen Milieu- und Mentalitätsstrukturen größere Beachtung zu schenken sein, um die unterschiedliche Attraktivität der nationalsozialistischen Volksgemeinschaftsparole zu erklären [94: M. BROSZAT, Zur Struktur der NS-Massenbewegung].

Ebenso heterogen wie ihre soziale Basis waren auch die sozialpolitischen Zielvorstellungen der NSDAP. Entsprechend uneinheitlich fallen die Urteile aus. Als ein Grundproblem erweist sich die methodisch saubere Unterscheidung zwischen subjektiv wahrgenommener und statistisch meßbarer Realität. Daher sieht sich R. ZITELMANN [89: Selbstverständnis] auch mit dem Einwand konfrontiert, Hitlers eher vage sozialpolitische Utopien „als feste Pläne für eine revolutionäre ,modernisierende' Umwälzung der deutschen Gesellschaft" interpretiert zu haben [66: I. KERSHAW, NS-Staat, 252 Anm. 38]. Jedenfalls dürfte H. A. WINKLERS Warnung, „die gesellschaftspolitischen Parolen der Nationalsozialisten zum Nennwert zu akzeptieren" [270: Der entbehrliche Stand, 495], nach wie vor beherzigenswert sein. Die ideologische Instrumentalisierung des von der NS-Propaganda herausgestellten „Sozialismus der Tat" wird namentlich durch empirische Untersuchungen von Organisationen wie der SA [100: C. J. FISCHER; 92: R. BESSEL; 104: M. JAMIN; 108: P. LONGERICH], der NSV [268: H. VORLÄNDER] oder der Wohlfahrtspolitik des Regimes belegt, die ebenso sehr deren Indienststellung im Sinne rassischer „Volkstumspflege" wie die Ausschaltung konkurrierender Institutionen der freien Wohlfahrtspflege erkennen lassen [242: E. HANSEN; 259: CH. SACHSSE/F. TENNSTEDT].

Sozialpolitische Ziele und Aktivitäten der NSDAP

b) Stärker empirisch verfährt die Forschung auch bei der Untersuchung des (neuen wie alten) *Mittelstandes*. Nach Beiträgen H. A. WINKLERS [270] und A. V. SALDERNS [260] sowie einer Studie von M. PRINZ über die Entwicklung des sozialen Status der Angestellten in Weimarer Republik und Drittem Reich [254] sind neuerdings wieder Zweifel an der lange Zeit herrschenden Vorstellung laut geworden, die Interessen des gewerblichen Mittelstandes seien völlig von Hitlers ideologisch-programmatischen (Kriegs-)Zielen in den Hintergrund gedrängt worden, die sich nur im Bündnis mit der Großindustrie hätten verwirklichen lassen [295: L. HERBST, Der Totale Krieg; M. PRINZ, Die soziale Funktion moderner Elemente in der Gesellschaftspolitik des

Mittelstand im Nationalsozialismus

Nationalsozialismus, in 496: Nationalsozialismus und Modernisierung, 297–327].

Bezüglich des Verhältnisses von Nationalsozialismus und *alten Eliten* ist lediglich die überragende Bedeutung ihrer Rolle bei der „Machtergreifung" und Machtbefestigung unumstritten. Hingegen ist die von H. MOMMSEN geäußerte Meinung, das Bündnis habe bis zum 20. Juli 1944 trotz „partielle[r] Distanzierung" der traditionellen Eliten vom Regime funktioniert, ja es sei zu einer „Verschränkung traditioneller und faschistischer Führungsgruppen in Deutschland" gekommen, nicht allgemein akzeptiert [70: Nationalsozialismus und deutsche Gesellschaft, 39, 60]. So ist etwa darauf hingewiesen worden, daß im Verlauf des Zweiten Weltkrieges „strukturelle Veränderungen in der militärischen Gesellschaft des Dritten Reiches" wirksam wurden, die, von den alten Eliten durchaus argwöhnisch betrachtet, auf „eine breite, sozial egalitär angelegte Offizierrekrutierung" hinzielten [B. R. KROENER, Strukturelle Veränderungen in der militärischen Gesellschaft des Dritten Reiches, in 496: Nationalsozialismus und Modernisierung, 267–296, Zitat 269], ein Prozeß, den B. WEGNER unbeschadet des hohen Anteils von aus den gesellschaftlichen Oberschichten stammenden Führungskräften der SS für die Waffen-SS bestätigt hat [204; vgl. oben, 81].

c) Auch für die *Arbeiterschaft*, die in der Widerstandsforschung vornehmlich als Resistenzfaktor in den Blick getreten war, finden „die Elemente von Konsens, Integration und Zustimmung" [243: U. HERBERT, Arbeiterschaft im „Dritten Reich", 358] in neueren sozialgeschichtlichen Detailstudien stärkere Beachtung, vor allem, weil der Forschung darum zu tun ist, die Strategien und Mechanismen von „Lockung und Zwang" [248: A. KRANIG] zu analysieren, mit denen der „umworbene Stand" [244: E. HEUEL] in die „Volksgemeinschaft" integriert werden sollte. Neben Fragen des Arbeits- und Sozialrechts [249:

A. KRANIG], der Entwicklung der Arbeitsbedingungen und Arbeitsmarktbeziehungen und der staatlich kontrollierten Lohn- und Preispolitik, die im Spannungsfeld zwischen den Belangen der Hochrüstung und den Konsumerwartungen der Bevölkerung untersucht werden, gilt die Aufmerksamkeit den modernisierenden Wirkungen, wie sie der Entwicklung differenzierter, an den Erfordernissen der Rüstungsproduktion orientierter Leistungslöhne zugeschrieben werden [241: R. HACHTMANN, Industriearbeit; 263: T. SIEGEL, Leistung und Lohn].

Daneben lassen Untersuchungen der *NSBO* [250: V. KRATZENBERG] sowie namentlich der *DAF* und ihrer vielfältigen Aktivitäten die sozialpolitischen Zielvorstellungen des Regimes deutlich werden. Gerade die DAF steht seit einiger Zeit im Mittelpunkt einer Debatte um Rationalisierungs- und Modernisierungsstrategien, für die K. H. ROTH, K. LINNE und M. HEPP mit der Edition der schriftlichen Hinterlassenschaft des Arbeitswissenschaftlichen Instituts der DAF ein nachgerade monströses Quellenfundament bereitgestellt haben [15: Sozialstrategien]. Unter der Leitfrage nach den „Beziehungen zwischen Arbeiterklasse, Intelligenz und politisch-ökonomischen Führungsgruppen" hat ROTH inzwischen auch eine (partielle) Auswertung vorgelegt [256: Intelligenz und Sozialpolitik]. *Planungen und Aktivitäten der DAF*

Eine hinter diesen Planungen stehende Politik sozialer und industrieller Rationalisierung wird auch von T. SIEGEL und TH. V. FREYBERG betont [264]; sie lag ebenso den von Robert Ley ins Leben gerufenen Berufswettkämpfen sowie den sozialpolitischen Bestrebungen der DAF zugrunde, denen eine deutliche Abschwächung der sozialen Differenzierung zwischen Arbeitern und Angestellten zugeschrieben wird. C. SACHSE hat die Zusammenhänge zwischen innerbetrieblichen Rationalisierungsbestrebungen, sozialpolitischen Maßnahmen und Indienstnahme der Familien zum Zweck permanenter Leistungssteigerungen betont [257: Betriebliche Sozialpolitik]. Eine wissenschaftliche Gesamtdarstellung und namentlich eine angemessene Gewichtung aller Aktivitäten der DAF steht noch aus. Immerhin hat R. SMELSER mit seiner biographischen Studie über Ley zumindest Teilaspekte dieses Desiderats berücksichtigt, wobei er die Vielfalt und „Modernität" der sozialpolitischen Initiativen hervorhebt, ebenso aber ihre unlösbare Verankerung „in einer mörderischen Rassenideologie ..., die das zukünftige deutsche Utopia auf die Ausbeutung sogenannter ‚minderwertiger' Völker gründen wollte" [114: Robert Ley, 301]. *Soziale und betriebliche Rationalisierung*

d) Die Bewertung sozialpolitischer Entwicklungen der 30er und 40er Jahre mit Hilfe des Modernisierungsansatzes stößt beim Thema „*Frauen im Dritten Reich*" auf besondere Schwierigkeiten. Hier klaffen die Urteile zwischen den Polen einer keineswegs „rückwärtsgewandten" Frauenpolitik [M. PRINZ, Soziale Funktion moderner Elemente, in 496: Nationalsozialismus und Modernisierung, 303] und eines von den Nationalsozialisten übernommenen „bürgerlichen Antifeminismus" auseinander [66: I. KERSHAW, NS-Staat, 257], wobei die Antipoden sich auf den gleichen Forschungsstand berufen. Die einschlägige Forschung befaßt sich neben der ideologischen Vereinnahmung der Frauen namentlich mit den wirtschafts- und arbeitspolitischen Aspekten nationalsozialistischer Frauenpolitik, vor allem der weiblichen Erwerbsarbeit [265: J. STEPHENSON, The Nazi Organisation of Women; 269: D. WINKLER, Frauenarbeit; 246: D. KLINKSIEK, Die Frau im NS-Staat]. *Frauen im Dritten Reich*

Rassismus und NS-
Frauenpolitik

Die neuerdings in den Vordergrund getretene rassenbiologische Komponente der NS-Frauenpolitik, die u. a. auch an die Rolle von Frauen als Opfer eines aggressiven Rassismus erinnert [399: G. BOCK, Zwangssterilisation], läßt es dagegen als zweifelhaft erscheinen, ob sich diese Politik mit traditionell-konservativen Leitbildern oder mit sozialen Rationalisierungserwägungen erklären läßt. Vollends abwegig erscheint die aus radikal feministischer Perspektive aufgestellte These von C. KOONZ, derzufolge die Frauen dadurch, daß sie sich in die ihnen auferlegte Rolle des weiblichen „Anders"-Seins gefügt hätten, an den NS-Verbrechen mitschuldig geworden seien, ein radikaler Feminismus folglich das Massenverbrechen verhindert hätte [247]. Demgegenüber hat G. BOCK daran erinnert, daß „sich historische Erkenntnis in erster Linie auf solide historische Forschungen und korrekte Quellenbenutzung stützen [muß], und nicht auf Ideologie" [Die Frauen und der Nationalsozialismus, in: GG 15 (1989) 563–579, Zitat 565].

*

Sozialpolitik im
Zweiten Weltkrieg

Über eine lediglich sektorale Betrachtung hinausgreifend hat M.-L. RECKER die Sozialpolitik der Kriegsjahre in den Blick genommen und die politische und psychologische Stabilisierung der „Heimatfront" sowie die „Steigerung der kriegswirtschaftlichen Leistungsfähigkeit" als entscheidendes Ziel aller sozialpolitischen Maßnahmen herausgestellt [255: Sozialpolitik, 291, 300]; Reminiszenzen an den Ersten Weltkrieg sind hier unverkennbar. Am Beispiel des 1941/42 im Auftrag der DAF erarbeiteten Plans einer künftigen allgemeinen Volksversicherung, dessen Ähnlichkeit mit nahezu zeitgleich verlaufenen britischen Planungen auffällt, zeigt RECKER aber auch, daß keineswegs alle sozialpolitischen Initiativen dezidiert *nationalsozialistischen* Ursprungs sind, weswegen M. BROSZAT treffend von transnationalen „sozialpolitischen Geburtshilfe-Zwängen des Krieges" gesprochen hat [Plädoyer, in 48: Nach Hitler, 279]. Vielen Elementen der NS-Sozialpolitik bescheinigt RECKER eine unzweifelhaft modernisierende, d. h. den sozialen und ökonomischen Wandel und den Abbau von Klassenschranken forcierende Wirkung. Ebenso deutlich betont sie jedoch, daß alle sozialen Einebnungsbestrebungen in ihrem rassistisch-völkischen Kontext und somit letztlich doch „im Sinne der ,radikal antimodernen Zielsetzung' (TH. NIPPERDEY) des Nationalsozialismus" [255: Sozialpolitik, 300] interpretiert werden müssen. Sie bestätigt damit die schon von D. SCHOENBAUM [262] und vor allem von H. A. TURNER [499] festgestellte Vertauschung der Zweck-Mittel-Relation in der Sozialpolitik des Dritten Reiches.

Modernisierungs-
wirkungen und anti-
moderne Ziele

*

Auf der Basis solcher empirischen Einzelstudien haben jüngst M.
PRINZ und R. ZITELMANN die Debatte über das Verhältnis von „Nationalsozialismus und Modernisierung" mit ihrem gleichnamigen Sammelband [496] neu belebt. Dabei hat gerade ZITELMANN mit seinem
programmatischen Beitrag über den Nationalsozialismus als „totalitäre
Seite der Moderne" [EBD., 1–20] den Eindruck erweckt, ganz auf das
Modernisierungsparadigma als interpretatorischen Generalzugang zum
NS-Regime zu setzen. Hierbei knüpft er an seine Analysen der innen-,
sozial- und wirtschaftspolitischen Vorstellungen Hitlers an [89: Selbstverständnis; vgl. oben, 65], die sich für ihn zu einem „revolutionäre[n]
Programm zur Umgestaltung der deutschen Gesellschaft verdichten"
[R. ZITELMANN, Hitler-Bild im Wandel, in 46: Deutschland 1933–1945,
503 f.].

> Neue Debatte über
> Nationalsozialis-
> mus und Moderni-
> sierung

Diese erstaunlich unbefangene Klassifizierung – von ZITELMANN
als Beitrag zur „Historisierung des Nationalsozialismus" verstanden –
geht von drei Voraussetzungen aus: 1. der Ablehnung eines normativ
besetzten Modernisierungsbegriffs; 2. einer Entkopplung des konstitutiven Zusammenhangs von Modernisierung und Demokratisierung;
3. der generellen Infragestellung der These von der unbeabsichtigten
Modernisierungswirkung des Nationalsozialismus, die er im Gegenteil
als „intendiert" beschreibt.

Allerdings hinterläßt der Versuch der Herausgeber des Sammel-
bandes, den Interpretationsansatz einer „intendierten Modernisierung"
durch Detailstudien aus dem Bereich der Gesellschafts- und Kulturge-
schichte abzustützen, einen zwiespältigen Eindruck: Teils sprechen die
Einzelergebnisse für, teils gegen die Generalthese, und als nachteilig
erweist sich vor allem, daß den Beiträgen kein operationalisierbarer
einheitlicher Begriff von „Modernisierung" zugrunde liegt und die für
eine Bewertung des Dritten Reiches doch zentrale *politische* Geschichte mit Ausnahme des Beitrags von J. W. FALTER [War die
NSDAP die erste deutsche Volkspartei?, in: 496, 21–47] ausgespart
bleibt. Der Sammelband fand daher skeptische Aufnahme.

> „Intendierte Moder-
> nisierung"

Die Kritiker [C. DIPPER, Modernisierung des Nationalsozialismus,
in: NPL 36 (1991) 450–456; 490: N. FREI; 493, 494: H. MOMMSEN; 498:
A. SCHILDT u. a.] monierten neben der unscharfen Begrifflichkeit und
der Ausblendung des partizipativen Aspekts vor allem die Anwendung
eines für den „Vergleich großer sozialer Einheiten im säkularen Trend"
entwickelten Modernisierungsparadigmas, das nicht zur Interpretation
einer lediglich zwölfjährigen Zeitspanne tauge. C. DIPPER spricht daher

> Kritik an Prinz /
> Zitelmann

von einer „vielfach geborgte[n] Modernität", die auf längerfristige, das Jahr 1933 übergreifende strukturelle und personelle Kontinuitäten zurückzuführen sei [Modernisierung, 451, 455].

Auswirkungen langfristiger und keineswegs spezifisch deutscher Trends, die allenfalls durch technisch bedingte Rationalisierungsschübe beschleunigt, während des Dritten Reiches aber durch eine im Zentrum aller Bestrebungen stehende „Gesinnungsrevolution" überlagert wurden, sieht auch H. MOMMSEN [494, Noch einmal, 400] und bezeichnet den „Nationalsozialismus als vorgetäuschte Modernisierung" [493]. Nicht weniger gewichtig erscheint der Einwand, ZITELMANN vernachlässige die Einbindung dieser Modernisierungsvisionen in ein zutiefst inhumanes rassenbiologisches Geschichts- und Politikverständnis und gelange zur „Entkontextualisierung" einer ‚komplexe[n] historische[n] Wirklichkeit" [490: N. FREI, 386]. Hieran knüpft FREI die Frage „nach den Realisierungs- beziehungsweise Stabilisierungschancen nationalsozialistischer Sozial- und Gesellschaftspolitik angesichts ihres ins Utopische weisenden Rassismus und der destruktiven Dynamik des Regimes" [EBD., 384].

In Reaktion auf diese Einwände hat M. PRINZ 1994 seine und ZITELMANNS Position noch einmal zu verdeutlichen versucht [Nachwort, in 496: 335–361]. Er räumt ein, „daß ‚modern' und ‚Modernisierung', wie immer auch gewendet, den Kern nationalsozialistischer Herrschaft, seine spezifische Vernichtungsqualität, bestenfalls streifen, aber nicht zentral erfassen", „Modernisierung" mithin „als allgemeiner Deutungsrahmen [nicht] überzeugt" [EBD., 349]. In der Tat kann nicht nachdrücklich genug daran erinnert werden, daß die Massenverbrechen des Dritten Reiches mit Modernisierungskategorien nicht angemessen zu kennzeichnen sind. Für den Fortgang der Debatte ist es daher „zentral", den „weite[n] Begriff der Modernisierung für den jeweiligen Gegenstandsbereich" zu präzisieren [EBD., 351].

*

Einen anderen Zusammenhang zwischen Nationalsozialismus und Modernisierungsgeschichte stellen Interpretationsansätze her, die unter Rekurs auf „‚skeptische' Modernisierungstheorien" [EBD., 337] die (rassische) Ausgrenzung bestimmter Bevölkerungsgruppen und vor allem die Eskalation der Vernichtung im Zweiten Weltkrieg als Zuspitzung allgemeiner, dem Modernisierungsprozeß innewohnender antihumaner Tendenzen zu deuten suchen. Dieser Deutungsansatz ist eng mit dem Werk des 1990 verstorbenen NS-Forschers D. PEUKERT verbunden, der immer wieder die in der (deutschen) Gesellschaftsgeschichte

Marginalia:
„Vorgetäuschte Modernisierung"

Relativierung der Modernisierungsdeutung

Skeptische Modernisierungstheorien

des 20. Jahrhunderts zutage tretenden „widersprüchlichen Potentiale des Modernisierungsprozesses betonte" [F. BAJOHR, Detlev Peukerts Beiträge zur Sozialgeschichte der Moderne, in 487: Zivilisation und Barbarei, 7–16, Zitat 8]. In seiner stark alltagsgeschichtlich ausgerichteten Studie „Volksgenossen und Gemeinschaftsfremde" [319; vgl. oben, 72] hatte PEUKERT die NS-Herrschaft nicht als Einbruch atavistischer Barbarei in eine moderne, humane Zivilisation gedeutet, sondern als eine mögliche Konsequenz der durch die Modernisierung hervorgebrachten Widersprüche und Gefährdungen. In deutlicher Skepsis gegenüber dem der Modernisierungstheorie ursprünglich inhärenten Fortschrittsoptimismus war das NS-Regime damit zwar nicht als „das folgerichtige Endziel der Modernisierung", aber doch immerhin als eine „der pathologischen Entwicklungsformen der Moderne" gekennzeichnet [EBD., 296].

Ein von der zivilisationskritischen Modernisierungsforschung besonders deutlich herausgearbeiteter Aspekt ist der schon in anderem Zusammenhang behandelte Stellenwert rassenbiologischer Gesellschaftsentwürfe in den Humanwissenschaften (vgl. oben, 72–74). Daß damit abermals eine dunkle Seite der „Moderne" in den Blick tritt, bestätigt die Ambivalenz des Modernisierungsansatzes. D. PEUKERT hat diese Deutungskategorie sogar auf die bislang mit gänzlich anderen Argumenten bestrittene Debatte um die „Genesis der Endlösung" übertragen [439]. Der Holocaust erscheint in dieser Deutung nicht mehr als radikalste Zuspitzung eines „traditionellen" Antisemitismus, sondern als Folge einer Verbindung von Antisemitismus *und* rassistischer Entwicklungsdynamik der Humanwissenschaften, die erst die für den Massenmord erforderlichen Ausgrenzungskriterien wie „rassisch wertvoll" oder „unwert" zur Verfügung gestellt und damit den Weg nach Auschwitz geebnet habe. Die Verknüpfung von modernisierungstheoretischem *und* strukturalistischem Ansatz wird hier besonders deutlich. Wenn das präzedenzlos Neue und Unvergleichliche des Holocaust jedoch letztlich zu einem Problem der mit modernster Technologie betriebenen „Ausmerzung" abstrakt-wissenschaftlich definierter Opferkategorien erklärt wird – bleibt dann noch Platz für die antisemitischen Obsessionen der NS-Führung? Und wird die „Verantwortungs"-Frage nicht gleichsam neu gestellt?

Ganz ähnlich – doch ohne jeden Bezug auf PEUKERT – begreift auch der Soziologe Z. BAUMAN den Holocaust nicht als „Betriebsunfall" des Zivilisationsprozesses, sondern „als eine der Moderne inhärente Möglichkeit" [488: Dialektik der Ordnung, 19 f.]. Das genuin „Moderne" in Weltanschauung und Programm des Nationalsozialismus

Marginalien:

Peukerts Deutungsansatz

Nationalsozialismus als „pathologische Entwicklungsform der Moderne"

Rassismus und Moderne

Moderne und Holocaust

sieht er in dessen Versuch, „das Projekt der perfekten Gesellschaft mit den Mitteln eines ‚Social Engineering'" zu realisieren, „das menschliches Leben in wertvolle und wertlose Elemente aufspaltete" [EBD., 82]. Berührungspunkte mit den Thesen ALYS und HEIMS über die bevölkerungsökonomischen Triebkräfte der NS-Rassenfanatiker und den Zusammenhang von Sozialpolitik und Völkermord sind unverkennbar (vgl. oben, 73 f.). Es überrascht daher nicht, daß auch die nationalsozialistischen Großraumplanungen und ihre Verflechtung mit dem Genozid, freilich nicht unwidersprochen, unter dem Aspekt ihrer „Modernität" diskutiert werden [443: M. RÖSSLER/S. SCHLEIERMACHER (Hrsg.), „Generalplan Ost"]. Spätestens hier scheint die Anpassung an einen forschungspolitischen Modetrend auf die Spitze getrieben.

> Eines zeigt die Diskussion jedenfalls überdeutlich: Der Versuch, dem NS-Regime seinen Platz in der (deutschen) Modernisierungsgeschichte zuzuweisen, hat zu einem neuen und noch anhaltenden Forschungsstreit geführt, der gleichsam an die Stelle der Kontroverse zwischen „Strukturalisten" und „Intentionalisten" getreten ist. Freilich überkreuzen sich die „alten" Frontlinien hier auf verwirrende Weise: Eine Zuordnung der Antipoden zu konträren politisch-weltanschaulichen Deutungskulturen, wie sie noch für den „Historikerstreit" kennzeichnend war, ist nicht mehr möglich. „Modernisten" wie „Antimodernisten" finden sich hier wie dort, bei „Strukturalisten" wie „Intentionalisten", bei „Linken", „Nicht-Linken" wie „Rechten". Einmal mehr zeigt sich, was im übrigen schon das bekannte Beispiel O. HINTZES lehrt, daß politische Einstellung und geschichtswissenschaftliches Methodenverständnis zweierlei Dinge sind, „Konservatives" und „Fortschrittliches" also auf unterschiedlichen Bezugsebenen nebeneinander bestehen können. Man hat daher auch in der NS-Forschung Politik und Historie auseinanderzuhalten.

Marginalia: Moderne und nationalsozialistische Großraumplanungen

Marginalia: Die Modernisierungskontroverse – ein neuer Richtungsstreit?

6. „Historisierung des Nationalsozialismus" und „Historikerstreit": Probleme der Einordnung und Bewertung des NS-Regimes

Marginalia: Historische Einordnung des Dritten Reiches

Die empirische Geschichtsschreibung der letzten vier Jahrzehnte hat das ursprünglich stark von monumentalisierenden Zügen und „moralischen Pauschaldistanzierungen" [H.-U. THAMER] geprägte Bild des Dritten Reiches differenziert und sektoral erweitert. Während die ältere Forschung sich primär auf die „politisch-moralisch besonders ‚emp-

findlichen' Bereiche der NS-Herrschaft" konzentriert hatte [M. BROS-
ZAT, Plädoyer, in 48: Nach Hitler, 270], vermittelt eine jüngere, stärker
sozialgeschichtlich und strukturanalytisch interessierte Forschungsrichtung einen facettenreichen, von Gegensätzen geprägten und nur
noch schwer in eine Synthese zu fassenden Gesamteindruck der Epoche. Mit der Herausarbeitung langfristiger, das Jahrzwölft von 1933 bis
1945 übergreifender sozial- und mentalitätsgeschichtlicher Entwicklungslinien wurde aber zugleich die alte Frage nach der historischen
Einordnung des Dritten Reiches in größere Zusammenhänge deutscher
(und europäischer) Geschichte neu gestellt, sei es in Form einer Wie-
deraufnahme der Debatte um einen „deutschen Sonderweg" [453: D.
BLACKBOURN/G. ELEY; 455: Deutscher Sonderweg; 456: H. GREBING],
sei es im Rahmen aktueller Bemühungen, den Platz der NS-Herrschaft
in der jüngeren Modernisierungsgeschichte zu bestimmen. Gleichzeitig
ist eine historisch-methodologische Grundsatzdiskussion über eine angemessene historiographische Behandlung des Dritten Reiches in Gang
gekommen, die sich auf die Frage zuspitzen läßt, ob „es einer besonderen Historik des Nationalsozialismus" bedürfe [D. DINER, Perspekti-
venwahl und Geschichtserfahrung, in 465: Der historische Ort des Nationalsozialismus, 94–113, Zitat 94].

Nationalsozialis-
mus und deutscher
Sonderweg

Diese Grundsatzdebatte wurde 1985 mit M. BROSZATS program-
matischem „Plädoyer für eine Historisierung des Nationalsozialismus"
eröffnet [in 48: Nach Hitler, 266–281]. Der Verfasser, der sich schon
1982 gegen eine weitere „Verinselung der Hitler-Zeit" und für deren
„Re-Integration in den Gesamtverlauf der neueren deutschen Geschichte" ausgesprochen hatte [Eine Insel in der Geschichte?, in: EBD.,
208–215, Zitat 215], monierte darin eine beim Umgang mit dem NS-
Regime noch immer vorherrschende „Schwarz-Weiß-Optik" [EBD.,
278]. Mit dem überkommenen Gestus politisch-moralischer Distanzierung sowie einer Reduktion der Geschehnisse auf lehrhaft-volkspäd-
agogische Formeln wie „totalitäre Herrschaft" oder „nationalsozialistische Gewaltherrschaft" sei es aber nicht möglich, der vielschichtigen
und widersprüchlichen Realität des Dritten Reiches gerecht zu werden.
Nicht alle Phänomene und Wirkkräfte könnten von „den diktatorischen
und inhumanen Herrschaftszielen des Regimes" her angemessen erfaßt
werden [EBD., 280]. Es gelte vielmehr, „das Nebeneinander und die In-
terdependenz von Erfolgsfähigkeit und krimineller Energie, von Lei-
stungsmobilisation und Destruktion, von Partizipation und Diktatur"
[EBD., 273] in den Blick zu nehmen. Nur durch eine Historisierung, die
die relative Eigenständigkeit vieler Entwicklungstendenzen und gerade
auch die dynamisierende Funktion der „sozialen Schubkräfte" erkenne,

Plädoyer Broszats
für eine Historisie-
rung des National-
sozialismus

lasse sich der Ort des Nationalsozialismus in der deutschen Geschichte angemessen bestimmen und „das scheinbar nur NS-Spezifische ... in die weitere Perspektive periodenübergreifender Veränderungen der deutschen Gesellschaft" einfügen [EBD., 277].

Da die Zielrichtung von BROSZATS Ausführungen vage geblieben war, fand sein Plädoyer skeptische Aufnahme. Der historisch-methodologisch wie politisch-moralisch argumentierende Widerspruch gegen Begriff und Grundgedanken von BROSZATS Historisierungs-Postulat kam nicht von ungefähr vor allem von israelischen Historikern unter Wortführung von S. FRIEDLÄNDER. Dessen Einwände richteten sich erstens gegen die Tendenz einer Relativierung der (politischen) Zäsuren von 1933 und 1945 durch periodenübergreifende alltags- und sozialgeschichtliche Forschungsansätze, zweitens gegen die als unzeitig empfundene Forderung nach Aufgabe der Distanz sowie drittens gegen das Unklare des Historisierungs-Postulats, das Mißverständnissen geradezu Vorschub leiste und vor dem Hintergrund des aktuellen politischideologischen Zeitklimas „zu unerwarteten und ungewollten Ergebnissen führen" könne [S. FRIEDLÄNDER, Überlegungen zur Historisierung des Nationalsozialismus, in 480: Ist der Nationalsozialismus Geschichte?, 34–50, Zitat 35].

Gegenüber der zunehmenden Verlagerung des historischen Interesses von den Besonderheiten des Nationalsozialismus auf langfristige Entwicklungstrends erinnerte FRIEDLÄNDER daran, daß der *eigentliche* Epochencharakter des Dritten Reiches durch den ideologischen und politischen Machtanspruch Hitlers geprägt worden sei. Daher hält er auch die Forderung für verfehlt, den unbestritten verbrecherischen Charakter des Regimes nicht länger zum Ausgangspunkt des historischen Urteils zu machen, sei doch gerade die für den Nationalsozialismus typische „Verflechtung von Normalität und Kriminalität" ein Charakteristikum der Epoche. Die hieraus resultierenden Mischformen von Normalität und Verbrechen sowie von Mitmachen und Distanzwahrung könnten von dem um ein Urteil bemühten Historiker „kaum ohne jede Distanzierung betrachtet werden" [EBD., 41 f.].

Die Vieldeutigkeit der Historisierungsforderung wurde im weiteren Verlauf des Disputs von BROSZAT selbst eingeräumt, wenngleich er sich nicht den Vorwurf zu eigen machen wollte, hiermit „ein gefährliches Stichwort für eine falsche Normalisierung des historischen Bewußtseins in der Bundesrepublik geliefert und de[n] Weg zu einer moralischen Einebnung der Betrachtung der NS-Zeit beschritten" zu haben [479: M. BROSZAT/S. FRIEDLÄNDER, Briefwechsel, 340]. Eines hatte jedenfalls FRIEDLÄNDER mit besonderem Nachdruck unterstrichen: daß

nämlich die Vergangenheit des Dritten Reiches schon wegen der Singu-
larität der von ihm verantworteten „Menschheitsverbrechen" nach wie
vor „viel zu gegenwärtig" sei [S. FRIEDLÄNDER, Überlegungen, in 480:
Ist der Nationalsozialismus Geschichte?, 47], als daß sich die Zeitgeschichtsforschung von den damit verknüpften metahistorischen Voran-
nahmen und Werturteilen lösen könne, und daß sich gerade an der
„Frage nach dem spezifischen Charakter und dem historischen Ort der   Grenzen der Histori-
Vernichtungspolitik" des Nationalsozialismus die Grenze seiner „Hi-   sierbarkeit des Na-
                                                                        tionalsozialismus
storisierung" zeige [EBD., 49].

                                    *

In dieser Frage und in den metahistorischen Bewertungskriterien
berührt sich die vornehmlich historisch-methodologisch geführte „Historisierungs"-Debatte – deren Hauptantipoden sich ausdrücklich gemeinsame „fundamentale Grundannahmen" bescheinigt hatten [EBD.,   Historisierungs-
35] – mit dem eher politisch-ideologischen „Historikerstreit", den der   debatte und Histori-
Frankfurter Sozialphilosoph J. HABERMAS im Juli 1986 wegen ver-   kerstreit
meintlich „apologetische[r] Tendenzen in der deutschen Zeitge-
schichtsschreibung" eröffnet hatte [482: „Historikerstreit", 62]. Dieser
Streit bescherte führenden NS-Forschern und ihren publizistischen Se-
kundanten vorübergehend ein ungewöhnliches Maß an öffentlicher
Aufmerksamkeit, führte aber nicht eigentlich zu praktischer Nutzan-
wendung des „Historisierungs"-Begriffs, da sich außerwissenschaftli-
che, politische, polemische [485: H.-U. WEHLER, Entsorgung der Vergangenheit?] und selbst hysterische Züge [481: I. GEISS, Der Hysteri-
kerstreit] beherrschend in den Vordergrund drängten. Der sachliche Er-
trag blieb daher gering, doch wurden die politisch-legitimatorische Bedeutung der NS-Zeit für die politische Kultur der Bundesrepublik und
die daraus resultierenden Folgewirkungen für die stark polarisierte
Zeitgeschichtsforschung grell beleuchtet. Der „Historikerstreit" kann   Historikerstreit
somit als eine „geschichtswissenschaftlich chiffrierte hochpolitische   und deutsche
und dramatische Auseinandersetzung um den zukünftigen historischen   Geschichtskultur
Ort der Bundesrepublik – oder richtiger: Deutschland(s)" verstanden
werden, wie D. DINER 1987, also noch ohne Vorahnung der drei Jahre
später vollzogenen staatlichen Wiedervereinigung, gemeint hat [in 480:
Ist der Nationalsozialismus Geschichte?, 7].
     Um weiterführende „Impulse zur Historisierung des Nationalso-
zialismus" zeigt sich dagegen ein Sammelband bemüht, der freilich die
exemplarische Anwendung von BROSZATS Postulat mit überzogener
Kritik an der angeblich vorherrschenden, durch „Volkspädagogik und
Frageverbote" beeinflußten Art und Weise des wissenschaftlichen Um-

gangs mit der NS-Zeit verknüpft [477: U. BACKES/E. JESSE/R. ZITEL-MANN (Hrsg.), Die Schatten der Vergangenheit, 37]. Inwieweit sich auch hier eine „neue Unbefangenheit" im Umgang mit „den Tücken einer ‚Historisierung' des Nationalsozialismus" zeigt [N. FREI], mag der Fortgang der Debatte erweisen.

Historisierung durch empirische Einzelforschung

Auf dem praktischen Weg der empirischen Einzelforschung ist eine fortschreitende Historisierung des Nationalsozialismus dagegen unverkennbar, ohne daß periodenübergreifende Untersuchungen zwangsläufig eine „Relativierung" der „bewußten zwölf Jahre" [TH. HEUSS] bewirken müssen. Gerade aus sozial- oder mentalitätsgeschichtlicher Perspektive gearbeitete Studien, die sich ihrer Ausschnitthaftigkeit bewußt bleiben und nur in dieser Begrenztheit das Epochenjahr 1945 zu relativieren vermögen, haben durchaus fruchtbare Zugänge zur Erforschung des Dritten Reiches eröffnet. Dies belegen die angeführten Beiträge zur „Sozialgeschichte des Umbruchs" zwischen „Stalingrad" und „Währungsreform" [239] ebenso wie das Oral-History-Projekt zu „Faschismus-Erfahrungen im Ruhrgebiet" [318]. Nicht minder gilt dies für Langzeitstudien über Ausländerbeschäftigung [U. HERBERT, Geschichte der Ausländerbeschäftigung in Deutschland 1880 bis 1980. Bonn 1986], „Rassenhygiene" oder „Euthanasie" [446: H.-W. SCHMUHL, Rassenhygiene; 407: M. BURLEIGH, Death and Deliverance], die gerade in der Zusammenschau mit transepochalen Entwicklungslinien die NS-Spezifika besonders deutlich hervortreten lassen.

Diktaturenvergleich und Historisierung

Endlich ist auch der seit einigen Jahren forcierte *Diktaturenvergleich* ein Ergebnis zunehmender Historisierung. Nicht zuletzt der politisch-moralische Zusammenbruch des „real existierenden Sozialismus" legt es nahe, die Gewaltregime des 20. Jahrhunderts in komparatistischer Betrachtung auf ihre Ähnlichkeiten wie charakteristischen Unterschiede hin zu untersuchen, um auf diese Weise auch der NS-Forschung neue Perspektiven zu eröffnen [E. WOLFRUM, Diktaturen des 20. Jahrhunderts, in: VfZG 40 (1992) 155–158]. Von der seit langem durch den Austausch immer gleicher geschichtspolitischer Argumente steril gewordenen Totalitarismus-Faschismus-Debatte – deren Ende erst kürzlich einer der Protagonisten der Faschismus-Forschung verkündet hat [W. WIPPERMANN, Vom „erratischen Block" zum Scherbenhaufen, in: 462: Weltbürgerkrieg der Ideologien, 207–215] – sind keine

NS-Verbrechen in komparatistischer Perspektive

neuen Anstöße zu erwarten. Auch der von E. NOLTE [463: Der europäische Bürgerkrieg] behauptete direkte Kausalzusammenhang von nationalsozialistischen Rassen- und bolschewistischen Klassenmorden wird in der Zeitgeschichtsforschung nahezu einhellig abgelehnt. Mittler-

weile liegen jedoch erste Ergebnisse komparatistischer Diktaturfor-
schung vor [I. KERSHAW, Totalitarianism Revisited: Nazism and Stali-
nism in Comparative Perspective, in 55: D. DINER/F. STERN (Hrsg.),
Nationalsozialismus aus heutiger Perspektive, 23–40; 471: H. MAIER
(Hrsg.), Totalitarismus und politische Religionen], die an die klassische
Totalitarismusforschung anknüpfen und sie empirisch untermauern.
Weitere Beiträge bleiben abzuwarten. Daß im übrigen der Respekt vor
den Opfern gerade vom vergleichend arbeitenden Historiker ein besonderes Maß an Taktgefühl erfordert, um den Eindruck von „Aufrech-
nungs"-Ambitionen gar nicht erst aufkommen zu lassen, sollte der
selbstverständliche Ausgangspunkt solchen Bemühens sein.

III. Quellen und Literatur

Weil der zur Verfügung stehende Raum begrenzt ist, kann im folgenden lediglich eine sehr knappe Titelauswahl geboten werden. Eine repräsentative Auswahl jetzt bei H. G. HOCKERTS [37] und M. RUCK [39]. Die Abkürzungen der Zeitschriften entsprechen denen, die die Historische Zeitschrift verwendet.

A. Gedruckte Quellen

1. Editionen und Dokumentationen

1. Akten deutscher Bischöfe über die Lage der Kirche 1933–1945. 6 Bde. Bearb. v. B. Stasiewski (Bde. I–III) u. L. Volk (Bde. IV–VI). Mainz 1968–1985.
2. Akten der Partei-Kanzlei der NSDAP. Rekonstruktion eines verlorengegangenen Bestandes. Bearb. v. H. Heiber u. P. Longerich. 491 Mikrofiches, 5 Regestenbde., 2 Registerbde. München 1983–1992.
3. Akten der Reichskanzlei. Regierung Hitler 1933–1938. Hrsg. v. K. Repgen u. H. Booms. Teil I: 1933/34. Bd. 1: 30. Januar bis 31. August 1933. Bd. 2: 12. September bis 27. August 1934. Bearb. v. K.-H. Minuth. Boppard 1983.
4. H. BOBERACH (Bearb.), Berichte des SD und der Gestapo über Kirchen und Kirchenvolk in Deutschland 1934–1944. Mainz 1971.
5. H. BOBERACH (Hrsg.), Meldungen aus dem Reich. Die geheimen Lageberichte des Sicherheitsdienstes der SS 1938–1945. 17 Bde. u. Registerbd. Herrsching 1984/85.
6. Deutschland-Berichte der Sozialdemokratischen Partei Deutschlands (Sopade) 1934–1940. 7 Bde. Frankfurt am Main 1980.

7. H.-A. JACOBSEN (Hrsg.), „Spiegelbild einer Verschwörung". Die Opposition gegen Hitler und der Staatsstreich vom 20. Juli 1944 in der SD-Berichterstattung. Geheime Dokumente aus dem ehemaligen Reichssicherheitshauptamt. 2 Bde. Stuttgart 1984.

8. P. LONGERICH (Hrsg.), Die Ermordung der europäischen Juden. Eine umfassende Dokumentation des Holocaust 1941–1945. München/Zürich 1989.

9. H. MICHAELIS/E. SCHRAEPLER (Hrsg.), Ursachen und Folgen. Vom deutschen Zusammenbruch 1918 und 1945 bis zur staatlichen Neuordnung Deutschlands in der Gegenwart. Eine Urkunden- und Dokumentensammlung zur Zeitgeschichte. Bde. 9–23. Berlin 1964–1975.

10. W. MICHALKA (Hrsg.), Deutsche Geschichte 1933–1945. Dokumente zur Innen- und Außenpolitik. Frankfurt am Main 1993.

11. R. MORSEY (Hrsg.), Das „Ermächtigungsgesetz" vom 24. März 1933. Quellen zur Geschichte und Interpretation des „Gesetzes zur Behebung der Not von Volk und Reich". Düsseldorf 1992.

12. I. v. MÜNCH (Hrsg.), Gesetze des NS-Staates. Dokumente eines Unrechtssystems. 3. Aufl. Paderborn 1994.

13. C. NICOLAISEN (Bearb.), Dokumente zur Kirchenpolitik des Dritten Reiches. Bd. I: Das Jahr 1933. Bd. II: 1934/35. Bd. III (mit G. Grünzinger): 1935/37. München 1971, 1975, 1994.

14. Nürnberger Prozesse. Der Prozeß gegen die Hauptkriegsverbrecher vor dem Internationalen Militärgerichtshof. Nürnberg, 14. 11. 1945 – 1. 10. 1946. 42 Bde. Nürnberg 1947–1949.

15. Sozialstrategien der Deutschen Arbeitsfront. Hrsg. v. d. Hamburger Stiftung für Sozialgeschichte des 20. Jahrhunderts. Bearb. v. M. Hepp u. K.H. Roth. Teil A: Jahrbücher des Arbeitswissenschaftlichen Instituts der Deutschen Arbeitsfront 1936–1940/41 (Reprint-Ausg.). Teil B: Periodika, Denkschriften, Gutachten und Veröffentlichungen des Arbeitswissenschaftlichen Instituts der Deutschen Arbeitsfront (Mikrofiche-Ausg.). München 1986–1992.

16. G. TOEPSER-ZIEGERT (Bearb.), NS-Presseanweisungen der Vorkriegszeit. Edition und Dokumentation. Bd. 1: 1933. Bd. 2: 1934. Bd. 3/I-II: 1935. Bd. 4/I-IV: 1936. München 1983–1993.

2. Selbstzeugnisse, Reden, Erinnerungen

17. M. DOMARUS (Hrsg.), Hitler. Reden und Proklamationen 1932–1945. Bd. I: Triumph (1932–1938). Bd. II: Untergang (1939–1945). München 1965.
18. E. FRÖHLICH (Hrsg.), Die Tagebücher von Joseph Goebbels. Teil I: Sämtliche Fragmente. Aufzeichnungen 1924–1941. 4 Bde., Interimsregister. Teil II: Diktate 1941–1945. 15 Bde. München 1987, 1993–1996.
19. U. v. HASSELL, Die Hassell-Tagebücher 1938–1944. Aufzeichnungen vom Andern Deutschland. Hrsg. v. F. Frhr. Hiller v. Gaertringen. Berlin 1988.
20. H. HEIBER (Hrsg.), Goebbels-Reden 1932–1945. 2. Aufl. Bindlach 1991 (EA 1971/72).
21. A. HITLER, Mein Kampf. 2 Bde. München 1925/1927 (und zahlreiche Neuauflagen bis 1944).
22. Hitler. Reden, Schriften, Anordnungen. Februar 1925 bis Januar 1933. Hrsg. v. Institut für Zeitgeschichte. 12 Teilbde. u. 3 Ergänzungsbde. München 1992 ff.
23. E. JÄCKEL/A. KUHN (Hrsg.), Hitler. Sämtliche Aufzeichnungen 1905–1924. Stuttgart 1980.
24. W. JOCHMANN (Hrsg.), Adolf Hitler. Monologe im Führerhauptquartier 1941–1944. Die Aufzeichnungen Heinrich Heims. Hamburg 1980.
25. H.J. v. MOLTKE, Briefe an Freya 1939–1945. Hrsg. v. B. Ruhm v. Oppen. 2.Aufl. München 1991 (EA 1988).
26. W. PRÄG/W. JACOBMEYER (Hrsg.), Das Diensttagebuch des deutschen Generalgouverneurs in Polen 1939–1945. Stuttgart 1975.
27. R.G. REUTH (Hrsg.), Joseph Goebbels. Tagebücher 1924–1945. 5 Bde. München/Zürich 1992.
28. A. ROSENBERG, Der Mythus des 20. Jahrhunderts. München 1930 (und weitere Neuauflagen).
29. H.-G. SERAPHIM (Hrsg.), Das politische Tagebuch Alfred Rosenbergs aus den Jahren 1934/35 und 1939/40. Göttingen 1956.
30. B. F. SMITH/A. F. PETERSON (Hrsg.), Heinrich Himmler. Geheimreden 1933 bis 1945 und andere Ansprachen. Frankfurt 1974.
31. A. SPEER, Erinnerungen. 2. Aufl. Frankfurt am Main/Berlin 1976 (EA 1969).
32. A. SPEER, Der Sklavenstaat. Meine Auseinandersetzungen mit der SS. Stuttgart 1981.

33. G. L. WEINBERG (Hrsg.), Hitlers Zweites Buch. Ein Dokument aus dem Jahre 1928. Stuttgart 1961.
34. A. P. YOUNG, Die X-Dokumente. Die geheimen Kontakte Carl Goerdelers mit der britischen Regierung 1938/39. Hrsg. v. S. Aster. München/Zürich 1989 (engl. EA 1974).

B. Literatur

1. Bibliographien, Hilfsmittel, Nachschlagewerke

35. Bibliographie zur Zeitgeschichte 1953–1980/89. 4 Bde. Bd. II: Geschichte des 20. Jahrhunderts bis 1945. Bd. IV: Supplement 1981 – 1989. München/London/New York/Paris 1982, 1991 (für den Berichtszeitraum ab 1990: jährliche Beilage der VfZG).
36. H. BOBERACH (Hrsg.), Inventar archivalischer Quellen des NS-Staates. Die Überlieferung von Behörden und Einrichtungen des Reiches, der Länder und der NSDAP. 2 Teile. München 1991, 1996.
37. H. G. HOCKERTS, Quellenkunde zur deutschen Geschichte der Neuzeit von 1500 bis zur Gegenwart. Bd. 6: Weimarer Republik, Nationalsozialismus, Zweiter Weltkrieg (1919–1945). Erster Teil: Akten und Urkunden. Darmstadt 1996.
38. M. OVERESCH (Bearb.), Chronik deutscher Zeitgeschichte. Politik – Wirtschaft – Kultur. Bd. 2/1: Das Dritte Reich 1933–1939. Bd. 2/2: Das Dritte Reich 1939–1945. Düsseldorf 1982/83.
39. M. RUCK, Bibliographie zum Nationalsozialismus. Köln 1995.
40. R. WISTRICH, Wer war wer im Dritten Reich? Ein biographisches Lexikon. 2. Aufl. Frankfurt am Main 1987 (engl. EA 1982).
41. CH. ZENTNER/F. BEDÜRFTIG (Hrsg.), Das große Lexikon des Dritten Reiches. Personen, Ereignisse, Institutionen. München 1985.

2. Gesamt- und Überblicksdarstellungen, Sammelbände

42. W. BENZ, Herrschaft und Gesellschaft im nationalsozialistischen Staat. Studien zur Struktur- und Mentalitätsgeschichte. Frankfurt am Main 1990.
43. W. BENZ/H. BUCHHEIM/H. MOMMSEN (Hrsg.), Der Nationalsozia-

lismus. Studien zur Ideologie und Herrschaft. Frankfurt am Main 1993.

44. K. D. BRACHER, Die deutsche Diktatur. Entstehung, Struktur, Folgen des Nationalsozialismus. 7. Aufl. Köln 1993 (EA 1969).

45. K. D. BRACHER/M. FUNKE/H.-A. JACOBSEN (Hrsg.), Nationalsozialistische Diktatur 1933–1945. Eine Bilanz. Bonn 1983.

46. K. D. BRACHER/M. FUNKE/H.-A. JACOBSEN (Hrsg.), Deutschland 1933–1945. Neue Studien zur nationalsozialistischen Herrschaft. 2.Aufl. Bonn 1993.

47. M. BROSZAT, Der Staat Hitlers. Grundlagen und Entwicklung seiner inneren Verfassung. 14. Aufl. München 1995 (EA 1969).

48. M. BROSZAT, Nach Hitler. Der schwierige Umgang mit unserer Geschichte. Neuaufl. München 1988 (EA 1986).

49. M. BROSZAT/N. FREI (Hrsg.), Das Dritte Reich im Überblick. Chronik, Ereignisse, Zusammenhänge. 3. Aufl. München/Zürich 1992.

50. M. BROSZAT/H. MÖLLER (Hrsg.), Das Dritte Reich. Herrschaftsstruktur und Geschichte. 2. Aufl. München 1986.

51. M. BURLEIGH/W. WIPPERMANN, The Racial State. Germany 1933–1945. Cambridge 1991.

52. U. BÜTTNER (Hrsg.), Das Unrechtsregime. Internationale Forschung über den Nationalsozialismus. Bd. 1: Ideologie, Herrschaftssystem, Wirkung in Europa. Bd. 2: Verfolgung, Exil, belasteter Neubeginn. Hamburg 1986.

53. TH. CHILDERS/J. CAPLAN (Hrsg.), Reevaluating the Third Reich. New York/London 1993.

54. Das Deutsche Reich und der Zweite Weltkrieg. Hrsg. v. Militärgeschichtlichen Forschungsamt. (bisher) 6 Bde. Stuttgart 1979–1990.

55. D. DINER/F. STERN (Hrsg.), Nationalsozialismus aus heutiger Perspektive. Gerlingen 1994.

56. J. DÜLFFER, Deutsche Geschichte 1933 – 1945. Führerglaube und Vernichtungskrieg. Stuttgart 1992.

57. K. D. ERDMANN, Die Zeit der Weltkriege, in: Gebhardt. Handbuch der deutschen Geschichte. 9. Aufl. Bd.4/2. Stuttgart 1976.

58. N. FREI, Der Führerstaat. Nationalsozialistische Herrschaft 1933 bis 1945. 3. Aufl. München 1993 (EA 1987).

59. N. FREI/H. KLING (Hrsg.), Der nationalsozialistische Krieg. Frankfurt/New York 1990.

60. M. FUNKE, Starker oder schwacher Diktator? Hitlers Herrschaft und die Deutschen. Ein Essay. Düsseldorf 1989.

61. L. HERBST, Das nationalsozialistische Deutschland. 1933 – 1945. Frankfurt am Main 1996.
62. K. HILDEBRAND, Das Dritte Reich. 5. Aufl. München 1995.
63. A. HILLGRUBER, Endlich genug über Nationalsozialismus und Zweiten Weltkrieg? Forschungsstand und Literatur. Düsseldorf 1982.
64. G. HIRSCHFELD/L. KETTENACKER (Hrsg.), Der „Führerstaat": Mythos und Realität. Studien zur Struktur und Politik des Dritten Reiches. Stuttgart 1981.
65. I. KERSHAW, Hitlers Macht. Das Profil der NS-Herrschaft. München 1992 (engl. EA 1991).
66. I. KERSHAW, Der NS-Staat. Geschichtsinterpretationen und Kontroversen im Überblick. 2. Aufl. Reinbek 1994.
67. W. MICHALKA (Hrsg.), Der Zweite Weltkrieg. Analysen, Grundzüge, Forschungsbilanz. München/Zürich 1989.
68. H. MOMMSEN, Nationalsozialismus, in: Sowjetsystem und demokratische Gesellschaft. Bd. 4. Freiburg 1971, 695–713.
69. H. MOMMSEN, Der Nationalsozialismus. Kumulative Radikalisierung und Selbstzerstörung des Regimes, in: Meyers Enzyklopädisches Lexikon. Bd. 16. Mannheim 1976, 785–790.
70. H. MOMMSEN, Der Nationalsozialismus und die deutsche Gesellschaft. Ausgewählte Aufsätze. Reinbek 1991.
71. M. G. STEINERT, Hitlers Krieg und die Deutschen. Stimmung und Haltung der deutschen Bevölkerung im Zweiten Weltkrieg. Düsseldorf/Wien 1970.
72. B. STÖVER, Volksgemeinschaft im Dritten Reich. Die Konsensbereitschaft der Deutschen aus der Sicht sozialistischer Exilberichte. Düsseldorf 1993.
73. H.-U. THAMER, Verführung und Gewalt. Deutschland 1933–1945. Berlin 1986.
74. K. WEISSMANN, Der Weg in den Abgrund. Deutschland unter Hitler 1933–1945. Berlin 1995.

3. Hitler

75. R. BINION, „... daß ihr mich gefunden habt". Hitler und die Deutschen. Eine Psychohistorie. Stuttgart 1978 (am. EA 1976).
76. A. BULLOCK, Hitler. Eine Studie über Tyrannei. Kronberg 1977 (engl. EA 1952).

77. A. BULLOCK, Hitler und Stalin. Parallele Leben. Berlin 1991.
78. J. C. FEST, Hitler. Eine Biographie. 5. Aufl. Frankfurt am Main/
    Berlin 1995 (EA 1973).
79. S. HAFFNER, Anmerkungen zu Hitler. 26. Aufl. München 1994
    (EA 1978).
80. E. JÄCKEL, Hitlers Weltanschauung. Entwurf einer Herrschaft.
    4. Aufl. Stuttgart 1991 (EA 1969).
81. E. JÄCKEL, Hitlers Herrschaft. Vollzug einer Weltanschauung.
    2. Aufl. Stuttgart 1988 (EA 1986).
82. K. PÄTZOLD/M. WEISSBECKER, Adolf Hitler. Eine politische Bio-
    graphie. Leipzig 1995.
83. G. SCHREIBER, Hitler-Interpretationen 1923 – 1983. Ergebnisse,
    Methoden und Probleme der Forschung. 2. Aufl. Darmstadt 1988.
84. M. STEINERT, Hitler. München 1994 (franz. EA 1991).
85. E. SYRING, Hitler. Seine politische Utopie. Berlin 1994.
86. J. THIES, Architekt der Weltherrschaft. Die „Endziele" Hitlers.
    3. Aufl. Königstein/Düsseldorf 1980 (EA 1976).
87. H. R. TREVOR-ROPER, Hitlers letzte Tage. Frankfurt am Main/Ber-
    lin 1965 (engl. EA 1947).
88. W. WIPPERMANN, Der konsequente Wahn. Ideologie und Politik
    Adolf Hitlers. Gütersloh/München 1989.
89. R. ZITELMANN, Hitler. Selbstverständnis eines Revolutionärs.
    3. Aufl. Stuttgart 1990 (EA 1987).
90. R. ZITELMANN, Hitler. Eine politische Biographie. 3. Aufl. Göttin-
    gen/Zürich 1990.

4. Nationalsozialismus und NSDAP: Ideologie, soziale Basis, Führungsgruppe

91. J. ACKERMANN, Heinrich Himmler als Ideologe. Göttingen 1970.
92. R. BESSEL, Political Violence and the Rise of Nazism. The Storm
    Troopers in Eastern Germany 1925–1934. New Haven/London
    1984.
93. R. BOLLMUS, Das Amt Rosenberg und seine Gegner. Studien zum
    Machtkampf im nationalsozialistischen Herrschaftssystem. Stutt-
    gart 1970.
94. M. BROSZAT, Zur Struktur der NS-Massenbewegung, in: VfZG
    31(1983) 52–76.

95. TH. CHILDERS, The Nazi Voter. The Social Foundations of Fascism in Germany, 1919–1933. Chapel Hill/London 1983.

96. G. DESCHNER, Reinhard Heydrich – Statthalter der totalen Macht. Esslingen 1986.

97. J. W. FALTER, Hitlers Wähler. München 1991.

98. J. W. FALTER/M. H. KATER, Wähler und Mitglieder der NSDAP. Neue Forschungsergebnisse zur Soziographie des Nationalsozialismus 1925 bis 1933, in: GG 19(1993) 155–177.

99. J. C. FEST, Das Gesicht des Dritten Reiches. Profile einer totalitären Herrschaft. 8.Aufl. München/Zürich 1986 (EA 1963).

100. C. J. FISCHER, Stormtroopers. A Social, Economic and Ideological Analysis, 1929–35. London 1983.

101. R. F. HAMILTON, Who voted for Hitler? Princeton 1982.

102. U. HÖVER, Joseph Goebbels – ein nationaler Sozialist. Bonn 1992.

103. P. HÜTTENBERGER, Die Gauleiter. Studie zum Wandel des Machtgefüges in der NSDAP. Stuttgart 1969.

104. M. JAMIN, Zwischen den Klassen. Zur Sozialstruktur der SA-Führerschaft. Wuppertal 1984.

105. M. H. KATER, The Nazi Party. A Social Profile of Members and Leaders, 1919–1945. Oxford 1983.

106. A. KUBE, Pour le mérite und Hakenkreuz. Hermann Göring im Dritten Reich. 2. Aufl. München 1987.

107. J. v. LANG, Der Sekretär. Martin Bormann. Der Mann, der Hitler beherrschte. 3. Aufl. München/Berlin 1987 (EA 1977).

108. P. LONGERICH, Die braunen Bataillone. Geschichte der SA. München 1989.

109. P. MANSTEIN, Die Mitglieder und Wähler der NSDAP 1919–1933. Untersuchungen zu ihrer schichtmäßigen Zusammensetzung. 3. Aufl. Frankfurt am Main 1990 (EA 1988).

110. ST. MARTENS, Hermann Göring. „Erster Paladin des Führers" und „Zweiter Mann im Reich". Paderborn 1985.

111. G. NELIBA, Wilhelm Frick. Der Legalist des Unrechtsstaates. Eine politische Biographie. Paderborn 1992.

112. D. ORLOW, The History of the Nazi Party. Bd. I: 1919–33. Bd. II: 1933–45. Pittsburgh 1969, 1973.

113. R. G. REUTH, Goebbels. München 1990.

114. R. SMELSER, Robert Ley: Hitlers Mann an der „Arbeitsfront". Eine Biographie. Paderborn 1989 (engl. EA 1988).

115. R. SMELSER/R. ZITELMANN (Hrsg.), Die braune Elite I. 22 biographische Skizzen. 3. Aufl. Darmstadt 1994 (EA 1989).

116. R. SMELSER/E. SYRING/R. ZITELMANN (Hrsg.), Die braune Elite II. 21 weitere biographische Skizzen. Darmstadt 1993.

117. W. ZIEGLER, Gaue und Gauleiter im Dritten Reich, in 315: Nationalsozialismus in der Region, 139–159.

5. Herrschaftsstruktur: Innenpolitik, Verwaltung, Besatzungspolitik

118. U. BACKES/K.-H. JANSSEN/E. JESSE/H. KÖHLER/H. MOMMSEN/F. TOBIAS, Reichstagsbrand – Aufklärung einer historischen Legende. 2. Aufl. München/Zürich 1987.

119. K. D. BRACHER, Die Auflösung der Weimarer Republik. Eine Studie zum Problem des Machtverfalls in der Demokratie. 6. Aufl. Düsseldorf 1978 (EA 1955).

120. K. D. BRACHER/W. SAUER/G. SCHULZ, Die nationalsozialistische Machtergreifung. Studien zur Errichtung des totalitären Herrschaftssystems in Deutschland 1933/34. 2. Aufl. (EA 1960).

121. M. BROSZAT (Hrsg.), Deutschlands Weg in die Diktatur. Internationale Konferenz zur nationalsozialistischen Machtergreifung im Reichstagsgebäude zu Berlin. Referate und Diskussion. Ein Protokoll. Berlin 1983.

122. M. BROSZAT, Soziale Motivation und Führer-Bindung des Nationalsozialismus, in 48: ders., Nach Hitler, 11–33 (zuerst 1970).

123. J. CAPLAN, Government without Administration. State and Civil Service in Weimar and Nazi Germany. Oxford 1988.

124. A. DALLIN, Deutsche Herrschaft in Rußland 1941–1945. Eine Studie über Besatzungspolitik. Düsseldorf 1981 (engl. EA 1957).

125. P. DIEHL-THIELE, Partei und Staat im Dritten Reich. Untersuchungen zum Verhältnis von NSDAP und allgemeiner innerer Staatsverwaltung 1933–1945. 2. Aufl. München 1971 (EA 1969).

126. H.-J. DÖSCHER, Das Auswärtige Amt im Dritten Reich. Diplomatie im Schatten der „Endlösung". Berlin 1987.

127. E. FRAENKEL, Der Doppelstaat. Frankfurt am Main 1974 (engl. EA 1940).

128. L. GRUCHMANN, Die „Reichsregierung" im „Führerstaat". Stellung und Funktion des Kabinetts im nationalsozialistischen Herrschaftssystem, in: Klassenjustiz und Pluralismus. Festschrift für Ernst Fraenkel. Hrsg. v. G. Doeker u. W. Steffani. Hamburg 1973, 187–223.

129. U. v. HEHL, Die Kontroverse um den Reichstagsbrand, in: VfZG 36 (1988) 259–280.

130. J. HENKE, Archivfachliche Bemerkungen zur Kontroverse um den Reichstagsbrand, in: GG 16 (1990) 212–232.

131. K. HILDEBRAND, Nationalsozialismus oder Hitlerismus?, in: Persönlichkeit und Struktur in der Geschichte. Hrsg. v. M. Bosch. Düsseldorf 1977, 55–61.

132. K. HILDEBRAND, Monokratie oder Polykratie? Hitlers Herrschaft und das Dritte Reich, in 64: Der „Führerstaat", 73–97.

133. G. HIRSCHFELD, Fremdherrschaft und Kollaboration. Die Niederlande unter deutscher Besatzung 1940 bis 1945. Stuttgart 1984.

134. H. HÖHNE, Die Zeit der Illusionen. Hitler und die Anfänge des Dritten Reiches 1933–1936. Düsseldorf 1991.

135. P. HUBERT, Uniformierter Reichstag. Die Geschichte der Pseudo-Volksvetretung 1933–1945. Düsseldorf 1992.

136. P. HÜTTENBERGER, Nationalsozialistische Polykratie, in: GG 2 (1976) 417–442.

137. G. JASPER, Die gescheiterte Zähmung. Wege zur Machtergreifung Hitlers 1930–1934. Frankfurt am Main 1986.

138. K.G.A. JESERICH/H. POHL/G.-C. v. UNRUH (Hrsg.), Deutsche Verwaltungsgeschichte. Bd. 4: Das Reich als Republik und in der Zeit des Nationalsozialismus. Stuttgart 1985.

139. P. LONGERICH, Hitlers Stellvertreter. Führung der Partei und Kontrolle des Staatsapparates durch den Stab Heß und die Partei-Kanzlei Bormanns. München 1992.

140. C. MADAJCZYK, Die Okkupationspolitik Nazideutschlands in Polen 1939–1945. Berlin (Ost) 1987.

141. E. MATTHIAS/R. MORSEY (Hrsg.), Das Ende der Parteien 1933. Darstellungen und Dokumente. 2. Aufl. Düsseldorf 1979 (EA 1960).

142. H. MATZERATH, Nationalsozialismus und kommunale Selbstverwaltung. Stuttgart 1970.

143. W. MICHALKA (Hrsg.), Die nationalsozialistische Machtergreifung. Paderborn 1984.

144. H. MOMMSEN, Beamtentum im Dritten Reich. Stuttgart 1966.

145. H. MOMMSEN, Ausnahmezustand als Herrschaftstechnik des NS-Regimes, in: Hitler, Deutschland und die Mächte. Hrsg. v. M. Funke. 2. Aufl. Düsseldorf 1977, 30–45.

146. H. MOMMSEN, Nationalsozialismus oder Hitlerismus?, in: Persönlichkeit und Struktur in der Geschichte. Hrsg. v. M. Bosch. Düsseldorf 1977, 62–71.

147. H. Mommsen, Hitlers Stellung im nationalsozialistischen Herrschaftssystem, in 64: Der „Führerstaat", 43–72.
148. F. Neumann, Behemoth. Struktur und Praxis des Nationalsozialismus 1933–1944. Frankfurt am Main 1984 (engl. EA 1944).
149. E. N. Peterson, The Limits of Hitler's Power. Princeton 1969.
150. D. Rebentisch, Führerstaat und Verwaltung im Zweiten Weltkrieg. Verfassungsentwicklung und Verwaltungspolitik 1939–1945. Stuttgart 1989.
151. D. Rebentisch/K. Teppe (Hrsg.), Verwaltung contra Menschenführung im Staat Hitlers. Studien zum politisch-administrativen System. Göttingen 1986.
152. K. Repgen, Ein KPD-Verbot im Jahre 1933?, in: HZ 240 (1985) 67–99.
153. K. Teppe, Provinz, Partei, Staat. Zur provinziellen Selbstverwaltung im Dritten Reich, untersucht am Beispiel Westfalens. Münster 1977.
154. K. Teppe, Die preußischen Oberpräsidenten 1933–1945, in: Die preußischen Oberpräsidenten 1815–1945. Hrsg. v. K. Schwabe. Boppard 1985, 219–248.
155. F. Tobias, Der Reichstagsbrand. Legende und Wirklichkeit. Rastatt 1962.
156. W. Treue/J. Schmädeke (Hrsg.), Deutschland 1933. Machtzerfall der Demokratie und nationalsozialistische „Machtergreifung". Eine Vortragsreihe. Berlin 1984.

6. Recht und Justiz

157. K. Anderbrügge, Völkisches Rechtsdenken. Zur Rechtslehre in der Zeit des Nationalsozialismus. Berlin 1978.
158. R. Angermund, Deutsche Richterschaft 1919–1945. Krisenerfahrung, Illusion, politische Rechtsprechung. Frankfurt am Main 1990.
159. K. Bästlein/H. Grabitz/W. Scheffler (Hrsg.), „Für Führer, Volk und Vaterland...". Hamburger Justiz im Nationalsozialismus. Hamburg 1992.
160. A. Blumberg-Ebel, Sondergerichtsbarkeit und „politischer Katholizismus" im Dritten Reich. Mainz 1990.
161. E.-W. Böckenförde (Hrsg.), Staatsrecht und Staatsrechtslehre im Dritten Reich. Heidelberg 1985.

162. G. BUCHHEIT, Richter in roter Robe. Freisler – Präsident des Volksgerichtshofes. München 1968.

163. R. ECHTERHÖLTER, Das öffentliche Recht im nationalsozialistischen Staat. Stuttgart 1970.

164. L. GRUCHMANN, Justiz im Dritten Reich 1933–1940. Anpassung und Unterwerfung in der Ära Gürtner. 2. Aufl. München 1990 (EA 1988).

165. H.W. KOCH, Volksgerichtshof. Politische Justiz im 3. Reich. München 1988.

166. A. KOENEN, Der Fall Carl Schmitt. Sein Aufstieg zum „Kronjuristen des Dritten Reiches", Darmstadt 1995.

167. D. MAJER, „Fremdvölkische" im Dritten Reich. Ein Beitrag zur nationalsozialistischen Rechtsetzung und Rechtspraxis in Verwaltung und Justiz unter besonderer Berücksichtigung der eingegliederten Ostgebiete und des Generalgouvernements. 2. Aufl. Boppard 1993 (EA 1981).

168. D. MAJER, Grundlagen des nationalsozialistischen Rechtssystems. Führerprinzip, Sonderrecht, Einheitspartei. Stuttgart 1987.

169. Im Namen des Deutschen Volkes. Justiz und Nationalsozialismus. Katalog zur Ausstellung des Bundesministers der Justiz. Köln 1989.

170. NS-Recht in historischer Perspektive. Hrsg. v. Institut für Zeitgeschichte. München/Wien 1981.

171. B. RÜTHERS, Die unbegrenzte Auslegung. Zum Wandel der Privatrechtsordnung unter dem Nationalsozialismus. 3. Aufl. Heidelberg 1988 (EA 1968).

172. B. RÜTHERS, Entartetes Recht. Rechtslehren und Kronjuristen im Dritten Reich. 2. Aufl. München 1994 (EA 1989).

173. M. STOLLEIS, Gemeinwohlformeln im nationalsozialistischen Recht. Berlin 1974.

174. M. STOLLEIS, Recht im Unrecht. Studien zur Rechtsgeschichte des Nationalsozialismus. Frankfurt am Main 1994.

175. W. WAGNER, Der Volksgerichtshof im nationalsozialistischen Staat. Stuttgart 1974.

176. H. WEINKAUFF/A. WAGNER, Die deutsche Justiz und der Nationalsozialismus. Stuttgart 1968.

177. G. WERLE, Justiz-Strafrecht und polizeiliche Verbrechensbekämpfung im Dritten Reich. Berlin/New York 1989.

7. Überwachung und Unterdrückung: SS, Polizei, Konzentrationslager

178. S. ARONSON, Reinhard Heydrich und die Frühgeschichte von Gestapo und SD. Stuttgart 1971.

179. R.B. BIRN, Die Höheren SS- und Polizeiführer. Himmlers Vertreter im Reich und in den besetzten Gebieten. Düsseldorf 1986.

180. P. BLACK, Ernst Kaltenbrunner. Vasall Himmlers: Eine SS-Karriere. Paderborn 1991 (am. EA 1989).

181. M. BROSZAT, Politische Denunziationen in der NS-Zeit, in: AZ 73 (1977) 221–238.

182. M. BROSZAT/H. BUCHHEIM/H.-A. JACOBSEN/H. KRAUSNICK, Anatomie des SS-Staates. 6.Aufl. München 1994 (EA 1965).

183. G.C. BROWDER, Foundations of the Nazi Police State. The Formation of Sipo and SD. Lexington 1990.

184. E. CRANKSHAW, Die Gestapo. Berlin 1959 (engl. EA 1956).

185. J. DELARUE, Geschichte der Gestapo, Düsseldorf 1964 (franz. EA 1962).

186. G. DIEWALD-KERKMANN, Politische Denunziation im NS-Regime oder die kleine Macht der „Volksgenossen". Bonn 1995.

187. K. DROBISCH/G. WIELAND, System der NS-Konzentrationslager 1933–1939. Berlin 1993.

188. R. GELLATELY, Die Gestapo und die deutsche Gesellschaft. Die Durchsetzung der Rassenpolitik 1933–1945. 2. Aufl. Paderborn 1994 (engl. EA 1990).

189. R. GELLATELY, Gestapo und Terror. Perspektiven auf die Sozialgeschichte des nationalsozialistischen Herrschaftssystems, in: „Sicherheit" und „Wohlfahrt". Polizei, Gesellschaft und Herrschaft im 19. und 20. Jahrhundert. Hrsg. v. A. Lüdtke. Frankfurt am Main 1992, 371–392.

190. CH. GRAF, Politische Polizei zwischen Demokratie und Diktatur. Die Entwicklung der Preußischen Politischen Polizei vom Staatsschutzorgan der Weimarer Republik zum Geheimen Staatspolizeiamt des Dritten Reiches. Berlin 1983.

191. H. HÖHNE, Der Orden unter dem Totenkopf. Die Geschichte der SS. 3. Aufl. München 1981 (EA 1967).

192. M. H. KATER, Das „Ahnenerbe" der SS 1935–1945. Ein Beitrag zur Kulturpolitik des Dritten Reiches. Stuttgart 1974.

193. R. L. KOEHL, The Black Corps. The Structure and Power Struggles of the Nazi SS. Madison/London 1983.

194. E. KOGON, Der SS-Staat. Das System der deutschen Konzentrationslager. 10. Aufl. München 1981 (EA 1947).

195. E. KOSTHORST/B. WALTER, Konzentrations- und Strafgefangenenlager im Dritten Reich. Beispiel Emsland. 3 Bde. Düsseldorf 1983.

196. J. v. LANG, Die Gestapo. Instrument des Terrors. Hamburg 1990.

197. K.-M. MALLMANN/G. PAUL, Allwissend, allmächtig, allgegenwärtig? Gestapo, Gesellschaft und Widerstand, in: ZfG 41 (1993) 984–999.

198. R. MANN, Protest und Kontrolle im Dritten Reich. Nationalsozialistische Herrschaft im Alltag einer rheinischen Großstadt. Frankfurt 1987.

199. G. PAUL/K.-M. MALLMANN (Hrsg.), Die Gestapo – Mythos und Realität. Darmstadt 1995.

200. R. RÜRUP (Hrsg.), Topographie des Terrors. Gestapo, SS und Reichssicherheitshauptamt auf dem „Prinz-Albrecht-Gelände". Eine Dokumentation. Berlin 1987.

201. J. TUCHEL, Konzentrationslager. Organisationsgeschichte und Funktion der „Inspektion der Konzentrationslager" 1934–1938. Boppard 1991.

202. J. TUCHEL, Die Inspektion der Konzentrationslager 1938–1945. Das System des Terrors. Berlin 1994.

203. J. TUCHEL/R. SCHATTENFROH, Zentrale des Terrors. Prinz-Albrecht-Straße 8. Das Hauptquartier der Gestapo. Berlin 1987.

204. B. WEGNER, Hitlers politische Soldaten. Die Waffen-SS 1933–1945. Leitbild, Struktur und Funktion einer nationalsozialistischen Elite. 4. Aufl. Paderborn 1990 (EA 1980).

205. H. F. ZIEGLER, Nazi Germany's New Aristocracy. The SS Leadership 1925–1939. Princeton 1989.

8. Propaganda und Kultur

206. J. BOHSE, Inszenierte Kriegsbegeisterung und ohnmächtiger Friedenswille. Meinungslenkung und Propaganda im Nationalsozialismus. Stuttgart 1988.

207. V. DAHM, Anfänge und Ideologie der Reichskulturkammer. Die „Berufsgemeinschaft" als Instrument kulturpolitischer Steuerung und sozialer Reglementierung, in: VfZG 34 (1986) 53–84.

208. A. DILLER, Rundfunkpolitik im Dritten Reich. München 1980.

209. B. DREWNIAK, Der deutsche Film 1938–1945. Ein Gesamtüberblick. Düsseldorf 1987.

210. N. FREI, Nationalsozialistische Eroberung der Provinzpresse. Gleichschaltung, Selbstanpassung und Resistenz in Bayern. Stuttgart 1980.

211. N. FREI/J. SCHMITZ, Journalismus im Dritten Reich. München 1989.

212. H. HEIBER, Universität unterm Hakenkreuz. Teil I: Der Professor im Dritten Reich. Bilder aus der akademischen Provinz. Teil II: Die Kapitulation der Hohen Schulen. Das Jahr 1933 und seine Themen. 2 Bde. München 1991–1994.

213. M. HUTTNER, Britische Presse und nationalsozialistischer Kirchenkampf. Eine Untersuchung der „Times" und des „Manchester Guardian" von 1930 bis 1939. Paderborn 1995.

214. P. LONGERICH, Propagandisten im Krieg. Die Presseabteilung des Auswärtigen Amtes unter Ribbentrop. München 1987.

215. P. LUNDGREEN (Hrsg.), Wissenschaft im Dritten Reich. Frankfurt am Main 1985.

216. R. MERKER, Die bildenden Künste im Nationalsozialismus. Kulturideologie, Kulturpolitik, Kulturproduktion. Köln 1983.

217. G. PAUL, Aufstand der Bilder. Die NS-Propaganda vor 1933. Bonn 1990.

218. P. REICHEL, Der schöne Schein des Dritten Reiches. Faszination und Gewalt des Faschismus. München/Wien 1991.

219. K. SCHÖNWÄLDER, Historiker und Politik. Geschichtswissenschaft im Nationalsozialismus. Frankfurt am Main 1992.

220. D. STROTHMANN, Nationalsozialistische Literaturpolitik. Ein Beitrag zur Publizistik im Dritten Reich. 4. Aufl. Bonn 1985 (EA 1960).

221. J. SYWOTTEK, Mobilmachung für den Krieg. Die propagandistische Vorbereitung der deutschen Bevölkerung auf den Zweiten Weltkrieg. Opladen 1976.

222. J. TRÖGER (Hrsg.), Hochschule und Wissenschaft im Dritten Reich. 2. Aufl. Frankfurt am Main 1986 (EA 1984).

223. A. UZULIS, Nachrichtenagenturen im Nationalsozialismus. Frankfurt am Main 1995.

224. K. VONDUNG, Magie und Manipulation. Ideologischer Kult und politische Religion des Nationalsozialismus. Göttingen 1971.

225. D. WELCH (Hrsg.), Nazi Propaganda: The Power and the Limitations. London 1983.

226. D. WELCH, The Third Reich. Politics and Propaganda. London 1993.

9. Jugend und Erziehung

227. H. C. BRANDENBURG, Die Geschichte der HJ. Wege und Irrwege einer Generation. 2. Aufl. Köln 1982 (EA 1968).

228. R. EILERS, Die nationalsozialistische Schulpolitik. Eine Studie zur Funktion der Erziehung im totalitären Staat. Köln/Opladen 1963.

229. H. J. GAMM, Führung und Verführung. Die Pädagogik des Nationalsozialismus. 2. Aufl. Frankfurt/New York 1984 (EA 1964).

230. M. GRÜTTNER, Studenten im Dritten Reich. Paderborn 1995.

231. M. v. HELLFELD, Bündische Jugend und Hitlerjugend. Zur Geschichte von Anpassung und Widerstand 1930–1939. Köln 1987.

232. U. HERRMANN (Hrsg.), „Die Formung des Volksgenossen". Der „Erziehungsstaat" des Dritten Reiches. Weinheim/Basel 1985.

233. K. H. JAHNKE/M. BUDDRUS, Deutsche Jugend 1933–1945. Eine Dokumentation. Hamburg 1989.

234. G. KINZ, Der Bund Deutscher Mädel. Ein Beitrag zur außerschulischen Mädchenerziehung im Nationalsozialismus. Frankfurt am Main 1990.

235. A. KLÖNNE, Jugend im Dritten Reich. Die Hitler-Jugend und ihre Gegner. 2. Aufl. München 1990 (EA 1982).

236. D. LANGEWIESCHE/H.-E. TENORTH (Hrsg.), Handbuch der deutschen Bildungsgeschichte. Bd. V: Die Weimarer Republik und die nationalsozialistische Diktatur. 1918–1945. München 1989.

237. B. SCHELLENBERGER, Katholische Jugend und Drittes Reich. Mainz 1975.

238. H. SCHOLTZ, Erziehung und Unterricht unterm Hakenkreuz. Göttingen 1985.

10. Gesellschafts- und Sozialgeschichte, Sozialpolitik

239. M. BROSZAT/K.-D. HENKE/H. WOLLER (Hrsg.), Von Stalingrad zur Währungsreform. Zur Sozialgeschichte des Umbruchs in Deutschland. 3. Aufl. München 1990 (EA 1988).

240. M. BROSZAT/K. SCHWABE (Hrsg.), Die deutschen Eliten und der Weg in den Zweiten Weltkrieg. München 1989.

241. R. HACHTMANN, Industriearbeit im „Dritten Reich". Untersuchungen zu den Lohn- und Arbeitsbedingungen in Deutschland 1933–1945. Göttingen 1989.

242. E. HANSEN, Wohlfahrtspolitik im NS-Staat. Motivationen, Konflikte und Machtstrukturen im „Sozialismus der Tat" des Dritten Reiches. Augsburg 1990.

243. U. HERBERT, Arbeiterschaft im „Dritten Reich". Zwischenbilanz und offene Fragen, in: GG 15 (1989) 320–360.

244. E. HEUEL, Der umworbene Stand. Die ideologische Integration der Arbeiter im Nationalsozialismus 1933–1935. Frankfurt am Main 1989.

245. I. KERSHAW, Der Hitler-Mythos. Volksmeinung und Propaganda im Dritten Reich. München 1980.

246. D. KLINKSIEK, Die Frau im NS-Staat. Stuttgart 1982.

247. C. KOONZ, Mütter im Vaterland. Frauen im Dritten Reich. Freiburg 1991 (am. EA 1987).

248. A. KRANIG, Lockung und Zwang. Zur Arbeitsverfassung im Dritten Reich. Stuttgart 1983.

249. A. KRANIG, Arbeitsrecht im NS-Staat. Texte und Dokumente. Köln 1984.

250. V. KRATZENBERG, Arbeiter auf dem Weg zu Hitler? Die Nationalsozialistische Betriebszellenorganisation. Ihre Entstehung, ihre Programmatik, ihr Scheitern 1927–1934. 2. Aufl. Frankfurt am Main/Bern 1989 (EA 1987).

251. T. W. MASON, Arbeiterklasse und Volksgemeinschaft. Dokumente und Materialien zur deutschen Arbeiterpolitik 1936–1939. Opladen 1975.

252. T. W. MASON, Nazism, Fascism and the Working Class. Hrsg. v. J. Caplan. Cambridge 1995.

253. L. NESTLER (Hrsg.), Der Weg deutscher Eliten in den Zweiten Weltkrieg. Berlin 1990.

254. M. PRINZ, Vom neuen Mittelstand zum Volksgenossen. Die Entwicklung des sozialen Status der Angestellten von der Weimarer Republik bis zum Ende der NS-Zeit. München 1986.

255. M.-L. RECKER, Nationalsozialistische Sozialpolitik im Zweiten Weltkrieg. München 1985.

256. K. H. ROTH, Intelligenz und Sozialpolitik im „Dritten Reich". Eine methodisch-historische Studie am Beispiel des Arbeitswissenschaftlichen Instituts der Deutschen Arbeitsfront. München 1993.

257. C. Sachse, Betriebliche Sozialpolitik als Familienpolitik in der Weimarer Republik und im Nationalsozialismus. Berlin/Hamburg 1987.

258. C. Sachse/T. Siegel/H. Spode/W. Spohn, Angst, Belohnung, Zucht und Ordnung. Herrschaftsmechanismen im Nationalsozialismus. Opladen 1982.

259. Ch. Sachsse/F. Tennstedt, Der Wohlfahrtsstaat im Nationalsozialismus. Stuttgart 1992.

260. A. v. Saldern, Mittelstand im „Dritten Reich". Handwerker – Einzelhändler – Bauern. 2. Aufl. Frankfurt/New York 1985 (EA 1979).

261. M. Schneider, Nationalsozialistische Durchdringung von Staat, Wirtschaft und Gesellschaft. Zur Sozialgeschichte des „Dritten Reiches", in: AfS 31 (1991) 514–557.

262. D. Schoenbaum, Die braune Revolution. Eine Sozialgeschichte des Dritten Reiches. 2. Aufl. Köln 1980 (am. EA. 1966).

263. T. Siegel, Leistung und Lohn in der nationalsozialistischen „Ordnung der Arbeit". Opladen 1989.

264. T. Siegel/T. v. Freyberg, Industrielle Rationalisierung unter dem Nationalsozialismus. Frankfurt/New York 1990.

265. J. Stephenson, The Nazi Organization of Women. London/New York 1981.

266. F. Tennstedt, Wohltat und Interesse. Das Winterhilfswerk des deutschen Volkes. Die Weimarer Vorgeschichte und ihre Instrumentalisierung durch das NS-Regime, in: GG 13 (1987) 156–180.

267. R. Thalmann, Frausein im Dritten Reich. München/Wien 1984 (franz. EA 1982).

268. H. Vorländer, Die NSV. Darstellung und Dokumentation einer nationalsozialistischen Organisation. Boppard 1988.

269. D. Winkler, Frauenarbeit im „Dritten Reich". Hamburg 1977.

270. H. A. Winkler, Der entbehrliche Stand. Zur Mittelstandspolitik im „Dritten Reich", in: AfS 17 (1977) 1–40.

271. W. Zollitsch, Arbeiter zwischen Weltwirtschaftskrise und Nationalsozialismus. Ein Beitrag zur Sozialgeschichte der Jahre 1928 bis 1936. Göttingen 1990.

11. Militär

272. R. ABSOLON, Die Wehrmacht im Dritten Reich. (bisher) 5 Bde. Boppard 1969–1988.

273. M. GEYER, Aufrüstung oder Sicherheit. Die Reichswehr in der Krise der Machtpolitik 1924–1936. Wiesbaden 1980.

274. Handbuch zur deutschen Militärgeschichte 1648–1939. Hrsg. v. Militärgeschichtlichen Forschungsamt. Bd.4/VII: Wehrmacht und Nationalsozialismus 1933–1939. München 1978.

275. C. HARTMANN, Halder. Generalstabschef Hitlers 1938–1942. Paderborn 1991.

276. K.-H. JANSSEN/F. TOBIAS, Der Sturz der Generäle. Hitler und die Blomberg-Fritsch-Krise 1938. München 1994.

277. M. MESSERSCHMIDT, Die Wehrmacht im NS-Staat. Zeit der Indoktrination. Hamburg 1969.

278. K.-J. MÜLLER, Das Heer und Hitler. Armee und nationalsozialistisches Regime 1933–1940. Stuttgart 1969.

279. K.-J. MÜLLER, General Ludwig Beck. Studien und Dokumente zur politisch-militärischen Vorstellungswelt und Tätigkeit des Generalstabschefs des deutschen Heeres 1933–1938. Boppard 1980.

280. K.-J. MÜLLER, Armee und Drittes Reich 1933–1939. Darstellung und Dokumentation. 2. Aufl. Paderborn 1989.

281. B. SCHEURIG, Alfred Jodl. Gehorsam und Verhängnis. Biographie. Berlin 1991.

282. F. W. SEIDLER, Die Militärgerichtsbarkeit der Deutschen Wehrmacht 1939–1945. Rechtsprechung und Strafvollzug. München 1991.

283. F. W. SEIDLER, Fahnenflucht. Der Soldat zwischen Eid und Gewissen. München 1993.

284. G. R. UEBERSCHÄR, Generaloberst Franz Halder. Generalstabschef, Gegner und Gefangener Hitlers. Göttingen 1991.

285. F. WÜLLNER, Die NS-Militärjustiz und das Elend der Geschichtsschreibung. Ein grundlegender Forschungsbericht. Baden-Baden 1991.

286. A. W. G. ZOEPF, Wehrmacht zwischen Tradition und Ideologie. Der NS-Führungsoffizier im Zweiten Weltkrieg. Frankfurt am Main 1988.

12. Wirtschaft und Rüstung

287. A. BARKAI, Das Wirtschaftssystem des Nationalsozialismus. Ideologie, Theorie, Politik 1933–1945. 2. Aufl. Frankfurt am Main 1988 (EA 1977).

288. F. BLAICH, Wirtschaft und Rüstung im Dritten Reich. Düsseldorf 1987.

289. W. A. BOELCKE, Die Kosten von Hitlers Krieg. Kriegsfinanzierung und finanzielles Kriegserbe in Deutschland 1933–1948. Paderborn 1985.

290. G. CORNI/H. GIESS (Hrsg.), „Blut und Boden". Rassenideologie und Agrarpolitik im Staat Hitlers. Idstein 1994.

291. D. EICHHOLTZ, Geschichte der deutschen Kriegswirtschaft 1939–1945. Bd. 1: 1939–1941. Bd. 2: 1941–1943. Berlin (Ost) 1969, 1985.

292. P. HAYES, Industry and Ideology. IG Farben in the Nazi Era. Cambridge 1987.

293. U. HERBERT, Fremdarbeiter. Politik und Praxis des „Ausländer-Einsatzes" in der Kriegswirtschaft des Dritten Reiches. Berlin/Bonn 1985.

294. U. HERBERT (Hrsg.), Europa und der „Reichseinsatz". Ausländische Zivilarbeiter, Kriegsgefangene und KZ-Häftlinge in Deutschland 1938–1945. Essen 1991.

295. L. HERBST, Der Totale Krieg und die Ordnung der Wirtschaft. Die Kriegswirtschaft im Spannungsfeld von Politik, Ideologie und Propaganda 1939–1945. Stuttgart 1982.

296. G. KRATZSCH, Der Gauwirtschaftsapparat der NSDAP. Menschenführung – „Arisierung" – Wehrwirtschaft im Gau Westfalen-Süd. Eine Studie zur Herrschaftspraxis im totalitären Staat. Münster 1989.

297. A. S. MILWARD, Die deutsche Kriegswirtschaft 1939–1945. Stuttgart 1966 (engl. EA 1965).

298. G. T. MOLLIN, Montankonzerne und „Drittes Reich". Der Gegensatz zwischen Monopolindustrie und Befehlswirtschaft in der deutschen Rüstung und Expansion 1936–1944. Göttingen 1988.

299. R. J. OVERY, War and Economy in the Third Reich. Oxford 1994.

300. D. PETZINA, Autarkiepolitik im Dritten Reich. Der nationalsozialistische Vierjahresplan. Stuttgart 1968.

301. G. PLUMPE, Die I.G. Farbenindustrie. Wirtschaft, Technik und Politik 1904–1945. Berlin 1990.

302. H. A. TURNER, Die Großunternehmer und der Aufstieg Hitlers. Berlin 1985.

13. Alltags-, Regional- und Mentalitätsgeschichte

303. W. S. ALLEN, „Das haben wir nicht gewollt!" Die nationalsozialistische Machtergreifung in einer Kleinstadt 1930–1935. Gütersloh 1966 (engl. EA 1965; 2. überarb. Aufl. New York 1984).

304. Alltagsgeschichte der NS-Zeit. Neue Perspektive oder Trivialisierung. Hrsg. v. Institut für Zeitgeschichte. München/Wien 1984.

305. K. BLUDAU, Gestapo – geheim! Widerstand und Verfolgung in Duisburg 1933–1945. Bonn-Bad Godesberg 1973.

306. M. BROSZAT/E. FRÖHLICH u. a. (Hrsg.), Bayern in der NS-Zeit. 6 Bde. München/Wien 1977–1983.

307. K. DÜWELL, Die regionale Geschichte des NS-Staates zwischen Mikro- und Makroanalyse, in: JbWLG 9 (1983) 287–344.

308. K. DÜWELL, Regionalismus und Nationalsozialismus am Beispiel des Rheinlands, in: RhVjbll 59 (1995) 194–210.

309. U. v. HEHL, Die nationalsozialistische Zeit in Handbüchern der Landesgeschichte, in: BlldtLG 127 (1991) 91–114.

310. U. v. HEHL, Nationalsozialismus und Region. Bedeutung und Probleme einer regionalen und lokalen Erforschung des Dritten Reiches, in: ZBLG 56 (1993) 111–129.

311. I. KERSHAW, Popular Opinion and Political Dissent in the Third Reich. Bavaria 1933–1945. Oxford 1983.

312. K. KLOTZBACH, Gegen den Nationalsozialismus. Widerstand und Verfolgung in Dortmund 1930–1945. Eine historisch-politische Studie. Hannover 1969.

313. A. LÜDTKE (Hrsg.), Alltagsgeschichte. Zur Rekonstruktion historischer Erfahrungen und Lebensweisen. Frankfurt am Main/New York 1989.

314. K.-M. MALLMANN/G. PAUL, Herrschaft und Alltag. Ein Industrierevier im Dritten Reich. Bonn 1991.

315. H. MÖLLER/A. WIRSCHING/W. ZIEGLER (Hrsg.), Nationalsozialismus in der Region. Beiträge zur regionalen und lokalen Forschung und zum internationalen Vergleich. München/Wien 1996.

316. H. MOMMSEN/S. WILLEMS (Hrsg.), Herrschaftsalltag im Dritten Reich. Studien und Texte. Düsseldorf 1988.

317. München – „Hauptstadt der Bewegung". Hrsg. v. Münchner Stadtmuseum. München 1993.

318. L. NIETHAMMER (Hrsg.), „Die Jahre weiß man nicht, wo man die heute hinsetzen soll". Faschismus-Erfahrungen im Ruhrgebiet. Lebensgeschichte und Sozialstruktur im Ruhrgebiet 1930 bis 1960. Bd. 1. Berlin/Bonn 1983.

319. D. PEUKERT, Volksgenossen und Gemeinschaftsfremde. Anpassung, Ausmerze und Aufbegehren unter dem Nationalsozialismus. Köln 1982.

320. D. PEUKERT/J. REULECKE (Hrsg.), Die Reihen fast geschlossen. Beiträge zur Geschichte des Alltags unterm Nationalsozialismus. Wuppertal 1981.

321. C. RAUH-KÜHNE, Katholisches Milieu und Kleinstadtgesellschaft. Ettlingen 1918–1939. Sigmaringen 1991.

322. H. D. SCHÄFER, Das gespaltene Bewußtsein. Über deutsche Kultur und Lebenswirklichkeit 1933–1945. München/Wien 1981.

323. H.-J. STEINBERG, Widerstand und Verfolgung in Essen 1933–1945. Hannover 1969.

14. Kirchen und Kirchenkampf

324. R. BAUMGÄRTNER, Weltanschauungskampf im Dritten Reich. Die Auseinandersetzung der Kirchen mit Alfred Rosenberg. Mainz 1977.

325. G. BESIER/G. RINGSHAUSEN (Hrsg.), Bekenntnis, Widerstand, Martyrium. Von Barmen 1934 bis Plötzensee 1944. Göttingen 1986.

326. E. BETHGE, Dietrich Bonhoeffer. Theologe, Christ, Zeitgenosse. 6. Aufl. München 1986 (EA 1967).

327. R. BLEISTEIN, Alfred Delp. Geschichte eines Zeugen. Frankfurt am Main 1989.

328. J.S. CONWAY, Die nationalsozialistische Kirchenpolitik 1933–1945. Ihre Ziele, Widersprüche, Fehlschläge. München 1969 (engl. EA 1968).

329. D. GARBE, Zwischen Widerstand und Martyrium. Die Zeugen Jehovas im „Dritten Reich". München 1993.

330. K. GOTTO/K. REPGEN (Hrsg.), Die Katholiken und das Dritte Reich. 3. Aufl. Mainz 1990 (EA 1980).

331. U. V. HEHL/CH. KÖSTERS (Hrsg.), Priester unter Hitlers Terror.

Eine biographische und statistische Erhebung. 3. Aufl. Paderborn 1996 (EA 1984).

332. H. G. HOCKERTS, Die Sittlichkeitsprozesse gegen katholische Ordensangehörige und Priester 1936/37. Eine Studie zur nationalsozialistischen Herrschaftstechnik und zum Kirchenkampf. Mainz 1971.

333. H. G. HOCKERTS, Die Goebbels-Tagebücher 1932–1941. Eine neue Hauptquelle zur Erforschung der nationalsozialistischen Kirchenpolitik, in: Politik und Konfession. Festschrift für Konrad Repgen. Hrsg. v. D. Albrecht, H. G. Hockerts, R. Morsey u. P. Mikat. Berlin 1983, 359–392.

334. H. HÜRTEN, Verfolgung, Widerstand und Zeugnis. Kirche im Nationalsozialismus. Fragen eines Historikers. Mainz 1987.

335. H. HÜRTEN, Deutsche Katholiken 1918–1945. Paderborn 1992.

336. O. D. KULKA/P. R. MENDES-FLOHR (Hrsg.), Judaism and Christianity under the Impact of National Socialism. Jerusalem 1987.

337. J. KUROPKA (Hrsg.), Zur Sache – Das Kreuz! Untersuchungen zur Geschichte des Konflikts um Kreuz und Lutherbild in den Schulen Oldenburgs, zur Wirkungsgeschichte eines Massenprotestes und zum Problem nationalsozialistischer Herrschaft in einer agrarisch-katholischen Region. 2. Aufl. Vechta 1987.

338. J. MEHLHAUSEN, Nationalsozialismus und Kirchen, in: TRE Bd. XXIV. Berlin/New York 1994, 43–78.

339. K. MEIER, Der evangelische Kirchenkampf. 3 Bde. 1976–1984.

340. K. MEIER, Kreuz und Hakenkreuz. Die evangelische Kirche im Dritten Reich. München 1992.

341. K. NOWAK, „Euthanasie" und Sterilisierung im Dritten Reich. Die Konfrontation der evangelischen und katholischen Kirche mit dem „Gesetz zur Verhütung erbkranken Nachwuchses" und der „Euthanasie"-Aktion. 3. Aufl. Göttingen 1984 (EA 1978).

342. K. REPGEN, Die deutschen Bischöfe und der Zweite Weltkrieg, in: HJb 115 (1995) 411–452.

343. K. SCHOLDER, Die Kirchen und das Dritte Reich. Bd. 1: Vorgeschichte und Zeit der Illusionen 1918–1934. Frankfurt am Main/Berlin 1977. Bd. 2: Das Jahr der Ernüchterung. 1934. Barmen und Rom. Berlin 1985.

344. K. SCHOLDER, Die Kirchen zwischen Republik und Gewaltherrschaft. Gesammelte Aufsätze. Hrsg. v. K.O. von Aretin u. G. Besier. Berlin 1988.

345. L. VOLK, Katholische Kirche und Nationalsozialismus. Ausgewählte Aufsätze. Hrsg. v. D. Albrecht. Mainz 1987.

346. L. VOLK, Das Reichskonkordat vom 20. Juli 1933. Mainz 1972.

15. Widerstand

347. W. ALTGELD/H.-H. BRANDT/M. KISSENER (Hrsg.), Widerstand in Europa. Zeitgeschichtliche Erinnerungen und Studien. Konstanz 1995.

348. W. BENZ/W. H. PEHLE (Hrsg.), Lexikon des deutschen Widerstandes. Frankfurt am Main 1994.

349. J. W. BOYER/J. KIRSHNER (Hrsg.), Resistance against the Third Reich. Chicago 1992.

350. M. BROSZAT, Resistenz und Widerstand, in 48: ders., Nach Hitler, 136–161 (zuerst 1981).

351. CH. DIPPER, Der deutsche Widerstand und die Juden, in: GG 9 (1983) 349–380.

352. J. C. FEST, Staatsstreich. Der lange Weg zum 20. Juli. Berlin 1994.

353. K. FINKER, Stauffenberg und der 20. Juli 1944. 7. Aufl. Berlin (Ost) 1989 (EA 1967).

354. K. FINKER, Graf Moltke und der Kreisauer Kreis. Neuausg. Berlin 1993 (EA 1978).

355. H. GRAML, Die außenpolitischen Vorstellungen des deutschen Widerstandes, in 356: Widerstand im Dritten Reich, 92–139 (zuerst 1966).

356. H. GRAML (Hrsg.), Widerstand im Dritten Reich. Probleme, Ereignisse, Gestalten. Frankfurt am Main 1984.

357. N. HAMMERSEN, Politisches Denken im deutschen Widerstand. Ein Beitrag zur Wirkungsgeschichte neokonservativer Ideologien. Berlin 1993.

358. K. HILDEBRAND, Die ostpolitischen Vorstellungen im deutschen Widerstand, in: GWU 29 (1978) 213–241.

359. P. HOFFMANN, Widerstand, Staatsstreich, Attentat. Der Kampf der Opposition gegen Hitler. 4. Aufl. München/Zürich 1985 (EA 1969).

360. P. HOFFMANN, Claus Schenk Graf von Stauffenberg und seine Brüder. Stuttgart 1992.

361. P. HÜTTENBERGER, Vorüberlegungen zum „Widerstandsbegriff", in: Theorien in der Praxis des Historikers. Hrsg. v. J. Kocka. Göttingen 1977, 117–134.

362. K. V. KLEMPERER, Naturrecht und der deutsche Widerstand gegen den Nationalsozialismus. Ein Beitrag zur Frage des deutschen „Sonderwegs", in: VfZG 40 (1992) 323–337.

363. K. V. KLEMPERER, Die verlassenen Verschwörer. Der deutsche Wi-

derstand auf der Suche nach Verbündeten 1938–1945. Berlin 1994 (engl. EA 1992).

364. D. C. LARGE (Hrsg.), Contending with Hitler. Varieties of German Resistance in the Third Reich. Cambridge 1991.

365. R. LILL (Hrsg.), Hochverrat? Die „Weiße Rose" und ihr Umfeld. Konstanz 1993.

366. R. LILL/H. OBERREUTER (Hrsg.), 20. Juli. Porträts des Widerstands. 2. Aufl. Düsseldorf/Wien 1994 (EA 1984).

367. R. LÖWENTHAL/P. v. zur MÜHLEN (Hrsg.), Widerstand und Verweigerung in Deutschland 1933 bis 1945. Berlin/Bonn 1982.

368. A. LUSTIGER, Zum Kampf auf Leben und Tod! Vom Widerstand der Juden 1933–1945. Köln 1994.

369. K.-M. MALLMANN/G. PAUL, Resistenz oder loyale Widerwilligkeit? Anmerkungen zu einem umstrittenen Begriff, in: ZfG 41 (1993) 99–116.

370. H. MOMMSEN, Gesellschaftsbild und Verfassungspläne des deutschen Widerstands, in 70: ders., Der Nationalsozialismus und die deutsche Gesellschaft, 233–337 (zuerst 1966).

371. K.-J. MÜLLER (Hrsg.), Der deutsche Widerstand 1933–1945. 2. Aufl. Paderborn 1990 (EA 1986).

372. K.-J. MÜLLER/D. N. DILKS (Hrsg.), Großbritannien und der deutsche Widerstand 1933–1944. Paderborn 1994.

373. H. MUTH, Jugendopposition im Dritten Reich, in: VfZG 30 (1982) 369–417.

374. F. R. NICOSIA/L. D. STOKES (Hrsg.), Germans against Nazism. Nonconformity, Opposition and Resistance in the Third Reich. Essays in Honour of Peter Hoffmann. New York/Oxford 1990.

375. D. PEUKERT, Die KPD im Widerstand. Verfolgung und Untergrundarbeit an Rhein und Ruhr 1933 bis 1945. Wuppertal 1980.

376. G. RITTER, Carl Goerdeler und die deutsche Widerstandsbewegung. 4. Aufl. Stuttgart 1984 (EA 1954).

377. G. VAN ROON, Neuordnung im Widerstand. Der Kreisauer Kreis innerhalb der deutschen Widerstandsbewegung. München 1967.

378. G. VAN ROON, Widerstand im Dritten Reich. Ein Überblick. 6. Aufl. München 1994.

379. G. VAN ROON (Hrsg.), Europäischer Widerstand im Vergleich. Die Internationalen Konferenzen Amsterdam. Berlin 1985.

380. H. ROTHFELS, Die deutsche Opposition gegen Hitler. Neuausg. Zürich 1994 (engl. EA 1948, dt. EA 1949).

381. B. SCHEURIG, Verräter oder Patrioten. Das Nationalkomitee

„Freies Deutschland" und der Bund Deutscher Offiziere in der Sowjetunion 1943–1945. Neuausg. Berlin 1993 (EA 1960).

382. J. SCHMÄDEKE/P. STEINBACH (Hrsg.), Der Widerstand gegen den Nationalsozialismus. Die deutsche Gesellschaft und der Widerstand gegen Hitler. 3. Aufl. München/Zürich 1994 (EA 1985).

383. H. STEFFAHN, Die Weiße Rose. Mit Selbstzeugnissen und Bilddokumenten. 2. Aufl. Hamburg 1993.

384. P. STEINBACH, Widerstand im Widerstreit. Der Widerstand gegen den Nationalsozialismus in der Erinnerung der Deutschen. Ausgewählte Studien. 2. Aufl. Paderborn 1995.

385. P. STEINBACH/J. TUCHEL (Hrsg.), Widerstand gegen den Nationalsozialismus. Bonn 1994.

386. P. STEINBACH/J. TUCHEL (Hrsg.), Widerstand in Deutschland 1933–1945. Ein historisches Lesebuch. München 1994.

387. P. STEINBACH/J. TUCHEL (Hrsg.), Lexikon des Widerstandes 1933–1945. München 1994.

388. G. R. UEBERSCHÄR (Hrsg.), Der 20. Juli 1944. Bewertung und Rezeption des deutschen Widerstandes gegen das NS-Regime. Köln 1994.

389. G. WEISENBORN (Hrsg.), Der lautlose Aufstand. Bericht über die Widerstandsbewegung des deutschen Volkes 1933–1945. 4.Aufl. Frankfurt am Main 1974 (EA 1953).

390. E. ZELLER, Oberst Claus Graf Stauffenberg. Ein Lebensbild. Paderborn 1994.

16. Rassenpolitik, Judenverfolgung, „Vernichtungskrieg"

391. U. D. ADAM, Judenpolitik im Dritten Reich. 2. Aufl. Königstein 1979 (EA 1972).

392. G. ALY, „Endlösung". Völkerverschiebung und der Mord an den europäischen Juden. Frankfurt am Main 1995.

393. G. ALY/S. HEIM, Vordenker der Vernichtung. Auschwitz und die deutschen Pläne für eine neue europäische Ordnung. Hamburg 1991.

394. D. BANKIER, Hitler and the Policy-Making Process on the Jewish Question, in: Holocaust & Genocide Studies 3 (1988) 1–20.

395. D. BANKIER, The Germans and the Final Solution. Public Opinion under Nazism. Oxford 1992.

396. O. BARTOV, The Eastern Front 1941–45. German Troops and the Barbarisation of Warfare. London 1985.

397. O. BARTOV, Hitlers Wehrmacht. Soldaten, Fanatismus und die Barbarisierung des Krieges. Reinbek 1995 (engl EA 1994).

398. W. BENZ (Hrsg.), Dimension des Völkermords. Die Zahl der jüdischen Opfer des Nationalsozialismus. München 1991.

399. G. BOCK, Zwangssterilisation im Nationalsozialismus. Studien zur Rassenpolitik und Frauenpolitik. Opladen 1986.

400. G. BOCK, Rassenpolitik, Medizin und Massenmord im Nationalsozialismus, in: AfS 30 (1990) 423–453.

401. G. BRAKELMANN/M. ROSOWSKI (Hrsg.), Antisemitismus. Von religiöser Judenfeindschaft zur Rassenideologie. Göttingen 1989.

402. R. BREITMAN, The Architect of Genocide. Himmler and the Final Solution. London 1991.

403. M. BROSZAT, Hitler und die Genesis der „Endlösung". Aus Anlaß der Thesen von David Irving, in 48: ders., Nach Hitler, 45–91 (zuerst 1977).

404. C. R. BROWNING, Zur Genesis der „Endlösung". Eine Antwort an Martin Broszat, in: VfZG 29 (1981) 97–109.

405. C. R. BROWNING, Ganz normale Männer. Das Reserve-Polizeibataillon 101 und die „Endlösung" in Polen. Reinbek 1993 (am. EA 1992).

406. C. R. BROWNING, The Path to Genocide. Essays on Launching the Final Solution. Cambridge 1992.

407. M. BURLEIGH, Death and Deliverance. „Euthanasia" in Germany c. 1900–1945. Cambridge 1994.

408. P. BURRIN, Hitler und die Juden. Die Entscheidung für den Völkermord. Frankfurt am Main 1993 (franz. EA 1989).

409. U. BÜTTNER (Hrsg.), Die Deutschen und die Judenverfolgung im Dritten Reich. Hamburg 1992.

410. L. DAWIDOWICZ, Der Krieg gegen die Juden 1933–1945. München 1979 (engl. EA 1975).

411. D. DINER, Rationalisierung und Methode. Zu einem neuen Erklärungsversuch der „Endlösung", in: VfZG 40 (1992) 359–382.

412. Enzyklopädie des Holocaust. Die Verfolgung und Ermordung der europäischen Juden. Hrsg. v. I. Gutman. 3 Bde. Berlin 1993 (hebr. EA 1989; am. EA 1990).

413. G. FLEMING, Hitler und die Endlösung. „Es ist des Führers Wunsch...". Wiesbaden/München 1982.

414. N. FREI (Hrsg.), Medizin und Gesundheitspolitik in der NS-Zeit. München 1991.

415. CH. GANSSMÜLLER, Die Erbgesundheitspolitik des Dritten Reiches. Planung, Durchführung und Durchsetzung. Köln/Wien 1987.

416. H. GRAML, Reichskristallnacht. Antisemitismus und Judenverfolgung im Dritten Reich. 2. Aufl. München 1989.

417. H. GRAML, Irregeleitet und in die Irre führend. Widerspruch gegen eine „rationale" Erklärung von Auschwitz, in: Jahrbuch für Antisemitismusforschung 1 (1992) 286–295.

418. H. HEER/K. NAUMANN (Hrsg.), Vernichtungskrieg. Verbrechen der Wehrmacht 1941–1944. Hamburg 1995.

419. R. HILBERG, Die Vernichtung der europäischen Juden. Die Gesamtgeschichte des Holocaust. 3 Bde. 2. Aufl. Frankfurt am Main 1990 (engl. EA 1961).

420. R. HILBERG, Täter, Opfer, Zuschauer. Die Vernichtung der Juden 1933–1945. Frankfurt am Main 1992.

421. A. HILLGRUBER, Die „Endlösung" und das deutsche Ostimperium als Kernstück des rassenideologischen Programms des Nationalsozialismus, in: ders., Deutsche Großmacht- und Weltpolitik im 19. und 20. Jahrhundert. Düsseldorf 1977, 252–275 (zuerst 1972).

422. E. JÄCKEL/J. ROHWER (Hrsg.), Der Mord an den Juden im Zweiten Weltkrieg. Entschlußbildung und Verwirklichung. 2. Aufl. Frankfurt am Main 1987 (EA 1985).

423. B. JELLONNEK, Homosexuelle unterm Hakenkreuz. Die Verfolgung der Homosexuellen im Dritten Reich. Paderborn 1990.

424. M. H. KATER, Doctors under Hitler. London/Chapel Hill 1989.

425. H. KRAUSNICK/H.-H. WILHELM, Die Truppe des Weltanschauungskrieges. Die Einsatzgruppen der Sicherheitspolizei und des SD 1938–1942. Stuttgart 1981.

426. W. LAQUEUR, Was niemand wissen wollte. Die Unterdrückung der Nachrichten über Hitlers „Endlösung". Frankfurt am Main 1981 (engl. EA 1980).

427. R. J. LIFTON, Ärzte im Dritten Reich. Stuttgart 1988 (engl. EA 1986).

428. G. LILIENTHAL, Der „Lebensborn e.V.". Ein Instrument nationalsozialistischer Rassenpolitik. Stuttgart/New York 1985.

429. C. MADAJCZYK (Hrsg.), Vom Generalplan Ost zum Generalsiedlungsplan. Dokumente. München 1994.

430. M.R. MARRUS, The Holocaust in History. 2. Aufl. New York 1989.

431. M. R. MARRUS (Hrsg.), The Nazi Holocaust. Historical Articles on the Destruction of European Jews. 9 Bde. Westport/London 1989.

432. A. J. MAYER, Der Krieg als Kreuzzug. Das Deutsche Reich, Hit-

lers Wehrmacht und die „Endlösung". Reinbek 1989 (am. EA 1988).

433. Medizin im Nationalsozialismus. Hrsg. v. Institut für Zeitgeschichte. München 1988.

434. H. MOMMSEN, Die Realisierung des Utopischen: Die „Endlösung der Judenfrage" im „Dritten Reich", in 70: ders., Der Nationalsozialismus und die deutsche Gesellschaft, 184–232 (zuerst 1983).

435. B. MÜLLER-HILL, Tödliche Wissenschaft. Die Aussonderung von Juden, Zigeunern und Geisteskranken 1933–1945. Reinbek 1984.

436. K. NOWAK, Sterilisation und „Euthanasie" im Dritten Reich. Tatsachen und Deutungen, in: GWU 39 (1988) 327–341.

437. K. PÄTZOLD/E. SCHWARZ (Hrsg.), Tagesordnung: Judenmord. Die Wannsee-Konferenz am 20. Januar 1942. Eine Dokumentation zur Organisation der „Endlösung". 2. Aufl. Berlin 1992.

438. W. H. PEHLE (Hrsg.), Der Judenpogrom 1938. Von der „Reichskristallnacht" zum Völkermord. Frankfurt am Main 1988.

439. D. PEUKERT, Die Genesis der „Endlösung" aus dem Geist der Wissenschaft, in: ders., Max Webers Diagnose der Moderne. 2. Aufl. Göttingen 1990, 101–121, 135–138.

440. D. POHL, Von der „Judenpolitik" zum Judenmord. Der Distrikt Lublin des Generalgouvernements 1939–1944. Frankfurt am Main 1993.

441. D. POHL, Großraumplanung und NS-Völkermord, in: HJb 114 (1994) 175–182.

442. G. REITLINGER, Die Endlösung. Hitlers Versuch der Ausrottung der Juden Europas 1939–1945. 7. Aufl. Berlin 1992 (engl. EA 1953).

443. M. RÖSSLER/S. SCHLEIERMACHER (Hrsg.), Der „Generalplan Ost". Hauptlinien der nationalsozialistischen Planungs- und Vernichtungspolitik. Berlin 1993.

444. K. SCHERER, „Asozial" im Dritten Reich. Die vergessenen Verfolgten. Münster 1990.

445. K. A. SCHLEUNES, The Twisted Road to Auschwitz. Nazi Policy toward German Jews, 1933–1939. Chicago 1970.

446. H.-W. SCHMUHL, Rassenhygiene, Nationalsozialismus, Euthanasie. Von der Verhütung zur Vernichtung „lebensunwerten Lebens" 1890–1945. 2. Aufl. Göttingen 1992 (EA 1987).

447. W. SCHNEIDER (Hrsg.), „Vernichtungspolitik". Eine Debatte über den Zusammenhang von Sozialpolitik und Genozid im nationalsozialistischen Deutschland. Hamburg 1991.

448. A. STREIM, Die Behandlung sowjetischer Kriegsgefangener im

„Fall Barbarossa". Eine Dokumentation. Heidelberg/Karlsruhe 1981.

449. C. STREIT, Keine Kameraden. Die Wehrmacht und die sowjetischen Kriegsgefangenen 1941–1945. Stuttgart 1978.

450. J. WALK (Hrsg.), Das Sonderrecht für die Juden im NS-Staat. Eine Sammlung der gesetzlichen Maßnahmen und Richtlinien – Inhalt und Bedeutung. Heidelberg 1981.

451. H.-H. WILHELM, Rassenpolitik und Kriegführung. Sicherheitspolizei und Wehrmacht in Polen und der Sowjetunion 1939–1942. Passau 1991.

452. M. ZIMMERMANN, Verfolgt, vertrieben, vernichtet. Die nationalsozialistische Vernichtungspolitik gegen Sinti und Roma. Essen 1989.

17. Deutungen, Historiographie, Methodologie

17.1. Allgemeines

453. D. BLACKBOURN/G. ELEY, Mythen deutscher Geschichtsschreibung. Die gescheiterte bürgerliche Revolution von 1848. Frankfurt am Main/Berlin 1980.

454. K.D. BRACHER, Wendezeiten der Geschichte. Historisch-politische Essays 1987 – 1992. Stuttgart 1992.

455. Deutscher Sonderweg? – Mythos oder Realität. Hrsg. v. Institut für Zeitgeschichte. München/Wien 1982.

456. H. GREBING, Der „deutsche Sonderweg" in Europa 1806 – 1945. Eine Kritik. Stuttgart 1986.

457. K.-D. HENKE/C. NATOLI (Hrsg.), Mit dem Pathos der Nüchternheit. Martin Broszat, das Institut für Zeitgeschichte und die Erforschung des Nationalsozialismus. Frankfurt am Main 1991.

458. E. JÄCKEL, Umgang mit Vergangenheit. Beiträge zur Geschichte. Stuttgart 1989.

459. P. Graf KIELMANSEGG, Lange Schatten. Vom Umgang der Deutschen mit der nationalsozialistischen Vergangenheit. Berlin 1989.

460. H. LÜBBE, Der Nationalsozialismus im deutschen Nachkriegsbewußtsein, in: HZ 236 (1983) 579–599.

461. TH. NIPPERDEY, 1933 und die Kontinuität der deutschen Geschichte, in: ders., Nachdenken über die deutsche Geschichte. Essays. 2. Aufl. München 1990, 225–248 (zuerst 1978).

462. TH. NIPPERDEY/A. DOERING-MANTEUFFEL/H.-U. THAMER (Hrsg.),

Weltbürgerkrieg der Ideologien. Antworten an Ernst Nolte. Festschrift zum 70. Geburtstag. Frankfurt am Main/Berlin 1993.

463. E. NOLTE, Der europäische Bürgerkrieg 1917–1945. Nationalsozialismus und Bolschewismus. 4. Aufl. Frankfurt am Main/Berlin 1989 (EA 1987).

464. E. NOLTE, Streitpunkte. Heutige und künftige Kontroversen um den Nationalsozialismus. Berlin 1993.

465. W. H. PEHLE (Hrsg.), Der historische Ort des Nationalsozialismus. Annäherungen. Frankfurt am Main 1990.

17.2. Nationalsozialismus, Faschismus, Totalitarismus

466. H. ARENDT, Elemente und Ursprünge totaler Herrschaft. München/Zürich 1991 (am. EA 1951; dt. EA 1955).

467. K. D. BRACHER, Zeitgeschichtliche Kontroversen. Um Faschismus, Totalitarismus, Demokratie. 5. Aufl. München/Zürich 1984 (EA 1976).

468. C. J. FRIEDRICH, Totalitäre Diktatur. Stuttgart 1957 (am. EA 1956).

469. M. FUNKE (Hrsg.), Totalitarismus. Ein Studien-Reader zur Herrschaftsanalyse moderner Diktaturen. Düsseldorf 1978.

470. K. LÖW (Hrsg.), Totalitarismus. 2. Aufl. Berlin 1993 (EA 1988).

471. H. MAIER (Hrsg.), Totalitarismus und politische Religionen. Konzepte des Diktaturvergleichs. Paderborn 1996.

472. E. NOLTE, Der Faschismus in seiner Epoche. Action francaise, italienischer Faschismus, Nationalsozialismus. 8. Aufl. München/Zürich 1990 (EA 1963).

473. E. NOLTE (Hrsg.), Theorien über den Faschismus. 5. Aufl. Königstein 1979 (EA 1967).

474. W. SCHIEDER (Hrsg.), Faschismus als soziale Bewegung. Deutschland und Italien im Vergleich. 2. Aufl. Göttingen 1983 (EA 1976).

475. Totalitarismus und Faschismus. Eine wissenschaftliche und politische Begriffskontroverse. Hrsg. v. Institut für Zeitgeschichte. München/Wien 1980.

476. W. WIPPERMANN, Faschismustheorien. Zum Stand der gegenwärtigen Diskussion. 5. Aufl. Darmstadt 1989 (EA 1975).

17.3. „Historisierung" und „Historikerstreit"

477. U. BACKES/E. JESSE/R. ZITELMANN (Hrsg.), Die Schatten der Vergangenheit. Impulse zur Historisierung des Nationalsozialismus. 2. Aufl. Frankfurt am Main/Berlin 1992 (EA 1990).

478. M. Broszat, Plädoyer für eine Historisierung des Nationalsozialismus, in 48: ders., Nach Hitler, 266–281.
479. M. Broszat/S. Friedländer, Um die „Historisierung des Nationalsozialismus". Ein Briefwechsel, in: VfZG 36 (1988) 339–372.
480. D. Diner (Hrsg.), Ist der Nationalsozialismus Geschichte? Zu Historisierung und Historikerstreit. Frankfurt am Main 1987.
481. I. Geiss, Der Hysterikerstreit. Ein unpolemischer Essay. Bonn/Berlin 1992.
482. „Historikerstreit". Die Dokumentation der Kontroverse um die Einzigartigkeit der nationalsozialistischen Judenvernichtung. München/Zürich 1987.
483. C. S. Maier, Die Gegenwart der Vergangenheit. Geschichte und die nationale Identität der Deutschen. Frankfurt/New York 1992 (am. EA 1988).
484. K. Repgen, Zum „Historikerstreit" – ein Resümee, in: ders., Von der Reformation zur Gegenwart. Beiträge zu Grundfragen der neuzeitlichen Geschichte. Paderborn 1988, 335–345 (zuerst 1987).
485. H.-U. Wehler, Entsorgung der deutschen Vergangenheit? Ein polemischer Essay zum „Historikerstreit". München 1988.

17.4. Nationalsozialismus und Modernisierung

486. J. Alber, Nationalsozialismus und Modernisierung, in: KZSS 41 (1989) 346–365.
487. F. Bajohr/W. Johe/U. Lohalm (Hrsg.), Zivilisation und Barbarei. Die widersprüchlichen Potentiale der Moderne. Detlev Peukert zum Gedenken. Hamburg 1991.
488. Z. Bauman, Dialektik der Ordnung. Die Moderne und der Holocaust. Hamburg 1992 (engl. EA 1989).
489. R. Dahrendorf, Gesellschaft und Demokratie in Deutschland. 4. Aufl. München 1975 (EA 1965).
490. N. Frei, Wie modern war der Nationalsozialismus?, in: GG 19 (1993) 367–387.
491. J. Herf, Reactionary Modernism. Technology, Culture, and Politics in Weimar and the Third Reich. Cambridge 1984.
492. H. Matzerath/H. Volkmann, Modernisierungstheorie und Nationalsozialismus, in: Theorien in der Praxis des Historikers. Hrsg. v. J. Kocka. Göttingen 1977, 86–102, 102–116 (Diskussion).
493. H. Mommsen, Nationalsozialismus als vorgetäuschte Modernisie-

rung, in 70: ders., Der Nationalsozialismus und die deutsche Gesellschaft, 405–427 (zuerst 1990).

494. H. MOMMSEN, Noch einmal: Nationalsozialismus und Modernisierung, in: GG 21 (1995) 391–402.

495. TH. NIPPERDEY, Probleme der Modernisierung in Deutschland, in: ders., Nachdenken über die deutsche Geschichte. Essays. 2. Aufl. München 1990, 52–70 (zuerst 1979).

496. M. PRINZ/R. ZITELMANN (Hrsg.), Nationalsozialismus und Modernisierung. 2. Aufl. Darmstadt 1994 (EA 1991).

497. M. RAUH, Anti-Modernismus im nationalsozialistischen Staat, in: HJb 107 (1987) 94–121.

498. A. SCHILDT, NS-Regime, Modernisierung und Moderne. Anmerkungen zur Hochkonjunktur einer andauernden Diskussion, in 55: Nationalsozialismus aus heutiger Perspektive, 3–22.

499. H. A. TURNER, Faschismus und Anti-Modernismus, in ders., Faschismus und Kapitalismus in Deutschland. Studien zum Verhältnis zwischen Nationalsozialismus und Wirtschaft. 2. Aufl. Göttingen 1980, 157–182 (EA 1972).

Abkürzungen und Siglen

AA	Auswärtiges Amt
AfS	Archiv für Sozialgeschichte
am.	amerikanisch(e)
Anm.	Anmerkung
Art.	Artikel
Aufl.	Auflage
Ausg.	Ausgabe
AZ	Archivalische Zeitschrift
Bd./Bde.	Band/Bände
BDM	Bund Deutscher Mädel
Bearb.	Bearbeiter/Bearbeitet
BlldtLG	Blätter für deutsche Landesgeschichte
BVP	Bayerische Volkspartei
DAF	Deutsche Arbeitsfront
ders.	derselbe
DDR	Deutsche Demokratische Republik
d.h.	das heißt
dies.	dieselbe
dt.	deutsch(e)
EA	Erstauflage
ebd.	ebenda
engl.	englisch(e)
frz.	französisch(e)
Frhr.	Freiherr
Gestapa	Geheimes Staatspolizeiamt
Gestapo	Geheime Staatspolizei
GG	Geschichte und Gesellschaft
GWU	Geschichte in Wissenschaft und Unterricht
hebr.	hebräisch(e)
HJ	Hitlerjugend
HJb	Historisches Jahrbuch der Görres-Gesellschaft
Hl.	Heilige(r)
HZ	Historische Zeitschrift
IfZ	Institut für Zeitgeschichte

Jb.	Jahrbuch
JbWLG	Jahrbuch für westdeutsche Landesgeschichte
KdF	Kraft durch Freude
KPD	Kommunistische Partei Deutschlands
KZ	Konzentrationslager
KZG	Kirchliche Zeitgeschichte
KZSS	Kölner Zeitschrift für Soziologie und Sozialpsychologie
NA	Neuauflage
NPL	Neue Politische Literatur
Nr.	Nummer
NS	Nationalsozialismus, nationalsozialistisch(e)
NSBO	Nationalsozialistische Betriebszellenorganisation
NSDAP	Nationalsozialistische Deutsche Arbeiterpartei
NSDStB	Nationalsozialistischer Deutscher Studentenbund
NSLB	Nationalsozialistischer Lehrerbund
NSV	Nationalsozialistische Volkswohlfahrt
o.J.	ohne Jahr
OKW	Oberkommando der Wehrmacht
PO	Politische Organisation (der NSDAP)
PolZg	Aus Politik und Zeitgeschichte. Beilage zur Wochenzeitung Das Parlament
RhVjbll	Rheinische Vierteljahrsblätter
SA	Sturmabteilung der NSDAP
SBZ	Sowjetische Besatzungszone
SD	Sicherheitsdienst des Reichsführers SS
SED	Sozialistische Einheitspartei Deutschlands
Sipo	Sicherheitspolizei
SPD	Sozialdemokratische Partei Deutschlands
SS	Schutzstaffel der NSDAP
TRE	Theologische Realenzyklopädie
u. a.	und andere/unter anderem
USA	Vereinigte Staaten von Amerika
VfZG	Vierteljahrshefte für Zeitgeschichte
vgl.	vergleiche
ZBLG	Zeitschrift für bayerische Landesgeschichte
ZfG	Zeitschrift für Geschichtswissenschaft
zit.	zitiert
z. B.	zum Beispiel

Register

Ständig auftauchende Begriffe wie Drittes Reich, Nationalsozialismus/nationalso-
zialistisch oder NS-Regime wurden nicht aufgenommen, der Name Adolf Hitlers
ist nur im Zusammenhang mit anderen Stichworten berücksichtigt. Autoren- bzw.
Herausgebernamen sind durch KAPITÄLCHEN kenntlich gemacht.

Enzyklopädie deutscher Geschichte

Themen und Autoren

Mittelalter

Frühe Neuzeit

Bauern zwischen Bauernkrieg und Dreißigjährigem Krieg (André Holenstein)
1996. EdG 38
Bauern 1648–1806 (Werner Troßbach) 1992. EdG 19
Adel in der Frühen Neuzeit (Rudolf Endres) 1993. EdG 18
Der Fürstenhof in der Frühen Neuzeit (Rainer A. Müller) 1995. EdG 33
Die Stadt in der Frühen Neuzeit (Heinz Schilling) 1993. EdG 24
Armut, Unterschichten, Randgruppen in der Frühen Neuzeit
(Wolfgang von Hippel) 1995. EdG 34
Unruhen in der ständischen Gesellschaft 1300–1800 (Peter Blickle)
1988. EdG 1
Frauen- und Geschlechtergeschichte 1500–1800 (Heide Wunder)
Geschichte des Judentums vom 16. bis zum Ende des 18. Jahrhunderts
(Friedrich Battenberg)
Militärgeschichte des späten Mittelalters und der Frühen Neuzeit
(Bernhard Kroener)

Wirtschaft Die deutsche Wirtschaft im 16. Jahrhundert (Franz Mathis) 1992. EdG 11
Die Entwicklung der Wirtschaft im Zeitalter des Merkantilismus 1620–1800
(Rainer Gömmel) 1998. EdG 46
Landwirtschaft in der Frühen Neuzeit (Walter Achilles) 1991. EdG 10
Gewerbe in der Frühen Neuzeit (Wilfried Reininghaus) 1990. EdG 3
Kommunikation, Handel, Geld und Banken in der Frühen Neuzeit (Michael
North) 2000. EdG 59

Kultur, Alltag, Medien in der Frühen Neuzeit (Stephan Füssel)
Mentalitäten Bildung und Wissenschaft im 15. und 16. Jahrhundert (Notker Hammerstein)
Bildung und Wissenschaft in der Frühen Neuzeit 1650–1800
(Anton Schindling) 2. Aufl. 1999. EdG 30
Die Aufklärung (Winfried Müller)
Lebenswelt und Kultur des Bürgertums in der Frühen Neuzeit (Bernd Roeck)
1991. EdG 9
Kultur und Mentalitäten der unterbürgerlichen Schichten in der Frühen Neuzeit
(Robert von Friedeburg)
Umweltgeschichte der Frühen Neuzeit (Christian Pfister)

Religion und Die Reformation. Voraussetzungen und Durchsetzung (Olaf Mörke)
Kirche Konfessionalisierung im 16. Jahrhundert (Heinrich Richard Schmidt)
1992. EdG 12
Kirche, Staat und Gesellschaft im 17. und 18. Jahrhundert (Michael Maurer)
1999. EdG 51
Religiöse Bewegungen in der Frühen Neuzeit (Hans-Jürgen Goertz)
1993. EdG 20

Politik, Staat Das Reich in der Frühen Neuzeit (Helmut Neuhaus) 1997. EdG 42
und Verfassung Landesherrschaft, Territorien und Staat in der Frühen Neuzeit (Joachim Bahlcke)
Die Entwicklung der landständischen Verfassung (Kersten Krüger)
Vom aufgeklärten Reformstaat zum bürokratischen Staatsabsolutismus
(Walter Demel) 1993. EdG 23

Staatensystem, Das Reich im Kampf um die Hegemonie in Europa 1521–1648 (Alfred Kohler)
internationale 1990. EdG 6
Beziehungen Altes Reich und europäische Staatenwelt 1648–1806 (Heinz Duchhardt)
1990. EdG 4

19. und 20. Jahrhundert

Demographie des 19. und 20. Jahrhunderts (Josef Ehmer)   Gesellschaft
Umweltgeschichte des 19. und 20. Jahrhunderts (Arne Andersen)
Adel im 19. und 20. Jahrhundert (Heinz Reif) 1999. EdG 55
Geschichte der Familie im 19. und 20. Jahrhundert (Andreas Gestrich)
1998. EdG 50
Urbanisierung im 19. und 20. Jahrhundert (Klaus Tenfelde)
Soziale Schichtung, soziale Mobilität und sozialer Protest im 19. und
20. Jahrhundert (N.N.)
Von der ständischen zur bürgerlichen Gesellschaft (Lothar Gall)
1993. EdG 25
Die Angestellten seit dem 19. Jahrhundert (Günter Schulz) 2000. EdG 54
Die Arbeiterschaft im 19. und 20. Jahrhundert (Gerhard Schildt)
1996. EdG 36
Frauen- und Geschlechtergeschichte im 19. und 20. Jahrhundert
(Karen Hagemann)
Die Juden in Deutschland 1780–1918 (Shulamit Volkov) 2. Aufl. 2000. EdG 16
Die Juden in Deutschland 1914–1945 (Moshe Zimmermann) 1997. EdG 43
Militärgeschichte des 19. und 20. Jahrhunderts (Ralf Pröve)

Die Industrielle Revolution in Deutschland (Hans-Werner Hahn)   Wirtschaft
1998. EdG 49
Die deutsche Wirtschaft im 20. Jahrhundert (Wilfried Feldenkirchen)
1998. EdG 47
Agrarwirtschaft und ländliche Gesellschaft im 19. Jahrhundert (Stefan Brakensiek)
Agrarwirtschaft und ländliche Gesellschaft im 20. Jahrhundert (Ulrich Kluge)
Gewerbe und Industrie im 19. und 20. Jahrhundert (Toni Pierenkemper)
1994. EdG 29
Handel und Verkehr im 19. Jahrhundert (Karl Heinrich Kaufhold)
Handel und Verkehr im 20. Jahrhundert (Christopher Kopper)
Banken und Versicherungen im 19. und 20. Jahrhundert (Eckhard Wandel)
1998. EdG 45
Staat und Wirtschaft im 19. Jahrhundert (bis 1914) (Rudolf Boch)
Staat und Wirtschaft im 20. Jahrhundert (Gerold Ambrosius) 1990. EdG 7

Kultur, Bildung und Wissenschaft im 19. Jahrhundert (Hans-Christof Kraus)   Kultur, Alltag und
Kultur, Bildung und Wissenschaft im 20. Jahrhundert (Frank-Lothar Kroll)   Mentalitäten
Lebenswelt und Kultur des Bürgertums im 19. und 20. Jahrhundert
(Andreas Schulz)
Lebenswelt und Kultur der unterbürgerlichen Schichten im 19. und
20. Jahrhundert (Wolfgang Kaschuba) 1990. EdG 5

Formen der Frömmigkeit in einer säkularisierten Gesellschaft (Karl Egon Lönne) Religion und
Kirche, Politik und Gesellschaft im 19. Jahrhundert (Gerhard Besier)   Kirche
1998. EdG 48
Kirche, Politik und Gesellschaft im 20. Jahrhundert (Gerhard Besier)
2000. EdG 56

Der Deutsche Bund und das politische System der Restauration 1815–1866   Politik, Staat,
(N.N.)   Verfassung
Verfassungsstaat und Nationsbildung 1815–1871 (Elisabeth Fehrenbach)
1992. EdG 22
Politik im deutschen Kaiserreich (Hans-Peter Ullmann) 1999. EdG 52

**Die innere Entwicklung der Weimarer Republik (Andreas Wirsching)
2000. EdG 58**
Nationalsozialistische Herrschaft (Ulrich von Hehl) 2. Aufl. 2001. EdG 39
**Die Bundesrepublik Deutschland. Verfassung, Parlament und Parteien
(Adolf M. Birke) 1996. EdG 41**
Die Sozialgeschichte der Bundesrepublik Deutschland (N. N.)
Die Innenpolitik der Deutschen Demokratischen Republik (Günther Heydemann)

Staatensystem,   **Die deutsche Frage und das europäische Staatensystem 1815–1871**
internationale   **(Anselm Doering-Manteuffel) 2. Aufl. 2001. EdG 15**
Beziehungen   **Deutsche Außenpolitik 1871–1918 (Klaus Hildebrand) 2. Aufl. 1994. EdG 2**
Die Außenpolitik der Weimarer Republik (Gottfried Niedhart) 1999. EdG 53
Die Außenpolitik des Dritten Reiches (Marie-Luise Recker) 1990. EdG 8
Die Außenpolitik der Bundesrepublik Deutschland (Hermann Graml)
Die Außenpolitik der Deutschen Demokratischen Republik (Joachim Scholtyseck)

Hervorgehobene Titel sind bereits erschienen.

Stand: (April 2001)